"十三五"普通高等教育本科规划教材
高等院校汽车专业"互联网+"创新规划教材
高等院校汽车类创新型应用人才培养规划教材

汽车人机工程学

任金东　主　编

内 容 简 介

人机工程学是汽车设计（尤其是概念设计）中需要考虑的重要内容，对于确定汽车设计初期的关键硬点和尺寸，保证汽车良好的使用性能和乘员舒适性具有重要的意义。

本书对相关的人机工程学基础知识进行了简单介绍，并全面阐述了汽车设计中人机工程学方面的设计和分析原理与方法。全书共7章，包括绪论，人体基本特性，人机界面、作业空间和人机系统设计，作业环境设计，汽车人机工程设计辅助工具，汽车人机工程设计和汽车人机工程虚拟仿真。

本书可作为高等院校车辆工程专业、车身工程专业的教材，也可作为相关科技人员和工程人员的参考用书。

图书在版编目(CIP)数据

汽车人机工程学/任金东主编. —北京：北京大学出版社，2010.8
21世纪全国高等院校汽车类创新型应用人才培养规划教材
ISBN 978-7-301-17562-0

Ⅰ. ①汽… Ⅱ. ①任… Ⅲ. ①汽车工程—人-机系统—高等学校—教材 Ⅳ. ①U461

中国版本图书馆 CIP 数据核字(2010)第 144505 号

书　　　名	汽车人机工程学 QICHE RENJI GONGCHENGXUE
著作责任者	任金庆　主编
责 任 编 辑	童君鑫
数 字 编 辑	刘　蓉
标 准 书 号	ISBN 978-7-301-17562-0/TH·0205
出 版 发 行	北京大学出版社
地　　　址	北京市海淀区成府路 205 号　100871
网　　　址	http://www.pup.cn　新浪微博：@北京大学出版社
电 子 邮 箱	编辑部 pup6@pup.cn　总编室 zpup@pup.cn
电　　　话	邮购部 010-62752015　发行部 010-62750672　编辑部 010-62750667
印 刷 者	北京虎彩文化传播有限公司
经 销 者	新华书店
	787 毫米 × 1092 毫米　16 开本　17.25 印张　402 千字
	2010 年 8 月第 1 版　2025 年 6 月第 7 次印刷
定　　　价	49.00 元

未经许可，不得以任何方式复制或抄袭本书之部分或全部内容。
版权所有，侵权必究
举报电话：010-62752024　电子邮箱：fd@pup.cn
图书如有印装质量问题，请与出版部联系，电话：010-62756370

前　　言

"汽车人机工程学"是车辆（尤其是车身）工程专业的重要专业基础课程之一。目前，本课程多从面向目标用户的使用要求出发，以高效、舒适、健康、安全为目标，以人机工程学基础理论和汽车设计学基本原理为依据，讲述和研究汽车产品开发过程中需要考虑的人、机、环境之间的关系和优化匹配问题。

根据汽车人机工程学相关课程的教学要求，本书内容的组织以汽车设计为核心，注重基本概念、原理和方法的讲述，强调内容的科学性、系统性和实用性。全书共7章，涵盖了以下几方面内容。

（1）人机工程学科概况：包括学科定义、研究范畴、研究手段、发展历程和展望等内容。

（2）人体基本特性：包括人体测量学特性，人体在作业中的特点，人的视觉、听觉和触觉的感知特性，人体作业能力和对振动的反应，人的心理特点和可靠性等。

（3）一般人—机—环境设计问题：包括典型的显示装置和操纵装置设计，作业空间和人机系统设计与分析，作业环境的微气候、空气质量、照明和色彩设计等。

（4）汽车人机工程设计：包括 H 点装置、驾驶员眼椭圆、头廓包络、驾驶员手伸及界面等基于统计学的设计工具，汽车产品开发过程，汽车人机工程方案设计，汽车人机工程分析和汽车座椅设计等。

（5）汽车人机工程虚拟仿真：结合汽车人机工程典型分析内容讲述主流 CAX-PLM 一体化软件 CATIA 中人机工程学模块的应用方法。结合专业应用，用适当的篇幅讲述主流人机工程专业软件的应用，也是本书区别于许多人机工程专业书籍的特色之一。

本书中坐标系的约定如下：如未特意指出，一般均相对于汽车坐标系，即汽车行驶方向为 x 轴负方向，驾驶员右侧为 y 轴正方向，正上方为 z 轴正方向，坐标系原点的选取与车身制图标准一致。

本书图文并茂，给出了二百多幅精美插图及许多数据图表。为方便教学，每章后面给出了一些思考题，以便于学生掌握学习重点和加深理解书中的内容。本书链接了与汽车人机工程相关的知识，读者可利用移动设备扫描书中二维码进行在线学习。

近些年来，从 CKD，SKD，借鉴国外产品发展到有自己的品牌，走自主开发的道路，我国汽车工业已经发生了本质上的变化。但是，还应该看到，我们的产品在一些关键地方还与国外强手存在差距。随着我国汽车工业的快速发展和社会文明程度的提高，无论是汽车用户还是汽车制造商，都对汽车使用性能提出了更高的要求。作为汽车开发过程中需要考虑的重要因素，科学的人机工程学设计不仅是汽车良好使用性能和安全的重要保证，也是制造商产品研发中关注人性化的体现。因此，必须努力学习国内外长期积累的设计经验和方法，并应用于产品开发的实践当中，加快人才培养，鼓励创新精神，才能缩短与先进国家的差距。

由于编者水平有限，书中难免会存在不足之处，敬请各位读者批评指教。编者联系方式：renjindong@163.com。

编　者
2010 年 6 月

【资源索引】

目 录

第1章 绪论 ········· 1

1.1 人机工程学科的命名和定义 ········ 2
    1.1.1 学科命名 ········ 2
    1.1.2 学科定义 ········ 3
1.2 人机工程学科的研究范畴 ········ 3
    1.2.1 人机工程学的学科支柱 ··· 3
    1.2.2 微观和宏观人机工程学 ··· 4
1.3 人机工程学科发展展望 ········ 11
1.4 人机工程学的研究手段 ········ 12
    1.4.1 人机工程学的研究方法 ··· 12
    1.4.2 人机工程学的研究工具 ··· 13
本章小结 ········ 14
思考题 ········ 14

第2章 人体基本特性 ········ 15

2.1 人体尺寸 ········ 17
    2.1.1 人体静态尺寸及其测量 ··· 17
    2.1.2 人体测量数据的统计特性 ········ 18
    2.1.3 我国成年人人体静态尺寸 ········ 20
    2.1.4 其他国家人体静态尺寸 ··· 23
    2.1.5 人体静态尺寸的差异 ··· 25
    2.1.6 人体静态尺寸的相关性 ··· 26
    2.1.7 人体动态尺寸 ········ 28
2.2 人体生物力学特点 ········ 33
    2.2.1 人体运动系统 ········ 33
    2.2.2 肢体质量、惯量和质心 ··· 37
    2.2.3 人体的出力 ········ 40
2.3 人体作业特点 ········ 42
    2.3.1 作业姿势 ········ 42
    2.3.2 操作灵活性 ········ 44
2.4 人的感知特性 ········ 45
    2.4.1 人对信息的感受和处理 ··· 45
    2.4.2 人的视觉特性 ········ 47
    2.4.3 人的听觉特性 ········ 52
    2.4.4 人的皮肤感觉特性 ········ 54
2.5 人的功能和心理特性 ········ 55
    2.5.1 人的作业能力与疲劳 ··· 55
    2.5.2 人体对振动的反应 ········ 60
    2.5.3 人的心理特点 ········ 64
    2.5.4 人的可靠性 ········ 67
本章小结 ········ 68
思考题 ········ 68

第3章 人机界面、作业空间和人机系统设计 ········ 69

3.1 显示装置设计 ········ 70
    3.1.1 显示装置的类型和选择 ··· 70
    3.1.2 显示装置的设计原理 ··· 71
3.2 操纵装置设计 ········ 73
    3.2.1 操纵装置的类型和特点 ··· 74
    3.2.2 操纵装置的设计原则 ··· 74
    3.2.3 操纵装置的设计原理 ··· 75
3.3 作业空间和人机系统设计 ········ 80
    3.3.1 作业空间和人机系统概述 ········ 80
    3.3.2 作业空间和人机系统的设计原则 ········ 81
    3.3.3 作业空间和人机系统设计的人体数据运用准则 ········ 82
    3.3.4 人机系统设计 ········ 89
本章小结 ········ 97
思考题 ········ 97

第4章 作业环境设计 ········ 98

4.1 室内微气候设计 ········ 99
    4.1.1 室内微气候及其影响因素 ········ 99

4.1.2　人体对微气候的反应和
　　　　　　热舒适 …………… 101
　　　4.1.3　室内微气候设计原理 …… 114
　4.2　空气质量的改善 ………………… 125
　　　4.2.1　空气污染及其危害 ……… 125
　　　4.2.2　空气污染防治 …………… 129
　4.3　环境照明 ………………………… 131
　　　4.3.1　照明的度量 ……………… 131
　　　4.3.2　照明对作业的影响 ……… 133
　　　4.3.3　照明设计 ………………… 133
　4.4　色彩设计 ………………………… 136
　　　4.4.1　色彩的基本概念 ………… 136
　　　4.4.2　色彩对人的影响 ………… 137
　　　4.4.3　作业环境色彩设计 ……… 138
本章小结 ………………………………… 139
思考题 …………………………………… 139

第5章　汽车人机工程设计辅助工具 … 140

　5.1　H点装置 ………………………… 141
　　　5.1.1　HPM-Ⅱ型H点测量
　　　　　　装置的构造 …………… 141
　　　5.1.2　H点设计工具 …………… 145
　　　5.1.3　H点装置上的基准点 …… 147
　　　5.1.4　H点装置的功能和应用 … 150
　5.2　驾驶员H点位置曲线 …………… 156
　　　5.2.1　A类车SAE H点位置
　　　　　　曲线 …………………… 156
　　　5.2.2　B类车SAE H点位置
　　　　　　曲线 …………………… 157
　　　5.2.3　踏板平面角 ……………… 157
　5.3　眼椭圆 …………………………… 159
　　　5.3.1　眼椭圆的定义和由来 …… 159
　　　5.3.2　A类车、行程可调节座椅
　　　　　　眼椭圆 ………………… 160
　　　5.3.3　A类车、固定座椅
　　　　　　眼椭圆 ………………… 164
　　　5.3.4　B类车眼椭圆 …………… 165
　　　5.3.5　眼椭圆的理论解释 ……… 167
　　　5.3.6　眼椭圆的应用 …………… 169
　5.4　头廓包络 ………………………… 169

　　　5.4.1　概述 ………………………… 169
　　　5.4.2　A类车头廓包络 …………… 170
　　　5.4.3　B类车头廓包络 …………… 173
　　　5.4.4　头廓包络的应用 …………… 173
　5.5　驾驶员手伸及界面 ……………… 174
　　　5.5.1　相关概念 …………………… 174
　　　5.5.2　驾驶员手伸及界面的
　　　　　　测量 …………………… 175
　　　5.5.3　驾驶员手伸及界面的
　　　　　　描述 …………………… 176
　　　5.5.4　驾驶员手伸及界面的
　　　　　　定位 …………………… 177
　　　5.5.5　驾驶员手伸及界面的
　　　　　　应用 …………………… 177
　　　5.5.6　驾驶员手伸及界面与
　　　　　　个体伸及能力界面的
　　　　　　区别 …………………… 177
　5.6　驾驶员膝部包络线 ……………… 178
　　　5.6.1　驾驶员膝部包络线的
　　　　　　生成 …………………… 178
　　　5.6.2　驾驶员膝部包络线的
　　　　　　定位 …………………… 178
　5.7　驾驶员胃部包络线 ……………… 180
　　　5.7.1　驾驶员胃部包络线的
　　　　　　生成 …………………… 180
　　　5.7.2　驾驶员胃部包络线的
　　　　　　定位 …………………… 180
　5.8　数字人体模型 …………………… 181
　　　5.8.1　数字人体模型的基本
　　　　　　原理 …………………… 181
　　　5.8.2　数字人体模型的功能 …… 183
本章小结 ………………………………… 187
思考题 …………………………………… 187

第6章　汽车人机工程设计 …………… 189

　6.1　汽车产品开发过程概述 ………… 190
　　　6.1.1　汽车分类 …………………… 190
　　　6.1.2　汽车产品开发的一般
　　　　　　过程 …………………… 191
　6.2　汽车概念设计 …………………… 192
　　　6.2.1　汽车概念设计概述 ……… 192

  6.2.2 汽车总体布置 ………… 193
  6.2.3 硬点和硬点尺寸 ……… 197
 6.3 汽车人机工程设计 …………… 201
  6.3.1 乘员空间布置和人机
    界面设计 ……………… 202
  6.3.2 驾驶员人机工程学性能
    优化 …………………… 223
  6.3.3 汽车人机工程学性能的
    主观评价 ……………… 239
 6.4 汽车座椅设计 ………………… 241
  6.4.1 汽车座椅概述 ………… 241
  6.4.2 汽车座椅设计的参数
    设计 …………………… 244
本章小结 ……………………………… 251
思考题 ………………………………… 251

第7章 汽车人机工程虚拟仿真 ……… 253
 7.1 CATIA人机工程模块简介 …… 254
 7.2 人体模型的建立 ……………… 255
  7.2.1 建立目标群体人体
    数据 …………………… 255
  7.2.2 建立用于分析的人体
    模型 …………………… 256
  7.2.3 设置人体模型的属性 …… 257
 7.3 典型汽车人机工程虚拟仿真 …… 258
  7.3.1 人体模型的定位 ……… 258
  7.3.2 姿势评估 ……………… 262
  7.3.3 其他分析 ……………… 264
本章小结 ……………………………… 264
思考题 ………………………………… 264

参考文献 ……………………………… 265

第 1 章 绪 论

本章教学目标

通过本章的学习,要求掌握人机工程学科的定义,明确本学科的学科构成和研究范畴,了解本学科的发展状况和趋势。

本章教学要点

知识要点	能力要求	相关知识
人机工程学科的定义	了解人机工程学科的定义和特点	各国对本学科的命名
人机工程学科的学科状况	了解人机工程学科的学科支柱、学科构成和研究范畴	微观人机工程学科的分支、研究内容和应用 人机工程学科的发展简史和发展趋势
人机工程学科的研究手段	了解人机工程学科的研究方法和研究工具	人机工程学科的研究方法:描述性研究、实验性研究 人机工程学科的研究工具:硬件工具、软件工具、量表工具、综合工具

导入案例

提到微软公司，人们首先想到的就是 Windows 操作系统和 Office 办公软件，其实微软在计算机硬件产品的人机工程学研究与应用方面做得也很出色。微软设计的人机工程学键盘和鼠标居行业首位，荣获了 200 多项专利和行业奖项。微软之所以重视计算机硬件的人机工程学性能，是因为它们是日常办公使用最频繁的产品，关系到办公效率和人的健康，并对公司的效益具有重要的影响。

人机工程学是与人们的生产、工作、学习和日常生活关系最密切的科学之一。人们在工作和生活中会与各种产品和工作场所打交道，如果它们的设计没有充分考虑人的因素，就会给人带来不便。与人们日常生活密切相关的计算机、家电、手机、汽车、家具、住房、服装、日用品、作业工具、生产车间等，无处没有人机工程学的影子。无论是产品设计、作业场所改善，还是组织管理和工作过程设计，其设计过程通常都是与最终用户分开的，这使得充分考虑用户特点和需求、以用户为中心进行人机工程学设计变得尤为重要。很多大公司的产品设计部门都有专门负责人机工程学的设计师，使他们的产品不仅具有良好的使用功能，更具有方便、舒适、安全的使用特点。可以说，人机工程学是各行各业都必须考虑的最重要因素之一。许多公司早已经将符合人机工程学的规章制度和管理理念纳入公司的管理体系。一些工业先进的国家已经把人机工程学方面的性能指标作为国家标准予以制定。更有许多公司将其产品符合人机工程学要求作为一个促销的卖点。

我国在人机工程学方面的研究与应用相比国外还存在差距。随着人才的培养及相关研究与应用的深入和普及，人机工程学在我国各行各业受到越来越多的重视。在各界人士的共同努力下，相信在不久的将来，人机工程学科必将像数学等基础学科一样普及，像汽车行业一样蓬勃发展，在经济建设和社会发展中发挥不可替代的重要作用。

1.1 人机工程学科的命名和定义

1.1.1 学科命名

人机工程学是一门建立在很多基础学科之上的综合交叉学科。 由于其研究内容和应用范围非常广泛，相关的领域专家、学者都曾试图从不同角度为它命名。

在美国，人类因素工程学（Human Factors Engineering）、人类工程学（Human Engineering）、工程心理学（Engineering Psychology）都是人机工程学的研究范畴。

在欧洲，人机工程学被称为 Ergonomics。"Ergonomics"一词最早由波兰学者 Jastrzebowski 于 1857 年在 *Nature and Industry* 刊物中提出，但当时没有引起人们的关注。1949 年，英国学者 K. F. H. Murrell 根据两个希腊词根 "ergon" 和 "nomos" 重新"发明"了这个词，作为人机工程学科的名称。"ergon"的意思是"出力、工作"，"nomos"的意思是"正常化、规律"，"Ergonomics"的含义就是"人出力正常化"或"人的工作规律"。"Ergonomics"一词由于较全面地反映了本学科的本质，又来自希腊文，为便于各国语言翻译上的统一且使词义保持中性，因此目前较多国家采用该词为本学科命名。例如，在日本，该名字被称为人间工学。这一名称已经被国际标准化组织(International Standard Organization，ISO)采纳。

在我国，人机工程学又有人体工程学、人类工效学、人—机—环境系统工程等称谓。本书采用"人机工程学"作为学科名称。

1.1.2 学科定义

美国著名人机工程学家 W. E. Woodson 认为："人机工程学研究的是人与机器相互关系的合理方案，亦即对人的知觉显示、操纵控制、人机系统的设计及其布置和作业系统的组合等进行有效的研究，目的在于获得最高的效率和作业时感到安全和舒适"。E. J. McCormick 和 M. S. Sanders 在 *Human Factors in Engineering and Design* 一书中将人机工程学定义为"为人的使用而设计"和"工作和生活条件的最优化"。

苏联学者对人机工程学的定义："研究人在生产过程中的可能性、劳动活动方式、劳动的组织安排，从而提高人的工作效率，同时创造舒适和安全的劳动环境，保障劳动人民的健康，使人从生理上和心理上得到全面发展的一门学科"。

我国学者沈根泉在其《人体工程学》一书中对人机工程学的定义："为了解决机器系统设计与人体有关的种种问题，使整个人机系统的工作效能达到最优而建立起来的一门科学"。

国际人机工程学会(International Ergonomics Association，IEA)对人机工程学的定义：人机工程学是研究人在工作环境中的解剖学、生理学和心理学等方面的因素，研究系统中各组成部分的相互作用，研究在工作、生活和休假时如何统一考虑工作效率、健康、安全和舒适等问题的学科。

从汽车设计角度出发，本学科的作用在于通过对人在汽车使用中的生理、心理及人—车—环境相互作用等方面的研究，指导汽车及其部件设计，使汽车更好地满足使用要求。

1.2 人机工程学科的研究范畴

1.2.1 人机工程学的学科支柱

由于人机工程学是一门应用人体生理和心理方面的能力特性来设计和改善工作系统(包括人员、作业、工具、设备、作业场所、作业管理和作业环境)，使得人员能在安全、卫生和舒适的情况下发挥最大工作效率，提高工作和生活质量的科学，因此，本学科不仅包含了自然科学和工程领域的人—机—环境系统科学问题，还研究了经济和社会领域的组织、管理、经济、效率等问题。它是一门**建立在人类科学、工程科学和社会科学之上的综合性交叉学科**，如图 1.1 所示。

1. 人类科学(Human Science)

人类科学是人机工程学的基础，其范畴涵盖了医学(Medicine)、人体测量学(Anthro-

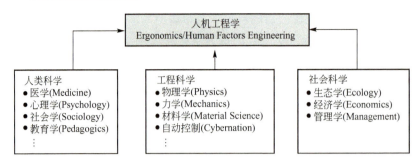

图 1.1　人机工程学的三大学科支柱

pometry)、生理学(Physiology)、生物力学(Biomechanics)、心理学(Psychology,包括认知心理学 Cognitive 等)、社会学(Sociology,如组织构造学 Tectology、运筹学 Operational Research 等)、教育学(Pedagogics)等。

2. 工程科学(Engineering Science)

人机工程学的建立和发展与工程科学是密不可分的：一方面，工程科学是人机工程学赖以生存和发展的基础，人机工程学中的各种研究必须借助工程科学来实现；另一方面，工业是人机工程学的最主要应用领域之一，工程科学搭起了人机工程学在工业设计领域应用的桥梁。这里的工程科学泛指与设计和应用有关的学科(机械设计、测量和控制等)，以及一些基础学科，如物理学(Physics)、力学(Mechanics)、数学(Mathematics)、统计学(Statistics)等。

3. 社会科学(Economic and Social Science)

人机工程学作为一门综合科学，不仅研究产品或人机系统如何保证操作者高效、舒适、健康、方便地操作或工作，还研究组织、管理、生产、工作组设计及工作流的系统结构和组织等。例如，研究生产车间的组织和管理，以保证高效地生产；研究企业人力资源的组织和管理，以使企业人力结构、组织架构和管理机制最优。社会科学包括生态学(Ecology)、环境科学、系统科学、经济学(Economics)、产业规律(Industrial Law)、管理学(Management)等。

1.2.2　微观和宏观人机工程学

人机工程学研究的内容和领域，从大的分类和研究领域性质上可以分为微观人机工程学(Micro-Ergonomics)和宏观人机工程学(Macro-Ergonomics)。

1. 微观人机工程学

微观人机工程学主要研究工具和工作区设计规则。在不断发展的过程中，它又形成了传统人机工程学和系统人机工程学两个分支。

(1) 微观人机工程学的分支

① 传统人机工程学。传统人机工程学就是传统意义上的人机工程学(Ergonomics)，其研究目的是通过对工作任务、工作环境和人机交互进行分析，提高整个工作系统性能，降低人的工作负荷(Stress)。"负荷—紧张"概念是一种评估工作系统的传统方法。其基本思想：工作系统内的每个人都处于相同的作业环境下，它们构成了作业者的工作负荷；但不同的人由

于生理和心理特征不同,对工作负荷所表现出来的反应不同,用紧张度(Strain)标志。

传统人机工程学还有一个研究领域,即研究人机系统(Man Machine System,MMS)的各个特性。例如,通过分析和优化人机系统内的显示装置和操纵装置布局,优化作业者的位置、视野等,以获得最佳系统工作效能。

② 系统人机工程学。系统人机工程学通过系统分析,将人机系统的组成元素及其相互作用定义出来;研究复杂人机系统中人的基本特点,研究人机交互的信息传递特性。其目的是研究在人机系统框架下如何设计人机界面,以获得良好的人机交互性能。因此,系统人机工程学研究的是如何优化人机交互性能,减少工作失误及提高人机系统可靠性。

(2) 微观人机工程学的研究内容

① 人体因素的研究。人的生理、心理特性和能力限度是人—机—环境系统设计的基础。从工程设计的角度出发,人机工程学研究与人体有关的主要问题,包括人体形态参数、人的感知特性、人的行为特性与可靠性、人在劳动过程中的生理心理特征等,从而为与人体有关的机电设备、工具、用品、用具、设施、作业及人—机—环境系统设计提供有关人的数据资料和要求。

② 人机系统的总体设计研究。人机系统总体效能的高低首先取决于总体设计的优劣,所以要在整体上使机与人相适应。应根据人和机各自的特点合理分配人机功能,使其在人机系统中发挥各自的特长,并互取所长补所短、有机配合,保证系统的功能达到最优。

③ 工作场所和信息传递装置设计研究。工作场所包括工作空间、座位、工作台或操纵台等。工作场所设计得是否合理将对人的工作效率和健康产生直接的影响。只有使作业场所适合人的特点,才能保证人以无害于健康的姿势从事劳动,这样才能既高效地完成工作,又感到舒适或不致过早产生疲劳。

人与机、环境之间的信息交流是通过人机界面上的显示器和操纵器完成的。为了使人机之间的信息交流迅速、准确且不易使人感到疲劳,要研究显示器,使其和人的感觉器官的特性相匹配;研究操纵器,使其和人的效应器官相匹配;研究它们之间的相互配合问题。

④ 作业改善的研究。人机工程学研究人从事不同作业时的生理、心理变化,并据此确定作业的合理负荷和能量消耗,制定合理的休息制度,采取正确的操作方法,以减轻疲劳、保障健康、提高作业效率。

人机工程学还研究作业分析和动作经济原则,寻求经济、省力、有效的标准工作方法和作业时间,以消除无效劳动,合理利用人力资源和设备,提高工作效率。

⑤ 环境控制与安全保护。人机工程学研究的工作效率不仅是指使从事的工作在短期内能有效地完成,而且是指在长期内不存在对人体健康有害的影响,并使事故危险降低到最低限度。人机工程学通过研究温度、湿度、照明、色彩、振动、噪声、空气污染、加速、失重、辐射等一般工作与生活环境条件对人作业活动和健康的影响,以及研究控制和改善不良环境的措施,来保护操作者免遭因作业而引起的病痛、疾患、伤害。随着科学技术的进步,计算机终端(Virtual Display Terminal,VDT)显示中的人体因素,计算机设计与使用的人机工程学问题,工作成效的测量与评定,人在异常工作环境条件下的生理效应及与机器人设计相关的智能模拟等也已经成为人机工程学研究的重要内容。

(3) 微观人机工程学的应用

微观人机工程学通常因其应用领域的不同而具有不同的研究内容,因此又区分为两个主要应用领域,即产品设计和生产。

产品设计中的人机工程学研究如何使产品满足使用者的需要，通常还要考虑人的变化（如人体尺寸、人的认知特点）。此领域研究的特点是通常不太清楚产品使用者的情况。

生产中的人机工程学主要致力于使生产中的工作环境和作业适合人的操作要求，降低工作者的劳动强度，提高操作效率。与产品设计中的人机工程学相比，生产中的人机工程学研究中，人（操作者）的特性是已知的。

微观人机工程学主要应用于以下几个领域。

① 产品与环境设计：如航空航天系统（主要是飞行器驾驶舱、乘客舱、航天员工作环境等）设计，办公场所（计算机显示终端、办公座椅、工作区、软件人机工程问题）设计，机器设备设计，汽车设计，家电设计，身心障碍者辅助设备设计，医疗设备设计，国防武器系统设计等。

② 生产、维修和维护等作业设计：如化学工厂、核电站等人的可靠性占重要因素的场合的维修作业设计，航天器、潜艇、汽车等维修作业设计，生产车间工人作业设计等，以提高作业安全性和工作效率，并保证人员健康。

③ 工业与公共安全：如劳动和公共安全防护，以及一些极端工作环境（冷、热、工作区狭窄、超压、失重、超加速度、破坏性场合等）下的人机问题。

2. 宏观人机工程学

宏观人机工程学科是从系统科学和组织心理学演化而来的，主要研究工作系统的结构和组织、工作分工、管理策略等问题，以及其与微观人机工程系统之间的关系和影响，以提升人们的工作与生活质量。宏观人机工程学的研究内容大致分为组织结构研究和工作过程组织两大类。在研究过程中，工作任务、工作内容和工作时间是主要的考虑因素。从系统结构上看，它考虑相互关联的四个子系统：人员（Personnel）、技术、组织结构和外部环境。宏观人机工程学通过对人员—组织—环境—机器界面的研究，为组织设计和优化人员—系统功能提供必要的理论和方法。宏观人机工程学的研究目标是使工作系统从微观和宏观上都达到和谐，以提高生产率和工作满意度，增进人员的绩效（如提高工作的速率、安全性和正确性），减少能力的浪费与疲劳，保证人员健康、安全，减少不必要的训练和降低训练成本，减少对特殊技巧和能力的依赖，促进人力资源的合理使用，减少人为错误所引发的事故，降低时间和设备的损失，激发员工的责任和义务意识。从研究特点上看，宏观人机工程学属于自顶向下（Top-Down）结构的社会技术系统方法，用于组织、工作系统及工作（或者作业，英文为Job）的设计。例如，在作业场所设计中，宏观人机工程学并不是孤立地研究单个操作者作业空间，而是研究不同操作者作业空间的相互作用，以合理地组织工作流、分配工作时间。

人机工程学发展简史

英国是世界上开展人机工程学研究最早的国家，但本学科的奠基性工作实际上是由美国完成的。所以，人机工程学有"起源于欧洲，形成于美国"之说。从总体上看，人机工程学的发展过程大致可划分为四个阶段，即原始人机工程学阶段、经验人机工程学阶段、科学人机工程学阶段和现代人机工程学阶段。

1. 原始人机工程学阶段

从原始社会开始，人类在谋求生存、发展的过程中，开始制造各种各样的简单器具。人类利用这些器具进行狩猎、耕种，从而有了人与器具的关系——原始人机关系。虽然没有系统的人机工程学研究方法，但当时人们所创造的各种器具从形状的发展变化来看是符合人机工程学原理的。

原始人狩猎用的棍棒、石块或标枪，其尺寸、质量总是与人的体能大体适应。青铜器时代以后，人类新制造的工具大大向前发展了。在2400多年前的战国初期，我国就出现了第一部科技汇编著作《考工记》。在这部古代科技名著中，对一些器物制作应考虑的宜人性问题已有相当深入、精彩的论述。例如，《考工记》指出各种兵器握柄的形状，应随其用途的不同而不同。用来刺杀的兵器，如长矛，其握柄截面应该是圆形的，这样在刺杀中握柄就不会向某一方向挠曲；而用来劈杀的兵器，如大刀，使用时有一定的方向性，握柄的截面应做成椭圆形，在使用中才不易转动，而且不必看便能感知刀刃的方向。

2. 经验人机工程学阶段

随着人类社会的发展，人类创造和使用的工具不断得到改进，由简单到复杂逐步完善。这个时期的人机关系及其发展只是建立在人类不断积累的经验和自发的基础上，称为经验人机工程学阶段。经验人机工程学阶段一直延续到第一次产业革命时期。在我国的古典家具中，如太师椅，可以很明显地看到人机理念的影子。

3. 科学人机工程学阶段

第一次产业革命(1750—1890年)以蒸汽机的广泛使用为主要标志，以机器为主体的工厂取代了以手工劳动为主体的手工工厂；生产技术发生了根本的变革，从手工劳动时代进入机械化生产时代，从畜力时代进入蒸汽机时代。以法国Jacquard在纺织机械上使用穿孔卡片进行程序控制和英国Watt设计蒸汽机的调速器为代表，开始实现自动调节和控制。这时，人们所从事的劳动在复杂程度和负荷量上都有了很大的变化；改进工具以改善劳动条件、提高劳动效率已成为一个迫切问题。

1884年，德国学者A. Mosso进行了著名的肌肉疲劳试验。他通过测量流经人体的微电流的变化，对人体劳动疲劳进行了研究，该项研究可以说是科学人机工程学的开端，并为后来形成的"劳动科学"学科奠定了基础。

人们开始对经验人机工程学所提出的问题进行科学研究，人机工程学由经验逐步上升为科学。第二次产业革命(1870—1945年)以内燃机和电动机的广泛使用为主要标志，生产技术从机械化时代进入了电气化时代。19世纪末20世纪初的第二次产业革命使得工业企业的生产规模不断扩大，生产效率进一步提高。为获得更高的生产效率，人们开始注意到如何有效地利用人的生理和心理资源的问题。

1898年，美国学者Frederick W. Taylor进入美国的伯利恒钢铁公司后，从人机工程学的角度出发，对铁锹的使用效率进行了研究，找到了铁锹的最佳设计和搬运煤屑、铁屑、沙子和铁矿石等松散粒状材料时每一铲的最佳质量，这就是著名的"铁锹作业实验"。同时，他还进行了操作方法的研究，在传统管理方法的基础上首创了新的管理方法和理论，考虑了人使用的机器、工具、材料及作业环境的标准化问题，制定了一套能提高工作效率的操作方法。Taylor的"科学管理"活动使得社会上对于科学管理的兴趣

高涨。Taylor关于操作方法的研究成果在美国和西欧一些国家得到推行，并成为大大提高劳动生产率的"泰勒制"。Taylor被后人认为是科学管理的创始人，他的研究为科学人机工程学的建立奠定了基础。

1911年，Frank B. Gilreth夫妇首次采用高速摄影方法对美国建筑公司工人砌砖作业进行了试验。他们用高速摄影机将工人的砌砖动作拍摄下来，对动作过程进行分析研究，去掉无效动作，以提高有效动作的效率，使工人的砌砖速度由每小时120块提高到350块。

Frederick W. Taylor和Frank B. Gilreth夫妇的这些研究影响很大，后来成为人机工程学的重要分支"时间与动作研究"的主要内容。他们的突出贡献是在理论上提出了"动素"的概念。动素是组成各种动作的最小单元。他们归纳出18个动素，即寻找、选择、抓取、移动、定位、装配、使用、拆卸、检验等，用来记录和描述各种作业过程。他们将这种新概念、新方法用于各种生产作业，详尽研究操作人员的作业动作过程，进行剔除、精简、归并和规范化，取得了显著效果，使很多劳动作业提高了效率。Gilreth夫妇为记录各种生产程序和流程模式制定的生产程序图和流程图至今还被广泛应用。他们还制定了人事工作中的卡片制度——这是现行工作成绩评价制度的先驱。

在"泰勒制"出现之前，心理学就已经成为一门独立的科学，但是将心理学直接应用到工业生产领域，研究如何适应和转变工人的心理、激发工人的干劲，以提高生产效率，还是20世纪初才开始的。在当时的工业中，人们最主要的注意力是放在材料和设备的问题上；也有一些人注意到了工人的心理状态对工作效率的影响，如工作单调问题、疲劳问题、兴趣和愉快、工作报酬等。

第一次世界大战中，各参战国都聘请了心理学家解决战时兵种分工、特种人员选拔和训练、军工生产中的作业疲劳等问题。这期间的突出代表是工业心理学的主要创始人、被尊称为"工业心理学之父"的美国哈佛大学心理学教授Hugo Munsterberg。他于1912年出版了《心理学与经济生活》一书，提出了心理学对人在工作中适应环境与提高效率的重要性，堪称人机工程学的最早著作。他把心理学的研究工作与Frederick W. Taylor的科学管理方法联系起来，对选择、培训人员，改善工作条件，减轻疲劳等问题作了大量的研究。这一时期的研究者多是一些心理学家，当时的学科名称是"应用实验心理学"，其特点是选择和训练人，使人适应机器。第一次世界大战后，心理学的应用推广到非军事领域，从人的因素出发，用心理学的理论和方法解决机器设计中出现的许多问题，学科名称改为"工程心理学"。

第二次世界大战期间，由于战争的需要，一些国家(特别是美国)大力发展高效能和威力大的新式武器和装备，但由于片面注重新式武器和装备的功能研究，而忽视了其中"人的因素"，新式武器和装备的性能大大提高了，却没有充分考虑人的生理和心理特点，忽视了对使用者操纵能力的训练，新式武器和装备的设计不能适应人的要求，结果导致因操作者难以掌握而不能发挥新式武器或装备的效能，还经常发生差错和事故。这引起了决策者和工程师的高度重视，迫使他们深刻认识到人的因素是机器设计中不可忽视的重要方面。于是，工程技术设计思想发生了根本性的转变，由"人适应机器"转变为"机器适应人"。同时人们还认识到，要设计好一个现代化设备，只有工程技术知识是不够的，还必须有生理学、心理学、人体测量学、生物力学等其他学科方面的知识。

生理学家、心理学家、医生和工程技术专家共同研究解决武器和装备的优化设计的实践，促进了人机工程学作为一门独立的新兴学科的形成和发展。

科学人机工程学一直延续到20世纪50年代末。第二次世界大战结束后，本学科的综合研究与应用逐渐从军事领域向非军事领域发展，进入制造业、通信业和运输业等，并逐步应用军事领域的研究成果来解决工业与工程设计中的问题。以电子技术的广泛应用为主要标志的第三次产业革命开始(1945—)以来，随着工业技术的发展，工程技术设计中与人的因素有关的问题越来越多，人机协调问题显得越来越重要，从而促使人机工程学的研究和应用得到更迅速的发展。第二次世界大战后的控制系统越来越复杂，无论是简单的汽车仪表板还是复杂的核电站控制中心，都涉及控制效率问题。如何设计出高效、准确的人机界面，越来越为设计界所关注。

4. 现代人机工程学阶段

20世纪60年代，欧美各国进入了大规模的经济发展时期，科学技术的进步使人机工程学获得了更多的发展机会。同时，在科学领域，由于信息论、系统论、控制论和人体科学等新理论的建立，在本学科中应用"新三论"进行人机系统的研究便应运而生。所有这一切不仅给人机工程学提供了新的理论和新实验场所，也给该学科的研究提出了新要求和新课题，从而促使人机工程学进入了系统的研究阶段，使该学科走向成熟。随着人机工程学涉及的研究和应用领域的不断扩大，从事本学科研究的专家所涉及的专业和学科也越来越多，主要有人体解剖学、生理学、心理学、工业与工程设计、工作研究、建筑与照明工程、管理工程等领域。

20世纪70年代以后，在指导思想上有人主张应特别强调人类的基本价值，强调在系统、工具、环境设计中考虑操作者的个体差异，让科学技术不仅在产品上能满足人类要求，而且使人类在操作机器的过程中也获得满足。

阅读材料1-2

人机工程学科学术组织的形成和发展

科学人机工程学阶段的晚期，迅速发展的人机工程学科在各个领域的作用越来越显著，引起了各学科专家和学者的关注。1949年12月，**英国学者K. F. H. Murrell提出了"Ergonomics"这个词，作为人机工程学的学科名称**。1950年，英国人机工程学研究协会成立，1957年发行了会刊*Ergonomics*，该刊物现在已成为国际人机工程学会的会刊。美国在1957年成立了人机工程学会并发行了会刊*Human Factors*，而且该领域发展很快，是世界上出版人机工程学书刊最多的国家。

【人机工程学在波音公司的应用】

1960年，国际人机工程学会IEA正式成立，该学术组织为推动各国人机工程学的发展起到了重大作用。1961年，在瑞典的斯德哥尔摩举行了第一届国际人机工程学学术会议，此后每三年举行一次。

自20世纪60年代开始，苏联、日本、德国、法国、荷兰、瑞典、瑞士、丹麦、芬兰等国也都相继成立了人机工程学学会或专门的研究机构，从事人机工程学的研究、应用和人才培养工作。

随着人机工程学在工业应用中的日益广泛,它的标准化问题变得越来越重要。国际标准化组织于 1975 年设立了 人机工程学标准化技术委员会(ISO/CT—159),负责制定人机工程学方面的标准。

【载人航天中的人机工程】

人机工程学在我国起步较晚。1949 年前仅有少数人从事工程心理学的研究。20 世纪 60 年代初,也只有中国科学院、中国军事科学院等少数单位从事个别问题的研究,而且研究范围仅限于国防和军事领域。但是这些研究却为我国人机工程学的发展奠定了基础。20 世纪 70 年代初,人机工程学的研究曾一度停滞,直至 20 世纪 70 年代末才进入较快的发展时期,到 20 世纪 80 年代初才作为一门学科确立起来,在各高校及研究所开始建立研究室。1980 年,封根泉编著的我国第一本专著《人机工程学》出版。1980 年 4 月,国家标准局成立了 全国人类工效学标准化技术委员会。1984 年,国防科工委成立了国家军用 人—机—环境系统工程标准化技术委员会。这两个技术委员会的建立,有力地推动了我国人机工程学研究的发展。1985 年,全国工业造型设计学会成立,下设人机工程学专业委员会。1989 年,全国性的学术组织——中国人类工效学学会(Chinese Ergonomics Society,CES)正式成立,1995 年 9 月学会会刊《人类工效学》创刊。1991 年 1 月,中国人类工效学学会成为国际人机工程学会的正式成员,这是我国人机工程学科发展的又一里程碑。中国科学院心理学研究所和一些高校分别建立了人机工程学研究机构,开设了人机工程学课程。有关人机工程学方面的教材、专著和学术论文等出版物也日益增多。各行业对人机工程学的应用研究越来越重视,有关的研究机构和高校也在开展人机工程学方面的研究,各项有关人机工程学的技术标准陆续制定,许多高校已经专门培养人机工程学方向的博士、硕士研究生。目前,我国人机工程学已应用于许多领域,如交通运输、铁路、航空航天、农业、医疗卫生、教育系统等,并取得了可喜成绩;同时也促进了本学科与工程技术和相关学科的交叉渗透,使人机工程学成为国内科坛上一门引人注目的学科。

阅读材料1-3

人—机—环境系统工程简介

20 世纪 70 年代末和 80 年代初,在钱学森的倡导下我国兴起一股学习和运用系统工程理论的热潮。航天医学工程研究所在钱学森的亲自指导下开始学习与运用系统工程理论。陈信和龙升照结合自己的科研实践,分析与运用国内外有关资料,于 1981 年写成《人—机—环境系统工程(学)概论》一书,它的完成标志着一门综合性技术科学——人—机—环境系统工程 (Man-Machine-Environment System Engineering,MMESE) 在我国诞生。

人—机—环境系统工程不但把航天医学工程研究所的各项医工结合的科研任务结合起来,特别是对各类军事作业与武器装备的研究更有突出的指导意义,成为这一时期完成各项科研任务的总指导思想,而且对今后的研究工作也有重要的指导作用,受到国防科工委领导重视。1984 年,国防科工委正式成立人—机—环境系统工程专业标准化技术委员会,负责指导与制定国防科学技术标准的科研工作,几年后就有数十项军用标准研制与建立起来。1987 年,国防科工委又组建人—机—环境系统工程专业组,隶属于国防科工委科技委，负责全军有关方面的研究工作，在军内外有40余家科研机构承担着这方面的研究，不断出现新的成果。

人—机—环境系统工程是运用科学理论和工程方法，正确处理人、机、环境三大要素的关系，深入研究人—机—环境系统最优组合的一门科学，其研究对象为人—机—环境系统。系统中的"人"是指作为工作主体的人，如操作人员、决策人员；"机"是人所控制的一切对象的总称，如飞船、汽车、生产过程等；"环境"是指人、机共处的特定工作条件，如温度、噪声、振动等。系统最优组合的基本目标是安全、高效、经济。

人—机—环境系统工程的研究内容主要包括七方面：①人的特性研究；②机的特性研究；③环境特性的研究；④人—机关系的研究；⑤人—环境关系的研究；⑥机—环境关系的研究；⑦人—机—环境系统总体性能的研究。

人—机—环境系统工程研究的意义：①为人类社会的健康和可持续发展提供了科学方法；②为社会生产力的发展提供了技术手段；③为国防现代化建设和部队战斗力的提高提供了切实可行的技术途径。

1.3 人机工程学科发展展望

目前，以人为中心的设计理念已经成为现代技术发展的一个基本点。设计的难点已经不在于产品本身，而在于找出人与产品最适宜的联系途径与手段；类似地，在宏观社会领域，也追求人员、时间、资源、组织和工作的有效分配和流动。展望未来，随着科学技术的不断向前发展，与人相关的问题也会不断出现，这一方面要求对出现的问题采用系统科学的方法加以解决，另一方面也要求人们对自身（人和人类社会）的认识不断加深。凡是与人有关的东西，就存在人机工程学问题。今后，随着微观和宏观人机工程学的发展，人机工程学的研究将进一步渗透到经济和社会发展的各个领域。

现代高度发展的科学技术在为人类创造了极大便利的同时，也已经将人类自身置于尴尬和危险的边缘——气候的恶化、疾病的大规模流行、经济和社会的动荡、能源的不断减少、人口的不断增多等。所有这些，都要求人类社会团结起来、共同应对。

【快速全身评估工具】

人机工程学几乎包含与人相关的一切事物。虽然不能期望人机工程学能够解决所有问题，但只要研究、应用和推广人机工程学的技术与标准，就可以对人类社会的发展起到促进作用。

在近期和不远的将来，人机工程学的研究领域将集中在以下几个方面。

（1）人体测量学和人体生物力学，包括3D/4D人体测量与数据库、人体生物力学资料、数字人体建模和仿真等。

（2）工作生理、心理和安全，包括工作生理能力与负荷的测量与标准、工作生理能力资料库、生理周期与工作设计、工作负荷、肌肉骨骼系统伤害与评估、公共安全设计、个人防护设计、人员可靠性、人的失误与意外事故

【VMPro—专业的维修性设计分析与验证评估工具】

的行为模式、心理工作负荷与绩效、系统紧急操作程序等。

（3）产品与环境设计，包括设计方法学，产品和系统设计，机器、工具、消费产品、环境等的设计标准，身心障碍者的辅助产品设计，无障碍环境设计标准，创新和全方位设计，感性工程，文化符号研究等。

（4）人类信息处理与决策，包括计算机软硬件人机界面、多媒体和虚拟现实、自动化系统设计、产品人机接口、故障诊断、人工智能、人类决策行为和决策支持系统、色彩与视觉传达、标志与形象识别等。

（5）组织管理，包括人力资源规划、考评制度、轮班制度、现场改善、参与式人机工程、6σ等。

【未来车载娱乐系统设计】

【未来情感化界面设计】

【未来语音交互设计流程】

【未来智能汽车识别感应】

1.4　人机工程学的研究手段

人机工程学从很大程度上说是一门实验科学，其主要任务是把与人的能力和行为有关的信息及研究结果应用于设计中，而这些知识主要来源于实验和观察。

1.4.1　人机工程学的研究方法

人机工程学研究是通过对与设计对象有关的因素进行调查、观测，获得有关的特性、规律和结论，从而指导和服务于设计。这些因素大体可以分为系统级、任务级和人员级三大类。系统级因素反映整个系统的基本性能，多用于评价研究，如武器系统的可靠性、办公系统的舒适性等。任务级因素描述任务执行的状态和结果，如机器的执行效率、一项工作的完成时间等。人员级因素用于描述执行任务时人的行为和反应，如人员绩效、生理指标、主观反应等。

就研究方法而言，包括实验性研究方法和描述性研究方法两种。实验性研究是人为控制某些因素，通过实验的方法获得这些因素的影响规律。实验性研究方法对于发现基本规律和原理非常有用，但很多情况下的研究都是在真实世界中进行的，并且实际情况中的任务更能够发现复杂的、实际的规律。然而实际情况下从事研究时，往往不能够像实验性研究那样对因素变量进行控制，只能直接测量一些因素并进行分析，称为描述性研究。观测法、调查问卷法、故障分析法等都属于描述性研究方法。

人本身是非常复杂的巨系统，至今还有许多方面的规律没有被人类掌握，这给从事复杂的人机系统设计带来了困难。另外，大型和复杂人机系统的实验和修改成本非常高。随着计算机软硬件技术和仿真水平的发展，利用计算机来模拟人、机、环境的特性及其相互作用，甚至对非常复杂的人—机—环境系统进行建模和模拟已经成为在方案试运行（建造样机、管理制度试行等）之前，对系统进行充分论证的有效手段。

1.4.2 人机工程学的研究工具

为了能够对本门科学进行研究，需要配备一些工具，这些工具包括**硬件工具、软件工具、量表工具**和**综合工具**。

硬件工具主要是对人体生理和心理，乃至机器和环境参数进行测量的器材和设备，如生理参数测量仪器、人体反应和认知测量仪器、温度计、湿度计、照度计、噪声计、H 点装置等。常见的心理参数测量仪器见表 1-1。

表 1-1　常见的心理参数测量仪器

感知类	记忆类	情绪和技能类
眼动仪、数据手套、动景器、深度知觉仪等	注意力分配仪、速示器、记忆鼓、多重选择器等	动作稳定器、简单选择反应测试仪、选择反应测试仪等

软件工具包括人体仿真和人机交互软件，动作、行为观测与认知分析软件等。典型的人体仿真和人机交互软件有 Jack、Safework、RAMSIS、SAMMIE、Anybody 等。动作、行为观测与认知分析软件能够记录被研究对象各种动作和行为发生的位置、时刻、持续时间和发生次数，并进行统计分析。认知分析软件通过对操作者各种行为的统计结果来分析人的认知过程。

量表工具用于在描述类研究中对难以量化的因素进行度量与分析。对于一些典型的研究，已经有现成的量表可供使用。例如，作业姿势分析系统（Ovako Working Posture Analysis System，OWAS）量表可界定工作时的身体姿势，并按照其可能引发伤害的程度来区分等级；快速上肢操作评估（Rapid Upper Limb Assessment，RULA）量表以图表形式给出了不同上肢姿势、作业活动形式、是否有躯干参与及躯干姿势、作业对象质量情况的得分规则，用于对频繁地重复性上肢作业进行分析和优化；与快速上肢操作评估量表类似，快速全身评估（Rapid Entire Body Assessment，REBA）量表综合考虑出力、动作重复和不当姿势等因素，评价对象为作业者全身，用于对坐姿作业进行分析。

综合工具是将硬件、软件、量表工具综合应用，对复杂人—机—环境系统进行评价的人机系统。图 1.2 所示为轿车人机工程性能评价系统，由虚拟现实系统，计算机，可调节轿车模型，被试者，人体运动跟踪系统，立体眼镜、数据头盔和手套，人体仿真和人机交互软件等组成。虚拟显示系统负责显示交通场景，并通过数据头盔和手套实现人机交互。轿车模型的座椅、转向盘、顶盖等皆可调节，以体现新车型设计方案或再现已有车型的设计方案。被试者戴数据头盔和手套于车内进行驾驶操作，通过人体运动跟踪系统、数据头盔和手套将其状态采集到人体仿真和人机交互软件中进行操作工效分析和设计方案优化。

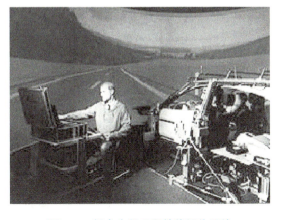

图 1.2　轿车人机工程性能评价系统

汽车人机工程学

【增强用户体验设计的规则】　【法国"阵风"战斗机】　【看AR远程辅助汽车维修，谈AR如何重构用户体验】　【数字化设计环境下如何同步开展维修性设计工作?】

本 章 小 结

　　本章介绍了人机工程学科的基本定义、构成和研究范畴。人机工程学科是建立在人类科学、工程科学和社会科学之上的综合交叉学科。在其发展过程中，形成了宏观和微观两个分支。人机工程学是依赖于实验的科学，具备必要的实验工具是从事人机工程学研究和应用的保证。

【关键术语】

人机工程学　微观人机工程学　宏观人机工程学　人机系统

1. 人机工程学科的定义是什么?
2. 简述人机工程学科的学科支柱、学科分支和研究范畴。
3. 人机工程学的研究方法和常见的研究工具有哪些?

第 2 章 人体基本特性

本章教学目标

通过本章的学习，要求掌握人体尺寸、生物力学参数、作业、感知、功能和心理等方面的基本特性，为后面章节的学习奠定基础。

本章教学要点

知识要点	能力要求	相关知识
人体测量学和生物力学	了解人体测量学和生物力学的定义	人体测量的内容
人体尺寸和生物力学参数	了解人体尺寸和生物力学参数内容 掌握人体测量数据的分布特点	常见人体尺寸项 人体尺寸分布的差异 人体尺寸的相关性 人体运动系统的组成 人体肢体质量、质心和惯量的计算 人体的出力特点
人体作业特点	了解人体站姿和坐姿的作业特点	人体作业姿势类型和特点 作业姿势设计原理 人体动作灵活性
人的感知特性	了解人体视觉、听觉、皮肤觉特性	人对信息的感受和处理过程 人对信息感受的类型及特点
人的功能和心理特性	了解人体作业能力和疲劳特点 了解人的心理特点 掌握人体对振动的反应特性	人体作业的生理特性 人的作业能力及其影响因素 作业疲劳及其规律 人体在振动环境中的反应和舒适度的评价 人的心理特点及可靠性

汽车人机工程学

> **导入案例**

图2.1所示为较典型的作业场所。图2.1(a)所示为发电厂控制室,其特点是监控的显示和操纵装置非常多,设计的重点是充分考虑作业者的尺寸和作业姿势、感知特点、心理特点和可靠性等因素,对显示和操作区域的整体尺寸、功能布局、显示和操纵装置的分区和排列、环境照明和温度等进行合理的安排,以保证监控和操作准确,不出现失误。图2.1(b)所示为发动机装配线,这个场所对操作工人的作业效率、舒适性和安全性要求较高,因此要求具有合适的作业面高度和零件摆放位置,以保证作业姿势的舒适性;同时,要有合适的环境温度,通风要合理,噪声也要控制在一定范围内。对于办公场所,必须在考虑作业人员工作姿势的基础上,合理匹配显示器、座椅、办公桌的位置和尺寸,并同样保证作业区域良好的照明和色彩匹配,如图2.1(c)所示。图2.1(d)所示为重型货车驾驶室,设计时在满足驾驶员正常驾驶操作的情况下,重点考虑长时间驾乘的舒适性,要求合理设计与驾乘相关的座椅、仪表板、操纵件等人机界面元素。因此,无论是作业场所,还是具体的产品,都需要依据人体的基本特性来设计。

(a) 发电厂控制室   (b) 发动机装配线

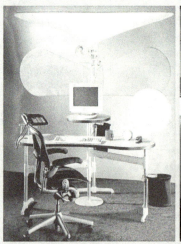 

(c) 办公场所   (d) 重型货车驾驶室

图 2.1 典型的作业场所

人体基本特性包括人体尺寸方面和其他物理方面的特性,如肢体的容积、质量、质心位置、转动惯量,人体的力特性,人体的作用范围,人的感觉、知觉和心理特点,等等。人体测量学、生物力学和生理学就是研究人体基本特性的科学。通过对人体特性的测量,确定个体和群体之间的差别,为工业设计和人机工程设计提供人体测量数据。

人体测量学是应用科学的物理测量方法测量人体来获取人体基本数据,用于制定工程设计标准、设计方案评价等,以保证所设计产品对于目标用户群体的适应度的科学。

生物力学是介于机械结构科学和生物材料科学之间的交叉学科。人机工程学涉及的人体生物力学主要由人体测量学、力学、生理学和工程科学等学科的相关知识组成。本学科主要研究人体肢体的尺寸、质量和惯量、成分特性,研究连接各肢体的肌肉、肌腱和关节特性,研究人体在力、振动、冲击等作用下的反应,研究人体施加力、转矩等给操纵件、工具和其他设备带来的主动反应等。

人体测量的基本内容包含以下几个方面。

(1) **形态测量**。对人体的基本尺度(肢体长度、廓径),体型,表面积,体积等所进行的测量,称为形态测量。它是以检测人体形态为主的一种测量方式。

(2) **生物测量**。对人体的环节质量、质心和惯量,人体骨骼和肌肉特性,感知反应和出力大小等进行的测量,称为生物测量。它是以检测人体生物指标为主的一种测量方式。

(3) **运动测量**。在运动的状态下,对人体的动作范围,动作状态(肢体位置、速度、加速度、转动中心位置等),动作过程中的体型变化,皮肤变化等方面所进行的测量,称为运动测量。它是先对人体在静态下用形态测量方式测量之后进行的,是以检测人体的动作过程为主的一种测量方式。

2.1 人 体 尺 寸

2.1.1 人体静态尺寸及其测量

人体尺寸决定了人体占据的几何空间和活动范围,是人机系统或产品设计的基本资料,主要包括**人体静态尺寸**和**人体动态尺寸**,它们均通过人体测量来获取数据。人体的静态尺寸是结构尺寸。人体的动态尺寸是功能尺寸,包括操作者在工作姿势或某种操作活动状态下测量的尺寸。

【人体测量坐标系统】

许多国家都建立了适合不同要求的人体静态尺寸数据库,GB 10000《中国成年人人体尺寸》标准定义了我国成年人人体尺寸数据。**从人机工程学角度出发,为保证产品满足使用者要求,必须以群体人体尺寸统计数据作为设计依据。群体数据统计特征包括均值、标准差、百分位数、相关系数等,通过从群体中抽取一定数量的个体作样本进行测量和统计分析获得**。由于各国家、各标准采用的测量项目和标准不同,记录的人体数据也存在差异,这成为影响人体数据(库)使用的一个问题。

【人体测量工具】

我国 GB/T 5703《用于技术设计的人体测量基础项目》标准中列出了人体测量参数的测点、测量项目、测量工具及测量方法。

2.1.2 人体测量数据的统计特性

为了在产品设计中正确应用人体测量数据，必须清楚从人体形态学和测量学角度来说群体的人体测量数据是如何分布的。同时还要用合适的方法对数据的分布进行定义，并能很方便地将这些数据用于设计。

1. 人体测量数据的分布特点

对于单一性别群体而言，大多数人体一维的测量数据(静态人体某项指标的测量数据)都近似符合正态分布。图 2.2 示意了成年人人体身高的正态分布特点。图 2.3 为成年人人体身高的累积分布曲线(年龄在 16～60 周岁)。任何正态分布的人体尺寸变量的线性组合仍符合高斯分布，但这些变量的乘积不符合高斯分布，如人体周长、人体表面数据(两个一维变量的乘积)、人体体积方面的数据(三个一维变量的乘积)，可以根据这些特点来处理和运用人体数据。

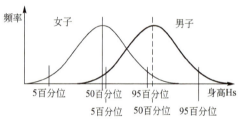

图 2.2 成年人人体身高的正态分布特点

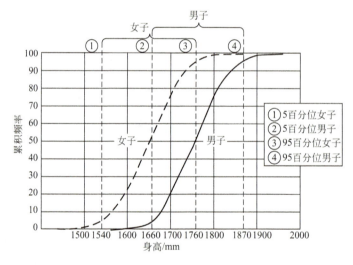

图 2.3 成年人人体身高的累积分布曲线

为使某些人体测量数据服从正态分布，可以对该变量进行变换。例如，人体的质量不符合正态分布，其分布类似于带正偏移的对数正态分布，但对该变量取立方根变换，得到的新变量就基本符合正态分布。有的变量需要进行很复杂的变换之后才能符合正态分布。

有时需要研究多于一个变量时它们的联合分布特点。对于多个变量，如果它们各自服从正态分布，则其联合分布符合多维正态分布。例如，大客车的乘客门设计需要同时考虑乘员身高和体宽两个因素，它们的联合分布为二维正态分布，其概率密度函数如图 2.4 所示。

2. 人体测量数据的统计描述

通常，设计者应用的是群体的数据而不是某一个体的数据。设人体包含 n 个尺寸，对于某个体，其尺寸可用向量 $\boldsymbol{X}$ 来表示，即

$$\boldsymbol{X} = \begin{Bmatrix} x_1 \\ x_2 \\ \vdots \\ x_n \end{Bmatrix} = \{x_i\} \quad i=1,2,\cdots,n \tag{2-1}$$

式中，x_i 代表某一个体尺寸。

对于单一性别群体来说，静态人体测量数据近似符合正态分布。用 μ_i 和 σ_i 分别表示每个尺寸的均值和标准差，则总体 $\boldsymbol{X}$ 的均值向量 $\boldsymbol{\mu}$ 和协方差矩阵 $\boldsymbol{B}$ 可表示为

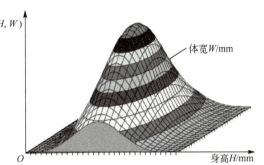

图 2.4　人体身高和体宽的二维联合正态分布概率密度函数

$$\boldsymbol{\mu} = \begin{Bmatrix} \mu_1 \\ \mu_2 \\ \vdots \\ \mu_n \end{Bmatrix} = \{\mu_i\} \quad i=1,2,\cdots,n \tag{2-2}$$

$$\boldsymbol{B} = \{\sigma_{ij}\} = \begin{bmatrix} \sigma_1^2 & \rho_{12}\sigma_1\sigma_2 & \cdots & \rho_{1n}\sigma_1\sigma_n \\ \rho_{21}\sigma_1\sigma_2 & \sigma_2^2 & \cdots & \rho_{2n}\sigma_2\sigma_n \\ \vdots & \vdots & \ddots & \vdots \\ \rho_{n1}\sigma_1\sigma_n & \rho_{n2}\sigma_2\sigma_n & \cdots & \sigma_n^2 \end{bmatrix} \quad i,j=1,2,\cdots,n \tag{2-3}$$

式中，$\mu_i = \dfrac{1}{n}\sum\limits_{i=1}^{n} x_i$；$\sigma_i = \left[\dfrac{1}{n}\sum\limits_{i=1}^{n}(x_i-\mu_i)^2\right]^{1/2}$，常常用样本方差来估计。

$\boldsymbol{X}$ 的概率密度为

$$f(\boldsymbol{X}) = f(x_1,x_2,\cdots,x_n) = \frac{1}{(2\pi)^{\frac{n}{2}}(\det\boldsymbol{B})^{\frac{1}{2}}} e^{-\frac{1}{2}(\boldsymbol{X}-\boldsymbol{\mu})^{\mathrm{T}}\boldsymbol{B}^{-1}(\boldsymbol{X}-\boldsymbol{\mu})} \tag{2-4}$$

对式 (2-4) 进行变换，即令 $y_i = \dfrac{x_i-\mu_i}{\sigma_i}$，则 $\boldsymbol{Y}$ 的概率密度函数变为

$$f(\boldsymbol{Y}) = f(y_1,y_2,\cdots,y_n) = \frac{1}{(2\pi)^{\frac{n}{2}} \prod\limits_{i=1}^{n}\sigma_i (\det\boldsymbol{\rho})^{\frac{1}{2}}} e^{-\frac{1}{2}\boldsymbol{Y}^{\mathrm{T}}\boldsymbol{\rho}^{-1}\boldsymbol{Y}} \tag{2-5}$$

式中，$\boldsymbol{\rho}$ 为相关系数矩阵，$\boldsymbol{\rho} = \begin{bmatrix} 1 & \rho_{12} & \cdots & \rho_{1n} \\ \rho_{21} & 1 & \cdots & \rho_{2n} \\ \vdots & \vdots & \ddots & \vdots \\ \rho_{n1} & \rho_{n2} & \cdots & 1 \end{bmatrix}$；而 $\det\boldsymbol{B} = \det\left\{\boldsymbol{\rho}\cdot\left(\prod\limits_{i=1}^{n}\sigma_i\right)^2\right\}$。

3. 百分位

百分位是人体测量学中的一个术语，用以表示人体某项尺寸数据的等级。以 95 百分位人体身高为例，表示人群中身高小于该数值的个体出现的概率为 95%，身高大于该数值

的个体出现的概率为5%。

对于单一性别群体，由于大多数人体一维尺寸近似符合正态分布，因此当已知某项尺寸 x_i 分布的均值 μ_i 和标准差 σ_i 时，该尺寸 p 百分位的值（p 百分位数）可根据式(2-6)计算。

$$x_{i,p} = \mu_i + \sigma_i K \qquad (2-6)$$

式中，K 为转换系数，服从标准正态分布，可查标准正态分布表。表2-1列出了常见百分位的 K 值。反之，要知道人体尺寸 x_i 在群体中的百分位，则利用式(2-7)，即

$$K = \frac{x_i - \mu_i}{\sigma_i} \qquad (2-7)$$

查正态分布表即可确定 x_i 在群体中的百分位。

表2-1 常见百分位的 K 值

百分位	5	10	50	90	95
K	-1.645	-1.282	0	1.282	1.645

2.1.3 我国成年人人体静态尺寸

我国 GB 10000《中国成年人人体尺寸》按照人机工程学的要求提供了我国法定成年人人体静态尺寸的基础数据。标准中总共给出7类47项人体尺寸基础数据，适用于工业产品、建筑设计、军事工业和劳动安全保护等方面。

1. 人体主要尺寸

人体主要尺寸包括身高、上臂长、前臂长、大腿长、小腿长。表2-2列出了人体主要尺寸，并列出了对应的体重，以供参考。

表2-2 人体主要尺寸　　　　　　　　　　　　　（单位：mm）

年龄分组 百分位数 测量项目	18~60岁男子			18~55岁女子		
	5	50	95	5	50	95
1.1 身高	1583	1678	1775	1484	1570	1659
1.2 体重/kg	48	59	75	42	52	66
1.3 上臂长	289	313	338	262	284	308
1.4 前臂长	216	237	258	193	213	234
1.5 大腿长	428	465	505	402	438	476
1.6 小腿长	338	369	403	313	344	376

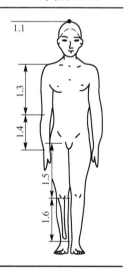

2. 立姿人体尺寸

立姿人体尺寸包括眼高、肩高、肘高、手功能高、会阴高、胫骨点高。表2-3列出了立姿人体尺寸。

表 2-3　立姿人体尺寸　　　　　　　　　　　　　　（单位：mm）

年龄分组 百分位数 测量项目	18～60 岁男子			18～55 岁女子		
	5	50	95	5	50	95
2.1 眼高	1474	1568	1654	1371	1454	1541
2.2 肩高	1281	1367	1455	1195	1271	1350
2.3 肘高	954	1024	1096	899	950	1023
2.4 手功能高	680	741	801	650	704	757
2.5 会阴高	728	790	856	673	732	792
2.6 胫骨点高	409	444	481	377	410	441

3. 坐姿人体尺寸

坐姿人体尺寸包括坐高、坐姿颈椎点高、坐姿眼高、坐姿肩高、坐姿肘高、坐姿大腿厚、坐姿膝高、小腿加足高、坐深、臀膝距、坐姿下肢长。表 2-4 列出了坐姿人体尺寸。

表 2-4　坐姿人体尺寸　　　　　　　　　　　　　　（单位：mm）

年龄分组 百分位数 测量项目	18～60 岁男子			18～55 岁女子		
	5	50	95	5	50	95
3.1 坐高	858	908	958	809	855	901
3.2 坐姿颈椎点高	615	657	701	579	617	657
3.3 坐姿眼高	749	798	847	695	739	783
3.4 坐姿肩高	557	598	641	518	556	594
3.5 坐姿肘高	228	263	298	215	251	284
3.6 坐姿大腿厚	112	130	151	113	130	151
3.7 坐姿膝高	456	493	532	424	458	493
3.8 小腿加足高	383	413	448	342	382	405
3.9 坐深	421	457	494	401	433	469
3.10 臀膝距	515	554	595	495	529	570
3.11 坐姿下肢长	921	992	1063	851	912	9751

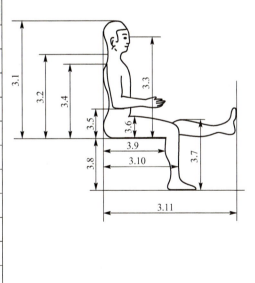

4. 人体水平尺寸

人体水平尺寸包括胸宽、胸厚、肩宽、最大肩宽、臀宽、坐姿臀宽、坐姿两肘间宽、胸围、腰围、臀围。表2-5列出了人体水平尺寸。

表2-5 人体水平尺寸　　　　　　　　　　　　　　　　　（单位：mm）

年龄分组 百分位数 测量项目	18~60岁男子			18~55岁女子		
	5	50	95	5	50	95
4.1 胸宽	253	280	315	233	260	299
4.2 胸厚	186	212	245	170	199	239
4.3 肩宽	344	375	403	320	351	377
4.4 最大肩宽	398	431	469	363	397	438
4.5 臀宽	282	306	334	290	317	346
4.6 坐姿臀宽	295	321	355	310	344	382
4.7 坐姿两肘间宽	371	422	489	348	404	478
4.8 胸围	791	867	970	745	825	949
4.9 腰围	650	735	894	659	772	950
4.10 臀围	805	875	970	824	900	1000

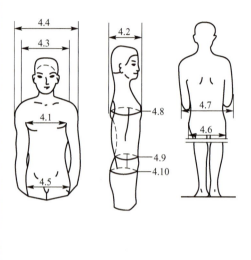

5. 人体头部尺寸

人体头部尺寸包括头全高、头矢状弧、头冠状弧、头最大宽、头最大长、头围、形态面长。表2-6列出了人体头部尺寸。

表2-6 人体头部尺寸　　　　　　　　　　　　　　　　　（单位：mm）

年龄分组 百分位数 测量项目	18~60岁男子			18~55岁女子		
	5	50	95	5	50	95
5.1 头全高	206	223	241	200	216	232
5.2 头矢状弧	324	350	375	310	329	349
5.3 头冠状弧	338	361	383	327	348	372
5.4 头最大宽	145	154	164	141	149	158
5.5 头最大长	173	184	195	165	176	187
5.6 头围	536	560	586	520	546	573
5.7 形态面长	109	119	130	100	109	119

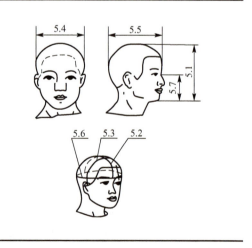

6. 人体手部、足部尺寸

人体手部尺寸包括手长、手宽、食指长、食指近位指关节宽、食指远位指关节宽。人体足部尺寸包括足长和足宽。表2-7列出了人体手部和足部尺寸。

表 2-7 人体手部和足部尺寸 （单位：mm）

年龄分组 百分位数 测量项目	18~60 岁男子			18~25 岁女子		
	5	50	95	5	50	95
6.1 手长	170	183	196	159	171	183
6.2 手宽	76	82	89	70	76	82
6.3 食指长	63	69	76	60	66	72
6.4 食指近位指关节宽	18	19	21	16	17	19
6.5 食指远位指关节宽	15	16	18	14	15	16
7.1 足长	230	247	264	213	229	244
7.2 足宽	88	96	103	81	88	95

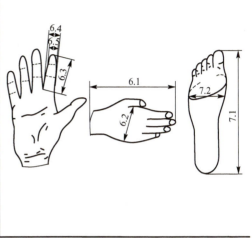

2.1.4 其他国家人体静态尺寸

许多国家根据不同的需要，测量并建立了人体尺寸数据库。例如，美国在 1988 年完成的 ANSUR(the U. S. Army Anthropometric Survey)人体数据库，对 1224 名男子和 2208 名女子个体的 240 个尺寸进行了测量；1960—1990 年进行的第三次营养调查形成的 NHANES(the National Health and Nutrition Examination Survey)数据库，等等。1980—1983 年密歇根大学交通研究所(University of Michigan Transportation Research Institute，UMTRI)开发碰撞假人时，测量获得了很多驾驶员的姿势和体表数据，建立了机动车乘员人体尺寸数据库(Anthropometry of Motor Vehicle Occupants，AMVO)。美国汽车工程师协会(Society of Automotive Engineers，SAE)的 J833 标准主要向建筑业、农用机械、挖掘机、林业机械等行业给出了全球范围的一些人体统计数据，应用较方便，部分人体尺寸数据见表 2-8，对应图 2.5。

【HenryDryfuss 协会推荐标准中的人体尺寸】

表 2-8 SAE J833 定义的部分人体尺寸数据 （单位：mm）

百分位	A	B	C	D	E	F	G	H	I	J	K
5	1550	1448	1220	160	160	84	362	351	78	292	168
50	1715	1605	1358	177	177	88	407	398	86	334	177
95	1880	1762	1496	194	194	92	452	445	94	376	186

百分位	L	M	N	O	P	Q	R	S	T	U	V
5	250	221	165	25	696	96	83	64	398	160	250
50	275	244	185	25	769	110	89	80	440	180	285
95	300	267	205	25	842	124	95	96	482	200	320

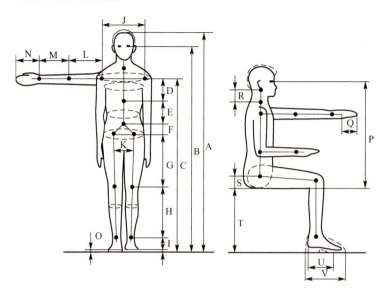

图 2.5　SAE J833 定义的部分人体尺寸

阅读材料 2-1

三维人体形态测量数据库

【人体体表光学扫描】

1992—2002 年美国（北美）、荷兰和意大利联合进行了人体三维尺度调查，测量了 4500 名个体，形成了 **CAESAR（Civilian American and European Surface Anthropometry Resource，美国和欧洲平民体表人体尺寸资源）人体体表人体尺寸数据库**。与传统的一维人体尺寸数据库不同，CAESAR 是通过对大量人体体表进行光学扫描获得人体表面数据的。这些数据经过分析处理，得到了人体表面的测量标记点和部分一维尺寸，如图 2.6 所示。

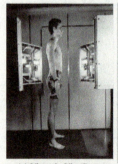
(a) Vitronic Viro Pro
人体表面光学扫描仪

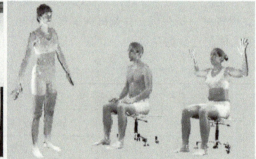
(b) 三种典型扫描姿势

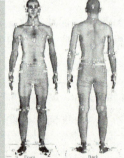
(c) 体表测量标记点

图 2.6　CAESAR 人体表面光学扫描仪、扫描姿势、体表测量标记点

在 CAESAR 数据库中包括以下信息。

（1）人口统计学信息。

（2）一维人体尺寸。其中 40 项是借助传统测量方法测得的，另外 59 项是从体表数据获取的。

(3) 三种典型姿势的体表扫描数据。

(4) 三种典型姿势下，73个体表测量标记点的三维坐标。

英国也采用人体体表光学扫描的方式，获得了11000多名英国人（男女各占一半）的三维人体数据，形成SizeUK三维人体数据库。后来印度也测量建立了SizeIndia三维人体数据库。

2007年，中国标准化研究院开始进行中国未成年人人体计测，样本容量19365人（男9666人，女9699人）。2009年完成了"中国成年人人体尺寸抽样测量试点调查"，包括成年人样本3109人（男1517人，女1592人），共136个测量项目。在此基础上，2018年年底完成全国范围的大规模成年人人体尺寸测量，样本容量2.6万人，全国分成六大区采样（分区同1988年）；除了人体尺寸之外，还采集了人体力学、视觉、听觉和触觉等共计200多项人机工程学基础参数；人体尺寸测量采用三维人体扫描技术代替传统的手工测量方式，测量数据多达150多项，准确度在1mm左右。新的人体数据的发布必将为我国工效学研究、产品和环境的人性化设计提供科学的数据支持，改变目前我国人机工程学数据严重匮乏的不利局面，为我国工业设计领域的自主创新提供必要的基础数据。

2.1.5 人体静态尺寸的差异

1. 地区和民族性差异

不同的国家和地区，不同的民族，由于发展历史、地理环境、气候条件、社会生活、经济状况等因素的不同，人体尺寸、体型、各部分肢体尺寸的比例均存在差异。图2.7所示为部分国家和地区人体尺寸的分布差异。20世纪70年代，一些国家和地区人体身高的差异见表2-9。表2-10给出了部分国家成年人身高数据。GB 10000给出了我国六个区域人体身高和胸围的均值和标准差，见表2-11，从中可看出，同一国家的不同地区，人体尺寸的差异有时也较显著。面向不同的用户群体设计产品，或者从不同的国家或地区引进产品，必须考虑到人体尺寸的差别。

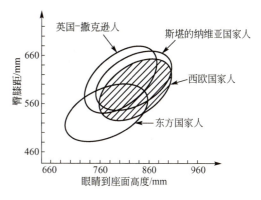

图2.7 部分国家和地区人体尺寸的分布差异

表2-9 一些国家和地区人体身高的差异　　　　　　　　（单位：mm）

人员	美国		日本		法国		意大利		非洲	
	男子	女子	男子	女子	男子	女子	男子	女子	男子	女子
均值	1755	1618	1651	1544	1690	1590	1680	1560	1680	1570
标准差	72	62	52	50	61	45	66	71	77	45

表 2-10 部分国家成年人身高数据　　　　　　　　　　　　（单位：mm）

序号	国家	性别	均值	标准差	百分位				
					1	10	50	90	99
1	日本(市民)	男	1657	52	1529	1584	1651	1718	1773
2	日本(市民)	女	1544	50	1429	1481	1544	1607	1659
3	日本(飞行员)	男	1694	48	1557	1607	1669	1730	1781
4	美国(市民)	男	1755	72	1587	1662	1755	1848	1923
5	美国(市民)	女	1618	62	1474	1539	1618	1697	1762
6	美国(军人)	男	1755	62	1611	1676	1755	1835	1900
7	英国	男	1780	61	1638	1702	1780	1858	1932
8	法国	男	1690	61	1548	1612	1690	1768	1832
9	法国	女	1590	45	1485	1532	1590	1648	1695
10	意大利	男	1680	66	1526	1596	1680	1764	1834
11	意大利	女	1560	71	1394	1469	1560	1651	1726
12	非洲	男	1680	77	1501	1581	1680	1779	1859
13	非洲	女	1570	45	1465	1512	1570	1628	1675
14	马来西亚	男	1540	66	1386	1456	1540	1624	1694
15	马来西亚	女	1440	51	1321	1357	1440	1505	1559

表 2-11 我国六个区域人体身高和胸围的均值和标准差
（男子 18～60 岁，女子 18～55 岁）　　　　　　　　　（单位：mm）

项目		东北、华北		西北		东南		华中		华南		西南	
		均值	标准差	均值	标准差	均值	标准差	均值	标准差	均值	标准差	均值	标准差
男子	身高	1693	56.6	1684	53.7	1686	55.2	1669	56.3	1650	57.1	1647	56.7
	胸围	888	55.5	880	51.5	865	52.0	853	49.2	851	49.2	855	48.3
女子	身高	1586	51.8	1575	51.9	1575	50.8	1560	50.7	1549	49.7	1546	53.9
	胸围	848	66.4	837	55.9	831	59.8	820	55.8	819	57.6	809	58.8

2. 不同年代同龄人的差异

随着人类社会的不断发展、生活和健康水平的提高，人类的体质也在发生了变化。例如，我国从 20 世纪 70 年代末期开始，经济得到了快速发展，那时出生的许多孩子，如今身高都远远超过了父母。有调查表明，欧洲居民每隔十年身高增加 1~1.4cm。人体尺寸的增加，开始会随着地区生活水平的提高持续增长，但达到一定程度后，其速度将会变缓并逐渐趋于稳定。

2.1.6　人体静态尺寸的相关性

体态正常的成年人人体各部分静态尺寸之间存在近似的线性关系。对于不同的国家、民族、种族，人体各部分尺寸之间的这种比例关系一般是不同的。通常选取身高作为基础数据(用 H 表示)，近似地推算其他静态人体尺寸数据。我国成年人人体尺寸比例关系如图 2.8 所示。亚洲和欧美地区成年人人体尺寸比例关系参见表 2-12 和图 2.9。

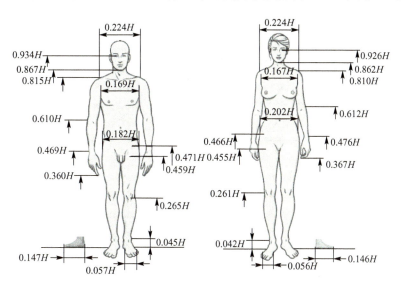

图 2.8　我国成年人人体尺寸比例关系

表 2-12　亚洲和欧美地区成年人人体尺寸比例关系

序号	名称	男子		女子	
		亚洲人	欧洲人	亚洲人	欧洲人
1	眼高	$0.933H$	$0.937H$	$0.933H$	$0.937H$
2	肩高	$0.844H$	$0.833H$	$0.844H$	$0.833H$
3	肘高	$0.600H$	$0.625H$	$0.600H$	$0.625H$
4	脐高	$0.600H$	$0.625H$	$0.600H$	$0.625H$
5	臀高	$0.467H$	$0.458H$	$0.467H$	$0.458H$
6	膝高	$0.267H$	$0.313H$	$0.267H$	$0.313H$
7	腕—腕距	$0.800H$	$0.813H$	$0.800H$	$0.813H$
8	肩—肩距	$0.222H$	$0.250H$	$0.213H$	$0.200H$
9	胸深	$0.178H$	$0.167H$	$(0.133\sim0.177)H$	$(0.125\sim0.166)H$
10	前臂长(含手)	$0.267H$	$0.250H$	$0.267H$	$0.250H$
11	肩—指距	$0.467H$	$0.438H$	$0.467H$	$0.438H$
12	双手展宽	$1.000H$	$1.000H$	$1.000H$	$1.000H$
13	手举起最高点	$1.278H$	$1.259H$	$1.278H$	$1.250H$
14	座高	$0.222H$	$0.250H$	$0.222H$	$0.250H$
15	头顶—座距	$0.533H$	$0.531H$	$0.533H$	$0.531H$

(续)

序号	名称	男子		女子	
		亚洲人	欧洲人	亚洲人	欧洲人
16	眼—座距	0.467H	0.458H	0.467H	0.458H
17	坐姿膝高	0.267H	0.292H	0.267H	0.292H
18	坐姿头顶高	0.733H	0.781H	0.733H	0.781H
19	坐姿眼高	0.700H	0.708H	0.700H	0.708H
20	坐姿肩高	0.567H	0.583H	0.567H	0.583H
21	坐姿肘高	0.356H	0.406H	0.356H	0.406H
22	坐姿腿高	0.300H	0.333H	0.300H	0.333H
23	座深（臀膝距）	0.267H	0.275H	0.267H	0.275H

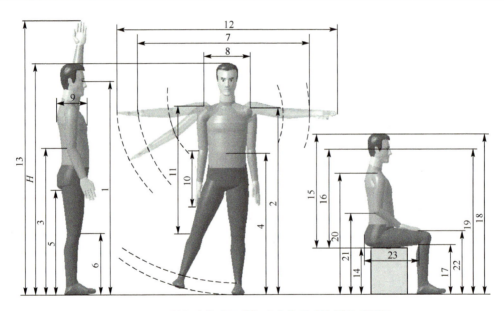

图 2.9　亚洲和欧美地区成年人人体尺寸比例关系图示

2.1.7　人体动态尺寸

人体动态尺寸主要包括肢体活动范围和特定姿势下的人体活动空间尺度。

1. 人体肢体活动范围

人体由关节连接的肢体在肌肉活动的作用下将产生相对运动。人体主要肢体的活动范围见表 2-13，对应图 2.10。由于人体尺寸、个体习惯、成长经历等因素的不同，人体肢体活动范围在不同的个体之间也存在差异。图 2.11 示出了人体主要关节的最大活动范围。表 2-14 为某人体数据库中给出的男子和女子肢体活动范围的 95 百分位和 5 百分位值，对应图 2.12。

表 2-13 人体主要肢体的活动范围

部位	动作代号	动作方向	角度/(°)	部位	动作代号	动作方向	角度/(°)
头	1	右转	55	手	18	背屈曲	65
	2	左转	55		19	掌屈曲	75
	3	屈曲	40		20	内收	30
	4	极度伸展	50		21	外展	15
	5	向一侧弯曲	40		22	掌心朝上	90
	6	向一侧弯曲	40		23	掌心朝下	80
肩胛骨	7	右转	40	腿	24	内收	40
	8	左转	40		25	外展	45
臂	9	外展	90		26	屈曲	120
	10	抬高	40		27	极度伸展	45
	11	屈曲	90		28	屈曲时回转	30
	12	向前抬高	90		29	屈曲时回转	35
	13	极度伸展	45	小腿、足	30	屈曲	135
	14	内收	140		31	内收	45
	15	极度伸展	40		32	外展	50
	16	前臂上摆	90				
	17	前臂下摆	90				

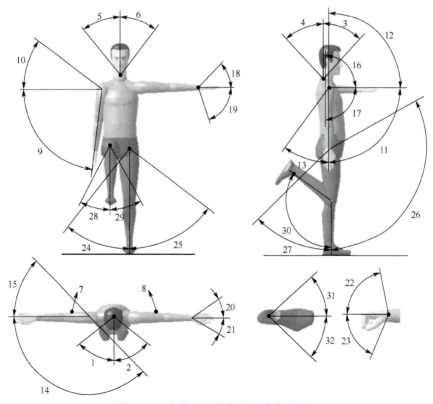

图 2.10 人体主要肢体的活动范围图示

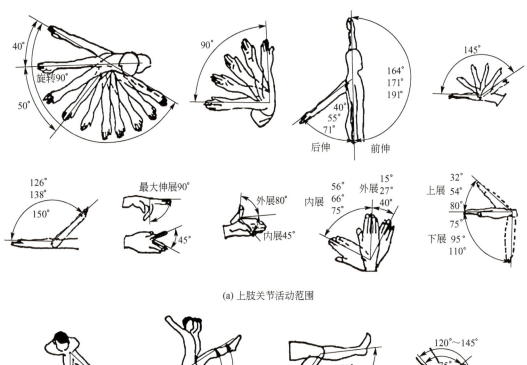

(a) 上肢关节活动范围

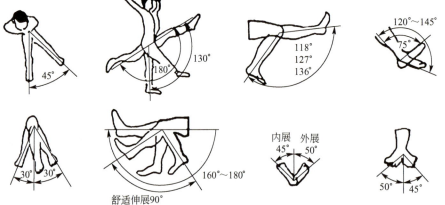

(b) 下肢关节活动范围

图 2.11 人体主要关节的最大活动范围

表 2-14 男子和女子肢体活动范围的 95 百分位和 5 百分位值

图号	部位及活动方式	男子		女子	
		5 百分位	95 百分位	5 百分位	95 百分位
1	头部左右转动	左 73.3,右 74.3	99.6,99.1	74.9,72.2	108.8,109.0
2	头部前后摆动	前 34.5,后 65.4	71.0,103.0	46.0,64.9	84.4,103.0
3	头部左右摆动	左 34.9,右 35.5	63.5,63.5	37.0,29.1	63.2,77.2
4	肩部外展	173.2	188.7	172.6	192.9
5	小臂带动肩部转动	旋外 46.3,旋内 90.5	96.7,126.6	53.8,95.8	85.8,130.9

(续)

图号	部位及活动方式	男子		女子	
		5百分位	95百分位	5百分位	95百分位
6	肩部前方伸展	前方164.4，向后39.6	210.9，83.3	152.0，33.7	217.0，87.9
7	肘部伸展	140.5	159.0	144.9	165.9
8	前臂翻掌	78.2，83.4	116.1，125.8	82.3，90.4	118.9，139.5
9	手腕左右摆动	左16.9，右18.6	36.7，47.9	16.1，21.5	36.1，43.0
10	手腕内收外展	内收61.5，外展40.1	94.8，78.0	68.3，42.3	98.1，74.7
11	胯部伸展	116.5	148.0	118.5	145.0
12	胯部摆动	26.8	53.5	27.2	55.9
13	膝部伸展	118.4	145.6	125.2	145.2
14	踝关节伸展	伸展36.1，8.1	79.6，19.9	44.2，6.9	91.1，17.4

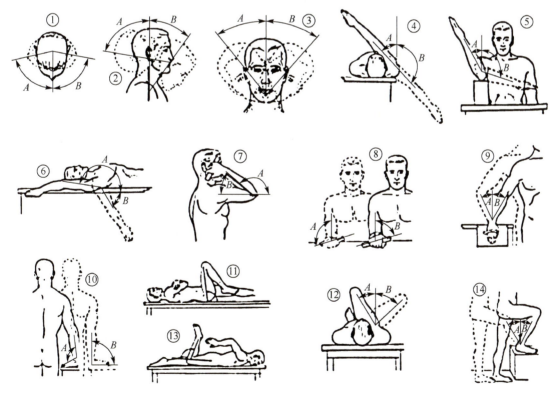

图2.12 肢体活动范围图示

2. 肢体伸及能力

肢体伸及能力通常用**伸及界面**描述。它指的是人体在乘坐或站立状态时，由于要执行某些操作或出于安全等原因身体某些部位被约束，此时人的末端肢体（腿、手、头）活动的最大限度。约束条件如一只手握转向盘、上身系安全带、脚踩踏板等。实验表明，这些约束能大大限制人体的活动能力。例如，在踩踏板条件下（踏板保持未踩下状态），由于踝关节角度不能太小的原因，人手向前伸及的能力受到很大影响。此外，伸及界面还受到操作者本身的尺寸和操作类型的影响。例如，手指按按钮的伸及界面要大于操作旋钮的伸及界面。

仪器设备、控制件必须处于操作人员的伸及界面内。由于伸及能力还受到人体疲劳状态和所需操作力的影响，需要一定操作力和灵活性的操作一定要处于伸及界面内，尤其是需要反复操作的劳动。

身体部位和约束形式不同，伸及界面也不相同。图 2.13 和图 2.14 分别为坐姿、躯干受安全带约束状态下，不同百分位身高男子和女子右手最大抓握位置的界面，其中图 2.13 为手心位于胯点上方 76cm 处水平面内的抓握界面，图 2.14 为手心位于矢状面内的抓握界面。

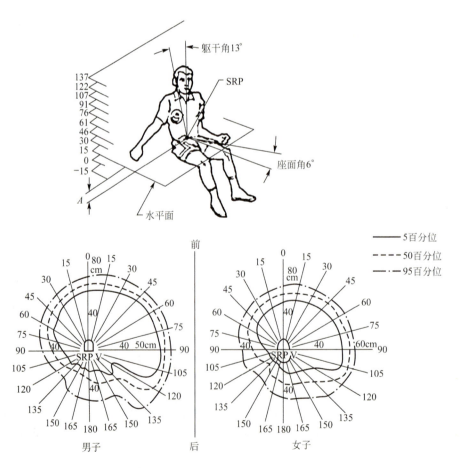

图 2.13　男子和女子右手在水平面内的最大抓握位置界面

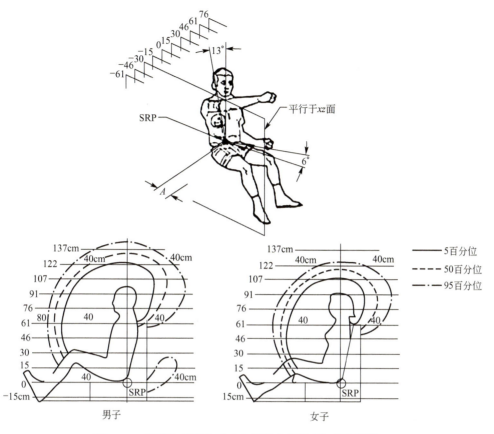

图 2.14　男子和女子右手在矢状面内的最大抓握位置界面

2.2　人体生物力学特点

2.2.1　人体运动系统

1. 人体运动系统组成

人体运动系统由骨、骨连结和骨骼肌组成，约占人体总质量的 58%。人体骨骼共有 206 块，其中只有 177 块直接参与人体运动。人体骨骼可分为两大部分：中轴骨和四肢骨。按所在部位可分为头骨、躯干骨和四肢骨三部分。根据骨的形态，一般分为长骨、扁骨、短骨和不规则骨四种。骨骼构成了人体的支架，并赋予了人体基本形态，起着保护大脑或内脏器官、支持身体和运动的作用，如图 2.15 所示。

骨与骨之间由纤维结缔组织、软骨或骨相连，形成骨连结。骨连结分为直接连接和间接连接两种。**间接连接是指能够活动的骨连结，称为关节**。典型关节的基本结构包括关节面及其上的关节软骨、关节囊和关节腔三部分。关节可按其关节面的形态和运动方式分为以下三类。

（1）单轴关节：只能绕一个轴作运动，如膝关节。

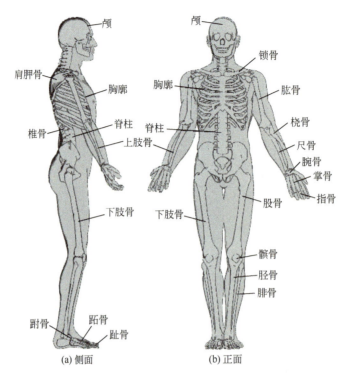

图 2.15 人体骨骼系统

（2）双轴关节：主要绕关节中心摆动（角度运动或环转运动），如腕关节、踝关节。这些运动可分解为绕两个互相垂直的轴的运动。

（3）多轴关节：除了绕关节中心做摆动之外，还能绕过关节中心并穿过肢体的某个轴做转动（旋转运动），如肩关节、髋关节。这些运动可分解为绕三个互相垂直的轴的转动。

人体肌肉根据其形态、构造和功能可分为平滑肌、横纹肌和心肌三类。横纹肌大都跨越关节附着在骨骼上，通过腱与骨骼相连，故又称骨骼肌，其活动受神经系统支配，能随人的意志运动，但用力不能持久。人机工程学主要研究骨骼肌。人体全身的骨骼肌有434块，如图2.16所示。骨骼肌按形状可分为长肌、短肌、阔肌和轮匝肌四种，表面被肌膜包裹，里面由许多排列好的肌纤维构成，并有许多神经和血管。肌肉的基本机能是将生物化学能转变为机械能或动能，这种转变是靠肌肉的收缩来实现，并在神经系统的调节、控制下进行的。

骨骼肌附着于骨骼上，收缩时以关节为支点牵引骨骼运动。在运动过程中，骨骼起着杠杆的作用，关节是运动的枢纽，骨骼肌则是运动的动力器官，而运动的支配器官是中枢神经系统。

2. 关节运动形式

关节面的形态和附着在附近的肌肉群的排列形式，决定了关节的运动形式和范围。关节运动形式基本上可分为以下四类。

（1）滑动运动：相对关节面的一种简单运动，如腕骨之间的运动。

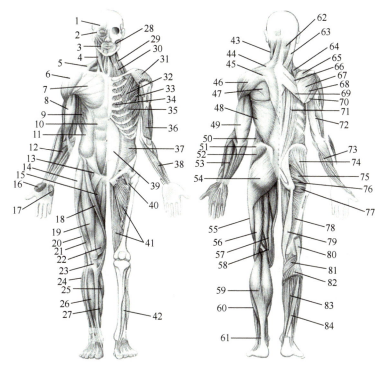

每个图中,左半部分为浅层肌,右半部分为深层肌

图 2.16　人体骨骼肌系统

1—枕额肌额部;2—眼轮匝肌;3—口轮匝肌;4—胸锁乳突肌;5—斜方肌;6—三角肌;7—胸大肌;8—肱二头肌;9—前锯肌;10—腹直肌;11—腹外斜肌;12—前臂浅层屈肌;13—腹股沟韧带;14—阔筋膜张肌;15—大肱收肌群;16—鱼际肌;17—小鱼际肌;18—缝匠肌;19—股直肌;20—髂胫束;21—股外侧肌;22—股内侧肌;23—髌韧带;24—腓骨肌;25—腓肠肌;26—小腿伸肌;27—比目鱼肌;28—颊肌;29—肩胛提肌;30—前斜角肌;31—三角肌;32—胸小肌;33—前锯肌;34—肋间内肌;35—肋间外肌;36—肱肌;37—腹内斜肌;38—前臂深层屈肌;39—腹直肌鞘(后壁);40—腰大肌和髂肌;41—大收肌;42—细长伸肌;43—胸锁乳突肌;44—斜方肌;45—肩胛冈;46—三角肌;47—冈下肌;48—背阔肌;49—肱三头肌;50—腹外斜肌;51—髂嵴;52—臀中肌;53—前臂浅层伸肌;54—臀大肌;55—髂胫束;56—股二头肌;57—半膜肌;58—半腱肌;59—腓肠肌;60—比目鱼肌;61—跟腱;62—头半棘肌;63—夹肌;64—肩胛提肌;65—冈上肌;66—小菱形肌;67—冈下肌;68—小圆肌;69—大菱形肌;70—大圆肌;71—竖脊肌;72—肱三头肌;73—前臂深层伸肌;74—臀中肌;75—梨状肌;76—闭孔内肌;77—股方肌;78—大收肌;79—半膜肌;80—股二头肌;81—胸肌;82—比目鱼肌;83—小腿深层屈肌;84—细长屈肌。

(2) 角度运动:邻近两骨远离或靠拢,产生角度增大或减小的运动形式称为角度运动,可分为屈、伸和收、展两种形式,这两种形式的运动轴相互垂直。屈、伸是关节沿矢状面的运动,关节连接的两骨互相靠拢、角度减少称为屈,角度加大称为伸。内收和外展是关节沿冠状面的运动,骨向身体正中矢状面靠拢称为内收,反之称为外展。

(3) 旋转运动:骨环绕其本身的垂直轴进行运动称为旋转。骨的前面向内侧旋转时为

35

旋内，反之称为旋外。

（4）环转运动：骨的上端在原位转动，下端则作圆周运动，全骨活动描绘一个圆锥体的图形，这样的运动称为环转运动。

3. 肌肉工作特点

肌肉运动的基本特征是收缩与伸张，是受神经系统支配的。收缩时长度缩短，横断面增大；伸张时则与此相反。若中枢神经系统持续兴奋而使肌肉保持着持续性的收缩状态，称为肌肉紧张，它可使身体维持一定的姿势。在正常条件下，人体运动时肌肉总是以肌肉群的形式参与运动，如人体的肘关节屈肌群、膝关节屈肌群等，且各肌群之间存在着复杂的相互作用。

（1）等长收缩和等张收缩

肌肉的收缩和舒张是由神经系统支配的，都是肌纤维受到刺激后产生的机械性反应，这种机械性反应有两种：肌纤维的长度缩短，或者肌纤维张力增加。肌肉的张力主要取决于力学条件，并随负荷增加而增大。在没有负荷而自由缩短的情况下，肌肉张力保持不变，称为等张收缩。当肌肉两端固定或负有不可克服的负荷状态下，肌肉的长度不能缩短，而只能产生张力，这种长度不变而张力增加的收缩称为等长收缩。人体正常活动时不会单纯产生等张和等长收缩，而是两者皆有。例如，无负荷条件下的四肢运动接近于等张收缩，但由于肢体的重量需要肌力来维持，故不完全是等张收缩；在试图提起力所不及的重物时，近似于等长收缩，因为重物尚未提起，而身体多少会发生一些姿势变化而导致肌肉长度改变。

（2）肌肉的速度—张力特性

肌肉可能遇到的负荷有两种：一种是收缩前就施加在肌肉上的负荷，称为前负荷（Preload），它使肌肉在收缩前即处于被拉长的状态，使之在一定初长度情况下收缩；另一种是肌肉收缩之后才遇到的负荷，称为后负荷（After load），它不能增加肌肉收缩前的初长度，但能够阻碍收缩时的缩短。当肌肉在后负荷存在条件下收缩时，一开始由于负荷的阻碍不能缩短，而只表现为张力增加；当张力增加到与负荷相等时，负荷不能够再阻止肌肉缩短，于是肌肉开始以一定速度收缩，而后张力不再增加，直至收缩完毕，肌肉舒张，负荷回到原来位置，张力也下降到原来的水平。可见，有后负荷存在时，肌肉总是先产生张力后出现缩短。后负荷越大，张力越大，而肌肉缩短开始时间越晚，缩短的初速度和收缩的程度也越小。肌肉在不同后负荷条件下张力和开始缩短时的初速度关系如图2.17所示。由图中可见，后负荷较大时，肌肉张力接近其最大限度，此时肌肉将不再缩短，初速度接近零，即接近等长收缩；在中等后负荷条件下，肌肉张力与收缩初速度呈现相反的曲线变化规律；当后负荷很小时，收缩初速度接近其限度，此时张力很小，而且一旦肌肉产生缩短，张力就几乎不再增加，即接近等张收缩。肌肉的等长收缩具有机动觉反馈功能，可获得反馈信息来调节动作准确性，广泛存在于维持身体平衡的运动中。肌肉的等张收缩可促进血液流动，增加氧供应和加速新陈代谢，便于输出大的出力和延缓疲劳。

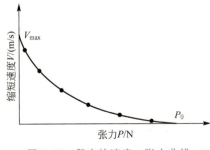

图2.17 肌肉的速度—张力曲线

(3) 肌肉的速度—张力—长度特性

当前负荷不变而后负荷变化，或者后负荷不变而前负荷变化时，肌肉所表现出的收缩速度、收缩形式和张力是不同的。将这两种情况的变化规律用一张图描绘出来，如图 2.18 所示。从图中可以找出一个<u>最适前负荷曲线</u>，肌肉此时能够发挥最佳收缩效果。若进行等长收缩，它所产生的张力限度最大；若进行等张收缩，其收缩的速度极限也最大。最适前负荷的存在说明肌肉存在一个最佳初长度，在这个状态下进入收缩时，收缩效果最好。最适初长度大致相当于肌肉的自然长度。

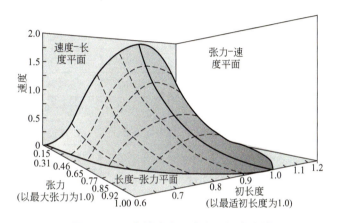

图 2.18 肌肉的速度—张力—长度特性

2.2.2 肢体质量、惯量和质心

肢体质量、惯量和质心位置是重要的人体生物力学指标，是建立人体动力学模型、进行动力学仿真等必不可少的数据。这些数据与肢体质量分布情况有关，通常以回归方程形式给出，即

$$Y = B_0 + B_1 W + B_2 S \quad (2-8)$$

式中，Y 为肢体质量（kg）、质心位置（mm）或者转动惯量（kg·cm²）；W 为体重（kg）；S 为身高（mm）。男子和女子的肢体质量和质心位置回归方程系数见表 2-15。男子和女子的肢体通过质心矢状轴、额状轴和垂直轴的转动惯量的回归方程系数见表 2-16。表中，头颈长度系指头顶到第七颈椎点的垂直距离。上躯干为第七颈椎到胸骨下缘的部分，其长度约占整个躯干长度的 32.82%。中躯干为胸骨下缘到脐上缘的部分。质心位置数据是指各体段的质心位置距该体段近侧端的距离。

表 2-15 肢体质量和质心位置回归方程系数

环节	参数	男子			女子		
		B_0	B_1	B_2	B_0	B_1	B_2
头颈	质量	2.954	0.040	0.0001	1.6050	0.024	0.0009
	质心位置	69.400	0.510	0.013	64.3000	0.3200	0.0210
上躯干	质量	−5.001	0.111	0.005	−9.172	0.113	0.0077
	质心位置	−66.650	−0.330	0.121	3.8900	0.3600	0.0610

(续)

环节	参数	男子			女子		
		B_0	B_1	B_2	B_0	B_1	B_2
下躯干	质量	2.286	0.298	−0.0027	−9.440	0.261	0.0055
	质心位置	40.370	−0.120	0.087	−87.0800	−0.6100	0.1830
大腿	质量	−0.093	0.152	−0.0004	−3.193	0.145	0.0022
	质心位置	−122.520	−0.310	0.235	63.7000	0.0400	0.1140
小腿	质量	−0.834	0.061	−0.0002	−2.702	0.042	0.0018
	质心位置	23.470	0.500	0.095	−43.5700	0.3500	0.1410
足	质量	−0.715	0.006	0.0007	−0.684	0.0100	0.0006
	质心位置	35.130	−0.020	0.003	−0.5900	0.1500	0.0190
上臂	质量	−0.323	0.030	0.0001	1.121	0.039	−0.0011
	质心位置	15.150	0.160	0.080	26.7100	0.4600	0.0640
前臂	质量	−0.277	0.016	0.0001	−0.238	0.014	0.0001
	质心位置	12.940	0.450	0.054	56.780	0.6200	0.0190
手	质量	−0.424	0.003	0.0004	−0.003	0.002	0.0001
	质心位置	71.620	0.340	0.013	84.060	0.3000	0.0090

表 2−16 肢体转动惯量的回归方程系数

相对轴	肢体环节	男子			女子		
		B_0	B_1	B_2	B_0	B_1	B_2
矢状轴	足	−100	0.48	0.626	−92.24	0.486	0.558
	小腿	−1105	4.59	6.63	−963.1	−3.57	9.04
	大腿	−3557	31.7	18.61	−4033.4	44.99	17.08
	手	−19.5	0.17	0.116	−5.71	0.122	0.035
	前臂	−64	0.95	0.34	−132.1	0.62	0.825
	上臂	−250.7	1.56	1.512	−151.4	0.107	1.554
	头颈	−78	1.171	1.519	217.8	−0.032	0.059
	上躯干	81.2	36.73	−5.97	−4038.5	28.6	20
	中躯干	618.5	39.8	−12.87	−368.7	−6.22	8.86
	下躯干	−1568	12	7.741	−987.6	14.9	3.76
额状轴	足	−97.09	0.414	0.614	−61.4	0.348	0.406
	小腿	−1152	4.594	6.815	−943.3	−2.51	8.47
	大腿	−3690	32.02	19.24	−2659.4	50.35	6.96
	手	−13.68	0.088	0.092	−5.79	0.087	0.034

(续)

相对轴	肢体环节	男子			女子		
		B_0	B_1	B_2	B_0	B_1	B_2
额状轴	前臂	−67.9	0.855	0.376	−138.5	0.533	0.887
	上臂	−232	1.525	1.343	−330.4	−0.461	2.67
	头颈	−112	1.43	1.73	66.4	−0.447	1.29
	上躯干	367	18.3	−5.73	−2075	15.6	9.4
	中躯干	263	26.7	−8	−546	2.87	5.1
	下躯干	−934	11.8	3.44	−633.3	10.8	2.26
垂直轴	足	−15.48	0.144	0.088	23.9	0.337	−0.059
	小腿	−70.5	1.134	0.3	−53.2	0.284	0.489
	大腿	−13.5	11.3	−2.28	1339.8	6.3	−8.28
	手	−6.26	0.0762	0.0347	−2.138	0.053	0.0073
	前臂	5.66	0.306	−0.088	7.4	0.21	−0.08
	上臂	−16.9	0.662	0.0435	−118.6	1.19	0.44
	头颈	61.6	1.72	0.0814	−35.48	2.43	0.237
	上躯干	561	36.03	−9.98	−2823.2	25.8	12.8
	中躯干	1501	43.14	−19.8	−672.9	1.47	7.53
	下躯干	−775	14.7	1.685	−715.9	23.5	−1.106

阅读材料2-2

人体质量、惯量和质心位置的测量

获取人体质量、质心位置和惯量等生物力学参数的方法主要有尸体解剖法和活体测量法。

尸体解剖法通过解剖尸体，对肢解的人体肢体进行参数测定。尸体解剖法需要考虑到死组织与活组织之间的差异，且由于存在尸体的收集、切割技术、伦理等问题，所以很难达到大样本的要求。

活体测量包括称重法、快速释放法、水浸法、机械振动法、放射性同位素法、CT（计算机体层摄影技术）法和MRI（核磁共振成像）法等。称重法用于在已知肢体质量、质心位置中的某一个参数时测量另一个参数。快速释放法和机械振动法仅能测量转动惯量。CT法是采用CT机对样本各体段长度进行测量，然后进行全身等距离、等厚度的横断层扫描，用正胶片拍摄各断层影像并依次输入图像分析仪中，根据影像中各组织结构的灰度及密度值，用有限元法计算出影像断面、断层块及各体段的惯量，最终合成各体段的质心位置数据。CT法和MRI法采用了现代技术手段，能够实现人体质量参数及转动惯量的活体测量，准确度很高，但价格昂贵，操作难度大。

2.2.3 人体的出力

人体运动和出力主要靠骨骼肌收缩实现。肌肉收缩时产生的力称为肌力。人的一条肌纤维所发挥的力量约为 0.01~0.02N，而肌力是多条肌纤维的收缩力总和。在每平方厘米横截面上肌肉的最大肌力为 30~40N，因此，肌力大小取决于单个肌纤维的收缩力、肌肉中肌纤维的数量和肌纤维的横截面积，同时还与肌肉收缩前的初长度、中枢神经系统的机能状态、肌肉对骨发生作用的机械条件等因素有关。表 2-17 列出了我国中等体力 20~30 岁的青年人主要身体部位的出力限度。一般而言，右手肌力比左手大 10%左右，女性肌力较男性低 20%~35%。

表 2-17 人体主要身体部位的出力限度

肌肉的部位		出力/N		肌肉的部位		出力/N	
		男	女			男	女
手臂	左	370	200	手臂伸直时的肌肉	左	210	170
	右	390	220		右	230	180
肱二头肌	左	280	130	拇指肌肉	左	100	80
	右	290	130		右	120	90
手臂弯曲时的肌肉	左	280	200	背部肌肉（躯干屈伸的肌肉）	左	1220	710
	右	290	210		右		

在劳动中，操作者施加在操纵装置上用以改变机器、设备状态的作用力称为操纵力。人体所能发挥出来的操纵力大小不仅取决于人体本身出力的能力，还取决于操作姿势、施力方向和部位、持续时间等因素。操纵力与持续时间有关，并会随时间的增加很快地衰减，例如人的拉力由最大值衰减到原来的 1/4 只需 4 分钟的时间。因此，设计操纵装置时，操纵力的选择需要综合考虑人体出力能力和具体的作业特点，只有在这些综合条件下的人体出力的能力才是操纵力设计的依据。

1. 坐姿时手臂操纵力

坐姿手臂在不同方向的最大操纵力见表 2-18 和图 2.19。由表中数据可见，一般右手臂力量大于左手臂；当手臂处于内、外下方时，推力、拉力均较小，但向上、向下时力量较大；拉力略大于推力；向下的力略大于向上的力；向内的力大于向外的力。表中数据是短时间内能够发挥的最大的出力。如果持续一段时间，则出力水平会下降，例如，在一分钟里只能保持平均力最大值的 60%。

表 2-18 坐姿手臂的最大操纵力

手臂角度/(°)	拉力/N		推力/N	
	左手	右手	左手	右手
	向后		向前	
180	225	235	186	225
150	186	245	137	186

(续)

手臂角度/(°)	拉力/N		推力/N	
	左手	右手	左手	右手
	向后		向前	
120	157	186	118	157
90	147	167	98	157
60	108	118	98	157
	向上		向下	
180	39	59	59	78
150	69	78	78	88
120	78	108	98	118
90	78	88	98	118
60	69	88	78	88
	向内		向外	
180	59	88	39	59
150	69	88	39	69
120	88	98	49	69
90	69	78	59	69
60	78	88	59	78

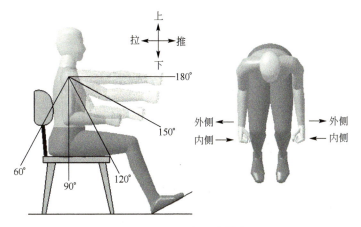

图 2.19　坐姿手臂在不同方向的最大操纵力图示

2. 坐姿时足蹬力

有时操纵作业需要用脚完成。足蹬力的大小与下肢位置、姿势和方向有关，如图 2.20 所示。脚所产生的操纵力都是压力的形式。下肢适当伸直时产生的力大于弯曲时产生的力。膝关节角度在 150°～165°时，腿的出力最大。坐姿有靠背支撑时，借助靠背的支撑，右腿最大蹬力可达 2568N。脚操纵力还与脚偏离人体中心对称面的程度有关，脚处于正中位置时足蹬力最大。一般情况下，如果用脚操纵有利，就应避免用手操纵，这样可用手去做其他工作。

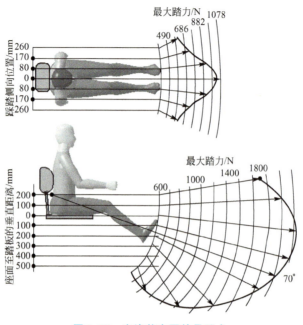

图 2.20　坐姿状态下的足蹬力

2.3　人体作业特点

2.3.1　作业姿势

工作时正确的姿势可以缓解疲劳，有利于身体健康，提高工作质量和生产效率。因此，在设计作业空间和各种人机系统时，必须使操作者具有合适的作业姿势。

根据作业要求，操作者在人机系统中具有不同的工作状态，主要分为动态和静态两种：前者是上肢、下肢作频繁的大动作或伴随有躯干的移动，如包装作业、搬运作业等体力劳动；后者是躯干保持一定，人体各部位没有大的动作，如驾驶汽车。在复杂工作中，这两种状态有各种组合情况，这些情况的变化就构成了活动状态下的人体形态。

人体活动的形态是变化的，是由人的身心状态确定的。身心活动状态可通过从外部观察其动作形态的变化，根据活动形态的状况看出；而身心状态又能促进活动状态发生变化。例如，由于疲劳，人的身心状态就会变坏，并产生一种与此相应的姿势和动作。

1. 作业姿势的分类和特点

姿势是指人体在空间所显示出的形态，有时也能清楚地表明人的身心活动状态。人体姿势有立、坐、卧、蹲、前俯、后仰等。作业中人们所采取的各种操作姿势均称为作业姿势。**在进行人机系统的空间设计时，作业姿势是应该考虑的基本因素。**

作业姿势一般可分为立姿、坐姿、卧姿和坐、立交替姿四种。最多的是坐姿作业,其次是立姿,再次是坐、立交替姿,卧姿最少,一般只在作业空间狭小时才采用。立、坐、卧三种人体姿势,根据人体各部位形态的不同,又有各自的不同类型。如立姿可分为直立、蹲立、半蹲立等姿势;坐姿可分为下肢弯曲的跪坐位姿势和坐在椅子上的椅坐位姿势;卧姿可分为俯卧、仰卧和侧卧等姿势。上述姿势都是空间的静体形态,称为**静态姿势**。与静态姿势相对应的是**动态姿势**,是指需要不断变动身体位置和姿态的作业姿势,例如,汽车总装线上,作业人员从零部件的搬运到装配,需要采用行走、站立或坐姿等不同的作业姿势,并不断在这几种姿势之间变换。

作业姿势具有以下两个特征。

(1) 作业的制约性:人们在作业中所采取的姿势是由各种作业要求所决定和制约的。例如,装配仪表等精细作业,要求作业面高度要便于操作者观察,并能够维持操作者手臂,使之具有较稳定的作业姿势。相同作业姿势下,操作力大的作业,作业面低的要比高的好。

(2) 姿势变化的适应性:作业姿势一方面由作业本身决定,另一方面还要便于姿势的更换。长时间作业时,操作者难免要产生疲劳和不适,需要能够方便地变换作业姿势,以缓解疲劳或不适。

决定作业姿势和体位的因素主要包括以下几方面。

(1) 作业空间的大小和照明条件。
(2) 身体负荷的大小及用力方向。
(3) 作业场所中工具、设备、原材料、工作对象等的摆放位置。

2. 立姿作业

一般上体前屈角小于30°时为立姿,大于30°时为前屈姿势。**采用立姿作业的情况**主要有以下几种。

(1) **需要经常改变体位的作业,因为站姿身体挪动方便,且比频繁的起坐消耗能量少。**
(2) **常用的操纵装置分布区域较大,需要手、足有较大幅度活动时。**
(3) **需要用力较大的作业,立姿时易于用力。**

立姿作业应该注意的事项包括下面几条。

(1) 避免静止不动的立姿(特别是妇女),应使之有经常改变体位的可能。
(2) 避免长期或反复弯腰,尤其是弯度超过15°的情况。
(3) 站立时应力求避免不自然的体位,以免肌肉产生不必要的静力疲劳。

立姿作业不适合进行精确而细致的工作;肌肉要作更多的功以支持体重,故易引起疲劳;且下肢负担较重,长期站立易引起下肢静脉曲张。

3. 坐姿作业

坐姿是人体较自然的姿势,具有很多优点:**坐姿比立姿更有利于血液循环;坐姿时主要以臀部支撑全身,有利于发挥脚的作用;坐姿有利于保持身体稳定,对于精细作业尤为重要。**

坐姿也存在一些缺点:不易改变体位,用力受限制,工作范围受制约,久坐和长期坐姿作业容易导致脊柱弯曲、腹肌松弛、大腿血液回流受影响等。

随着作业自动化程度的提高,越来越多的作业会采用坐姿,坐姿将是操作人员未来作业的主要姿势。**下列作业宜采用坐姿。**

(1) 持续时间较长的静态工作。
(2) 精密度较高而又要求细致的作业。
(3) 手、足并用的作业。

采用坐姿作业时，应该注意以下问题。
(1) 避免弯腰并伴有躯干扭曲或半坐姿的情况。
(2) 避免经常或反复由一侧的上、下肢承担体重。
(3) 避免长时间两手前伸。

4. 坐、立交替作业

为了克服立姿或坐姿作业的缺点，可采用坐、立交替作业的方式。例如，长时间单调的坐姿作业会引起心理性疲劳，转换为立姿并适当走动，有助于维持工作能力；而长时间的立姿作业会产生肌肉疲劳，此时坐下来可以减轻或消除疲劳。

2.3.2 操作灵活性

1. 影响操作灵活性的因素

人体操作动作的灵活性包括操作时的动作速度和动作频率，主要与人体的肢体长度、质量、惯量等生物力学特性和作业情况有关。在考虑动作灵活性时，应对人体生物力学特性进行比较和估算。通常，人体质量轻的部位、短的部位、肢体末端部位要比重的部位、长的部位、肢体主干部位的动作更灵活。对于那些要求身体做较大范围动作的操纵工作，还要考虑如何合理地选择使操作者具有灵活性的动作轨迹。

2. 动作速度

动作速度是肢体单位时间内移动的距离，在很大程度上取决于肌肉收缩速度，并与动作方向、轨迹和运动阻力有关。选择动作方向和轨迹时，必须要考虑到下述几种基本情况。
(1) 水平操纵动作比垂直操纵动作的速度快。
(2) 一直向前的动作速度，比旋转时的动作速度快1.5～2倍。
(3) 操纵动作的圆形轨迹比直线轨迹灵活。
(4) 顺时针动作比逆时针动作方便。
(5) 手朝向身体的动作比离开身体的动作灵活准确。
(6) 手向前后的往复动作比向左右的往复动作速度快。
(7) 最大动作速度与被移动的负载重量成反比，而达到最大速度所需时间与负载重量成正比。
(8) 两手的灵活性也不相同，一般右手比左手强10%，而习惯用左手的人其左手可比右手强6%～7%。

3. 动作频率

操作者的动作频率是指在一定时间内动作所重复的次数，其大小与操纵方式、机构形状、种类、尺寸及人体操作部位有关。表2-19给出了人体各部位动作的最大频率，其中有手指的敲击、手的抓取、臂的屈伸、脚的蹬踩（以足跟为支点）等动作。表2-20给出了双手动作的最大频率。表2-21给出了最大转动频率与手柄长度之间的关系，从表中可以看出，手柄长为60mm时的转动频率最大。

表 2-19 人体各部位动作的最大频率

动作部位	动作的最大频率/(次/min)
手指	240~406
手	360~431
前臂	190~392
臂	99~344
脚	300~378
腿	330~406

表 2-20 双手动作的最大频率

| 动作种类 | 最大频率 | |
	右手	左手
旋转(r/sec)	4.8	4.0
推压(次/sec)	6.7	5.3
打击(次/sec)	5~14	8.5

表 2-21 最大转动频率与手柄长度的关系

最大转动频率/(r/min)	手柄长度/mm	最大转动频率/(r/min)	手柄长度/mm
26	30	23.5	140
27	40	18.5	240
27.5	60	14	580
25.5	100	—	—

2.4 人的感知特性

2.4.1 人对信息的感受和处理

人的感知系统由感觉器官、传入神经、大脑皮层组成。人通过感觉器官感知外部信息，由传入神经传递给大脑皮层，从而形成对外界事物和刺激的感知。

1. 感觉和知觉

(1) 感觉和知觉的概念

感觉是人脑对直接作用于感觉器官的客观事物的个别属性的反映。感觉过程是：客观事物直接作用于人的感觉器官，感觉器官产生神经冲动，经过传入神经传递到神经中枢，引起感觉。**人体通过感觉过程不仅会感受到来自外部和体内的直接刺激，还对人体本身的活动状况进行感知**，如姿势和运动、疼痛、饥饿等。

知觉是人脑对直接作用于感觉器官的客观事物和主观状况整体的反映。知觉是在感觉基础上形成的。感觉到的事物的个别属性越丰富、精确，对事物的知觉就越完整、正确。知觉不仅是感觉的简单相加，而且具有新的品质，表现为对事物的整体认知。知觉是一个主动的反映过程，比感觉更加依赖于人的主观态度和过去的知识经验。

(2) 感觉的基本特性

① **适宜刺激**：人体的各种感觉器官都具有各自敏感的刺激形式，称为适宜刺激。例如人眼的适宜刺激是可见光，人耳的适宜刺激是一定频率范围的声波，等等。

② **感觉阈值**：作用于感觉器官的刺激必须达到一定的强度才能够被感觉器官感知。

但是如果刺激的强度很大，则有可能引起感觉器官的损伤。因此，适宜的感觉刺激强度应该处于一定的范围内，此范围称为感觉阈值。

③ 适应性：感觉器官被持续刺激一段时间后，在刺激不变的情况下，感觉的敏感性会逐渐降低，感觉将逐渐减小以至消失，这种现象称为适应性。

④ 感觉的相互作用：在一定条件下，各种感觉器官对其适宜刺激的感受能力都因为受到其他刺激的影响而降低，使感受效果发生变化的现象称为感觉的相互作用。

⑤ 对比：同一感觉器官接受两种完全不同但属于同一类的刺激物的作用，而使感受效果发生变化的现象称为对比，分为同时对比和继时对比两种情况。几种刺激物同时作用于同一感觉器官时产生的对比称为同时对比。几种刺激物先后作用于同一感觉器官时，将产生继时对比现象。

⑥ 余觉：刺激消失以后，感觉可以继续存在一段时间的现象。

（3）知觉的基本特性

① 整体性：知觉时，把由许多部分或多种属性组成的对象看作具有一定结构的统一整体，该特性称为知觉的整体性。

② 选择性：知觉时，把某些对象从某背景中优先区分出来予以清晰反映的特性，称为知觉的选择性。从背景中区分出对象，一般取决于对象和背景的差别、对象的运动以及人的主观因素。

③ 理解性：知觉时，用以往所获得的知识经验来理解当前的知觉对象的特征，称为知觉的理解性。在知觉一个事物时，同这个事物有关的知识经验越丰富，对该事物的知觉就越丰富、深刻。

④ 恒常性：当知觉的条件在一定范围内发生变化时，人的知觉映像仍能保持相对不变的特性，称为知觉的恒常性，它是经验在知觉中起作用的结果。

⑤ 错觉：是对外界事物不正确的知觉，是知觉恒常性的颠倒。

2. 人的信息处理过程

人的信息处理过程包括信息接收、信息处理、信息传递与执行三部分，如图 2.21 所示。信息接收是通过感觉器官从外部接收信息。信息处理是对接收到的信息进行各种分析和处理。信息传递与执行是把处理了的信息传达到运动中枢，形成控制运动器官的命令，进而下达到运动器官，执行所下达的命令。

图 2.21 人的信息处理过程

人的信息处理过程是在大脑皮质中进行的，由于人的心理活动也在这里进行，所以信息的处理过程会受到心理活动的影响。

上述信息的接收、处理、传递与执行的过程，也可以称为是认识、判断及操作的过程。研究人的功能特性就是研究这些活动过程的规律。

3. 信息的接受

在人机系统中，人需要从外界接受各种形式的信息。其中由视觉器官获得的信息量最大，占80%以上；其余大部分是听觉信息。除特殊作业外，人的信息大部分都是通过这两种感觉来获取。对于其他感觉，往往是同视觉或听觉信息相结合，为感受到的信息作出迅速、正确的判断起辅助作用。

视觉和听觉的各自特性是由各感觉器官的特性决定的。表 2-22 为各种条件下视觉和听觉的特性比较。人机系统设计时，需要依据人的活动条件和感觉的特性，正确地选择提供信息的方式。

表 2-22 视、听觉信息的特性比较

特 性	视 觉 信 息	听 觉 信 息
信息的接收条件	是否注意信息源或在视线内	可不注意信息源，位于信息源附近
信息的性质	空间性	时间性
信息接受量	能同时接受很多信息	不同时接受很多信息
信息接受方法	多样	单纯
单位时间的信息量	多	少
信息接受速度	相对慢	相对快
继时信息间的联系	密切	不密切

2.4.2 人的视觉特性

1. 视觉的形成

（1）视觉器官的结构和功能

视觉器官的主要结构如图 2.22 所示，同视觉有关的部分是位于眼球中线上的折光系统和眼后部的视网膜。折光系统主要包括角膜、房水、晶状体和玻璃体，其功能是使光线

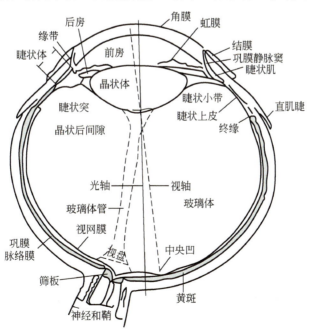

图 2.22 视觉器官的主要结构

发生折射，将物体成像在视网膜上。因此，人眼具有折光成像和感光两种机能，对视野内物体的轮廓、形状、大小、远近、颜色和表面细节等情况进行识别。

根据视觉器官中折光和成像系统的结构，可将人眼描述成如图 2.23 所示的简化模型。眼球由一个前后径约 20mm 的单球面折光体组成，折光系数为 1.333。外界光线进入眼球前方球形界面时折射一次，该球面曲率半径为 5mm，节点 n 位于球面后方 5mm 的位置。由上述参数决定的后主焦点位于节点后 15mm 处，正好相当于视网膜的位置。利用简化眼模型能够方便地计算不同距离处的物体在视网膜上的成像大小。

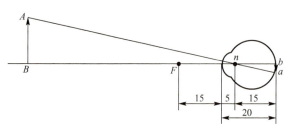

图 2.23 简化眼模型

（2）视觉的形成

人的视觉是指眼睛在光线的作用下，对物体的明暗、形状、颜色、运动和远近深浅等的综合感觉。视觉过程是：来自物体表面的光进入眼睛后，经过折光系统在视网膜上形成物像；物像部位的感受细胞吸收光能而发生化学反应，产生一系列的电脉冲信息；这些信息经视神经纤维传送到大脑的视觉中枢进行处理后形成视觉。因此，人的视觉是由光刺激、眼睛、神经纤维和视觉中枢共同作用的结果。

2. 人的视觉特性

（1）视角、视距和视敏度

视角是瞳孔中心到被观察对象两端所张开的角度。视距是指眼睛至被观察对象的距离。如图 2.24 所示，视角与视距和被观察对象两端点的直线距离有关，可以表示为

$$\alpha = 2\tan^{-1}\left(\frac{D}{2L}\right) \quad (2-9)$$

式中，α 为视角（′）；D 为被观察对象两端点的直线距离；L 为视距。

眼睛能分辨被观察对象最近两点的视角定义为临界视角。视敏度定义为临界视角的倒数。若在规定的照度下，取视距 L 为 5000mm，并采用图 2.25 所示的标准"缺口圆环视标"对人眼视敏度进行测试，测得的视敏度则称为视力。

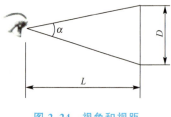

图 2.24 视角和视距

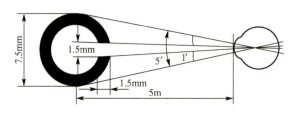

图 2.25 视力的测试

人在观察各种显示仪表时，视距过远或过近对认读速度和准确性都不利。一般应根据被观察对象的大小和形状在 380~760mm 之间选择最佳视距。不同性质的作业，其适宜视距见表 2-23。

表 2-23 不同性质作业的适宜视距

作业性质	视距/mm	观察范围直径/mm	作业姿势	示例
最精细	120~250	200~400	坐姿，有时依靠视觉辅助手段	组装手表
精细	250~350	400~600	坐姿、站姿	组装小型家电
中等劳动	<500	600~800	坐姿、站姿	操作机床
劳动	500~1500	800~2500	多为站姿	包装
远看	>1500	>2500	坐姿、站姿	驾驶汽车时向外观察

（2）颜色视觉

人眼对波长相同的单一光波产生颜色视觉，能感受的可见光波长范围是 380~780nm。在可见光范围内，人眼能够辨别出 150 多种颜色，但主要是红、橙、黄、绿、蓝、紫，见表 2-24。

表 2-24 人眼能辨别出的主要颜色

颜色	标准波长/nm	波长范围/nm	颜色	标准波长/nm	波长范围/nm
紫	420	380~450	黄	580	575~595
蓝	470	450~480	橙	610	595~620
绿	510	480~575	红	700	620~760

人眼感受光刺激是由视网膜上的锥细胞承担的。三原色学说认为视网膜上有 3 种视锥细胞，分别感受红、绿、蓝 3 种基本颜色。当 3 种细胞承受不同强度的光刺激时，就会引起各种颜色感觉。

（3）一般视野与色觉视野

① 一般视野是指人眼观看正前方物体时所能看见的空间范围。根据眼睛的状态可分为静视野、注视野和动视野。静视野是在头部固定、眼球静止不动的状态下自然可见的范围。注视野是头部固定而转动眼球注视某点时所见的范围。动视野是头部固定而自由转动眼球时的可见范围。静视野、注视野和动视野的数值范围以注视野为最小，静视野和动视野比较接近。人机工程学中，通常以人眼的静视野为依据设计有关部件，以减轻人眼的疲劳。人眼静视野如图 2.26 所示。

当被观察物体映像落入视网膜黄斑中央时，眼球观察方向为视线方向。在偏离视线方向 1.5°左右范围内，物体映像基本会落入黄斑，观察效果最清晰，此区域称为最优视区。当偏离视线方向 15°时，被观察物体仍能够比较清晰地被观察到，此范围称为良好视区。当向上偏离视线方向 25°，向下偏离 35°，向左右方向各偏离 35°时，在此空间范围内的物体仍能够被准确地观察到，此区域称为有效视区。

② 色觉视野是指不同颜色对人眼的刺激有所不同而形成的不同视野。图 2.27 为在水平和垂直方向，人眼在不同颜色可见光环境下的色觉视野。可见，白色视野最大，其次为黄、蓝色，绿色视野最小。色觉视野的大小还同被看物体的颜色与其背景色的对比情况有关。

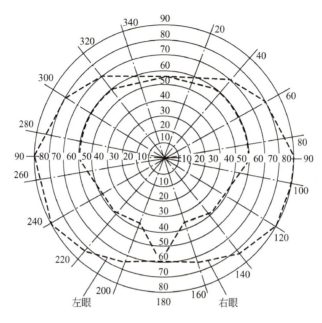

图 2.26 人眼静视野

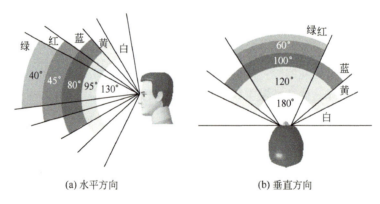

(a) 水平方向　　　　(b) 垂直方向

图 2.27 人眼色觉视野

(4) 双目视觉与立体视觉

人的两眼视野有很大部分重叠，不但补偿了单眼视觉的部分盲区、扩大了平面视野，而且增加了深度感，产生了立体视觉。两眼视野产生一个立体视觉的条件是，由物体同一部分来的光线，成像在两侧视网膜的相称点上。

(5) 对比感度

被观察物体与背景具有一定的差别时，人眼才能将物体从背景中辨别出来。当人眼刚刚能将物体从背景中辨别出来时，背景与物体特性的差别定义为临界差别；临界差别与背景特性的比值称为临界对比，其倒数定义为对比感度，即

$$C_c = \frac{\Delta L_c}{L_b} = \frac{L_b - L_o}{L_b} \tag{2-10}$$

$$S_c = \frac{1}{C_c} \tag{2-11}$$

式中，C_c 为临界对比，ΔL_c 为临界差别，L_b 为背景特性，L_o 为物体特性，S_c 为对比感度。

相关物体或背景的特性包括照度、色彩和明度。人眼的视力因被观察对象表面的照度不同而变化，照度大视力也提高，看得清楚。被观察对象和其背景之间照度差越大，对象物衬托在背景中就越清晰可见，这种照度差称为照度对比。被观察对象和背景的色彩差别大时，也易于清楚地分辨，这种色彩差称为色彩对比。不论是否有色彩，被观察对象的白、灰、黑程度称为明度，表现为亮暗程度。增加被观察对象与背景的明度对比，可以提高视力。因此当照度比较低时，通过增大明度对比也可提高视力。

(6) 视觉的明暗适应

人眼对光亮程度的变化具有适应性。视觉的明暗适应是人眼随视觉环境中光亮变化而感受的效果发生变化的过程，包括明适应和暗适应。

当视觉环境由亮转入暗时，眼睛要经过一段时间适应后才能看清物体，这个适应过程称为暗适应。相反的情况和适应过程，称为明适应。暗适应时间较长，要经过 4~6min 才能基本适应，约 25min 能够适应 80%。明适应时间较短，1~2min 便可完全适应。

人眼在明暗急剧变化的环境中受适应性的限制，视力会出现短暂下降。若频繁出现这种情况，则会产生视觉疲劳。因此，在需要频繁改变亮度的场所，可采用缓和照明，以避免光线的急剧变化。

人眼的适应性对车辆的行驶安全性影响很大。例如夜间行车一般开前照灯，眼睛已适应强光，但会车时要关闭大灯靠小灯照明，直至会车完毕，在这段时间内，驾驶员难以看清周围环境，容易引起事故。

(7) 视觉巡视特性

人眼视线习惯于从左到右、从上到下、顺时针方向运动。运动时为点点跳跃，而非连续移动。眼球在水平方向运动速度比垂直方向快，垂直方向的运动较水平方向容易疲劳，且水平方向尺寸的估计比垂直方向准确得多。两只眼球的运动总是协调、同步的。当眼睛偏离视中心时，在偏离距离相等的情况下，人眼对左上象限的观察最优，其次为右上象限、左下象限，右下象限最差。

(8) 视错觉

人观察外界物体的形状、大小、位置和颜色时，所得印象与实际情况的差异，称为视错觉。视错觉可归纳为形状错觉、色彩错觉和物体运动错觉三大类。常见的形状错觉有线段长短错觉、面积大小错觉、方位错觉、对比错觉、分割错觉、方向错觉、远近错觉和透视错觉等；色彩错觉有对比错觉、大小错觉、温度错觉、重量错觉、距离错觉和疲劳错觉等。色彩错觉同色彩的心理功能和感情效果密切相关。例如，两个尺寸、形状、重量完全一样的包装箱，一个白色，一个黑色，装卸搬运工人的感觉却是白色的箱子要比黑色的轻一些，这就是色彩的重量错觉。

视错觉是人的生理和心理原因引起的对外界事物的错误知觉，在人机工程设计中可以利用或夸大视错觉现象，以获得满意的心理效应。例如：交通工具客室或驾驶室的内部装饰设计，常利用横向线条划分所产生的视错觉来改善内部空间的狭长感，使空间显宽；利用纵向线条划分所产生的视错觉来增加内部空间的透视感，使空间显长；利用色彩的重量错觉，将包装箱的外表面做成白色或浅色，可以提高装卸搬运工人的作业工效。在另一些情况下，人机工程设计又需要避免产生视错觉现象，以达到预期的目的。例如色彩过于强烈对人眼刺激太大，易于使人疲劳；许多色相混在一起，明度差或彩度差较大，也容易使人疲劳，引起彩度减弱、明度升高、色彩逐渐呈现灰色或略带黄色等现象，这种现象称为色彩的疲劳错觉。在各种工作、学习或休息环境的色彩设计中，都必须注意避免产生色彩的疲劳错觉现象。

2.4.3 人的听觉特性

1. 听觉器官的结构与功能

听觉是仅次于视觉的重要感知途径，其独特的感知途径可弥补视觉通道的不足。

人的听觉器官是耳，其功能是**分辨声音的强弱和高低，辨别环境中声源的方向和远近**。人耳包括外耳、中耳和内耳三部分，如图2.28所示。外耳包括耳廓和外耳道，是外界声波传入人耳的通道。中耳包括鼓膜和鼓室，鼓室中有三块听小骨，组成听骨链。鼓膜和听骨链是主要的传音装置。中耳中还有一条通向喉部的咽鼓管，能够起到维持中耳内部和外界气压平衡的作用。内耳包括前庭、耳蜗和半规管。耳蜗是听觉感受器的所在部位。

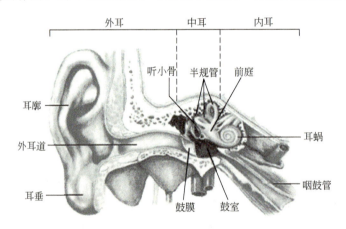

图 2.28 耳的基本结构

听觉过程是：声波通过外耳道传入引起鼓膜振动，经过听骨链传递，引起耳蜗里的淋巴液和基底膜振动，使耳蜗里的听觉毛细胞兴奋，听神经纤维产生神经冲动，不同频率和形式的神经冲动经过组合编码，传到大脑皮层的听觉中枢产生听觉。

2. 人的听觉特性

（1）听觉的频率特性

人耳可分辨声音的高低、强弱，同时还可判定环境中声源的方向和远近。**影响听觉的因素主要有声波的频率和强度。**

一般人的最佳可听频率范围是20～20000Hz。若不计个体差异，影响听觉的因素主要是年龄。人到25岁左右，对150000Hz以上频率声波的听觉灵敏度开始降低，听阈向下移动；而且**随着年龄的增长，频率感受的上限逐年降低。**

人耳对声音强弱的辨别能力不如对频率灵敏。 人耳对声音强弱的承受能力，一般最高可达120dB，超过120dB的声音，会使耳膜产生压疼感。人的听觉对于不同频率的声波，能正常感受到的声强范围如图 2.29 所示。某频率处，刚刚能听见的纯音的最低声强，称为该频率的"听阈值"；刚刚开始产生疼痛感的最低声强，称为该频率的"痛阈值"；听阈和痛阈之间的区域，称为"听觉区"。

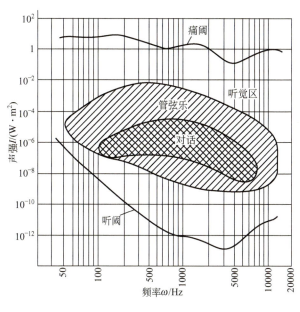

图 2.29 听阈范围

（2）听觉对声音高低强弱的辨别能力

人耳对频率的感觉很灵敏，表现为辨别音调高低的能力。一般在 500～4000Hz 范围内，对频率相差 3‰ 的声音；在频率小于 500Hz 或大于 4000Hz 时，对频率相差 1％ 的声音，均能辨别出来。这是由于不同频率的声波使不同长度的基底膜纤维产生共振，而不同长度的基底膜纤维上的听觉细胞产生的兴奋，将沿不同的神经纤维传送到大脑皮层的不同部位，因而能产生高低不同的音调感觉。

值得注意的是，人对声音的感觉强度和物理上声音的强度不同。声音感觉强度增加一倍时，声音的物理强度增加 8 倍，这就是所谓的 Stevens 法则，它证实感觉的强度 S 和刺激的强度 I 之间的关系应为

$$S \propto I^n \tag{2-12}$$

式中，$n=\dfrac{1}{3}$。Stevens 法则不仅体现在音感上，在许多感觉上也是成立的。n 值随感觉类型而异，一般在 0.3～3.5。

（3）听觉对声源方向和距离的辨别能力

人耳对声源的方位具有辨别能力，主要根据声音信号到达两耳的强度差和时间差辨别声源方向，其中根据强度差辨别高频声音，根据时间差辨别低频声音。声音的频率越高，波长越短，辨别声源方向越容易。判定声源的距离，主要靠声强的变化和主观经验来估计。

（4）听觉的掩蔽效应

一个声音被另一个声音所掩盖的现象，称为掩蔽。一个声音的听阈因另一个声音的掩

蔽作用而提高的效应，称为**掩蔽效应**。**掩蔽效应与掩蔽声、主体声的相对频率和相对强度有关**。在设计听觉传递装置时，应当根据实际需要来进行，有时要对掩蔽效应的影响加以利用，有时则要加以避免或克服。

听觉掩蔽效应具有如下几方面的特性。

① 掩蔽声越强，掩蔽效果越好，被掩蔽声的听阈提高得越多。

② 掩蔽声对同自己的频率邻近的被掩蔽声的掩蔽效应最大。

③ 低频掩蔽声对高频被掩蔽声的掩蔽效应较大，而高频掩蔽声对低频被掩蔽声的掩蔽效应较小。

④ 掩蔽声越强，被掩蔽的频率范围越大。

2.4.4 人的皮肤感觉特性

从人的感觉对人机系统的重要性来看，皮肤感觉是仅次于听觉的一种感觉。人体皮肤内分布着三种感受器：触觉感受器、温度感受器和痛觉感受器。因此，皮肤感觉主要有触觉、温度觉（冷觉和热觉）和痛觉。

1. 触觉

（1）触觉的产生

触觉是由于微弱的机械刺激触及皮肤浅层的触觉感受器而引起的。**压觉**则是较强的机械刺激引起皮肤深部组织变形产生的感觉。触觉和压觉在性质上相近，通常被称为触压觉。**通过触觉能够辨别物体的大小、形状、硬度、光滑度、表面纹理等**。

（2）触觉的阈限

皮肤受到很小的机械刺激就能产生触觉，但不同部位的皮肤对触觉的敏感性有很大差别。身体不同部位的触觉感受性从高到低依次为鼻部、上唇、前额、腹部、肩部、小指、无名指、上臂、中指、前臂、拇指、胸部、食指、大腿、手掌、小腿、脚底、足趾。

（3）触觉定位

触觉不但能够感知物体的长度、大小、形状等特征，还能够区分出刺激作用于身体的部位，这称为**触觉定位**。一般而言，身体有精细肌肉控制的区域，其触觉定位比较敏锐。

2. 温度觉

温度觉分为冷觉和热觉，它们是由不同范围的温度感受器引起的。温度感受器分布在皮肤的不同部位，形成所谓的冷点和热点。温度觉的强度取决于温度刺激强度和被刺激区域的大小。在冷刺激或热刺激的不断作用下，温度觉会产生适应。

3. 痛觉

人体各组织的器官内都有一些特殊的游离神经末梢，在一定刺激强度下会产生兴奋而出现痛觉。神经末梢在皮肤中分布的部位称为**痛点**。每平方厘米皮肤表面约有 100 个痛点，整个皮肤表面痛点的数目可达 100 万个。痛觉的中枢位于大脑皮层。人体不同部位的痛觉敏感度不同，皮肤和外粘膜有高度痛觉敏感性，角膜中央的痛觉敏感性最高。

2.5 人的功能和心理特性

2.5.1 人的作业能力与疲劳

1. 人体作业时的生理特性

（1）人体作业时的能量代谢

骨骼肌约占人体质量的40%，体力劳动时的能量消耗较大。骨骼肌活动的能量主要来自细胞中的贮能元 ATP（三磷酸腺苷）。肌细胞中的 ATP 有限，在能量消耗过程中必须及时补充肌细胞中的 ATP，此过程称为产能，一般通过三种途径实现，见表 2-25。肌肉活动时间越长，强度越大，恢复原有储备所需的时间越长。在食物营养充足的条件下，一般在 24h 内便可完全恢复。

表 2-25 人体肌细胞中 ATP 的补充途径

途径	需氧情况	供能速度	能源物质	产生 ATP 的量	体力劳动类型
ATP-CP 系列	无氧	非常迅速	CP（磷酸肌酸）	很少	劳动初期，极短时间内的极大体力劳动
乳酸系列	无氧	迅速	糖原	有限	短时间内、强度大的体力劳动
需氧系列	有氧	较慢	糖原、脂肪、蛋白质	几乎无限	持续时间长、强度小的各种体力劳动

人体能量的产生和消耗称为**能量代谢**，分为**基础代谢**、**安静代谢**和**活动代谢** 3 种。从事各种作业时，活动代谢为主要的能量代谢形式。由于劳动者性别、年龄、体力与体质存在差异，即使从事同等强度的体力劳动，消耗的能量也不相同。为消除劳动者个体差异，常用**相对能量代谢率**（Relative Metabolic Rate，RMR）衡量劳动强度。相对能量代谢率为

$$RMR = \frac{劳动代谢值}{基础代谢值} = \frac{劳动时所必需的能量消耗}{维持生命所必需的能量消耗} \tag{2-13}$$

影响人体作业时能量代谢的因素有很多，如作业类型、姿势、速度等。

（2）人体作业时的氧消耗

作业时因耗能量增加，需氧量也必然增多。作业时人体所需的氧量主要取决于劳动强度和作业持续时间。劳动强度越大，持续时间越长，需氧量也越多。每分钟的需氧量称为**氧需**。血液每分钟能供应的最大氧量称为最大摄氧量，主要取决于循环系统的机能，其次取决于呼吸器官的功能。因此，人的摄氧能力具有一定限度。正常成人的最大摄氧量不超过 3L，经常锻炼者可达 4L 以上。人的单位体重的最大氧需为

$$V_{O_2 \max} = (56.592 - 0.398A) \times 10^{-3} \tag{2-14}$$

式中，$V_{O_2\max}$ 为单位体重的最大氧需，L/kg；A 为年龄。在重体力作业中，如果循环和呼吸机能跟不上氧需，使肌肉在缺氧状态下从事活动，这种供氧量与氧需之间的差称为氧债。随着呼吸及循环功能逐渐增强，供氧得到满足，会进入稳态作业。

当作业所需氧量小于最大摄氧量时，作业开始的 2~3min 内，由于心肺功能的生理惰性，不能与肌肉的收缩活动同步进入工作状态，会略有氧债发生。此后，随着心肺功能生理惰性的逐渐克服，呼吸、循环系统活动逐渐加强，氧的供应逐渐得到满足，人体的摄氧量与需氧量保持动态平衡状态，工作可持续较长时间。

当劳动强度较大，心肺功能生理惰性通过调节逐渐克服后，需氧量仍超过最大摄氧量时，人体将在缺氧状态下工作，作业能持续的时间仅局限于人的氧债能力限度内。一般人的氧债能力限度约为 10L，而最大摄氧量一般为 3L。如果从事的劳动每分钟需氧量为 4L，则每分钟体内将增加 1L 的氧债，直至氧债能力耗尽为止。

(3) 人体作业时的身体调节

① 神经系统的调节。作业动作既取决于中枢神经系统的主观调节，又取决于人体内外感受器传入的各种神经冲动在大脑内进行分析，调节各器官适应作业活动、维持人体与环境的平衡。作业开始后，人体各器官会主动适应作业进行调节，称为始动调节。若在同种环境中长期从事同一作业，通过条件反射形成习惯的逻辑平衡潜意识，称为动力定型。动力定型在初期建立时较困难，但一经建立，对提高作业能力和效率极为有利。因此，中枢神经系统的功能状态对作业时人体的调节和适应起着决定性的作用。

② 心血管系统的调节。心律通常作为衡量劳动强度的一项重要指标。从事体力劳动时，心律会在作业后的 30~40s 内迅速增加，4~5min 后达到与劳动强度相适应的水平。心律增加的速度和程度与劳动强度密切相关。强度很大的作业停止后，由于氧债的存在，心律需要经过一段时间才能恢复到安静状态的水平。作业时，随着心律的加快，脉搏输出量迅速、渐进地增大至个体的最大值，随后，心输出量的增加依赖于心律的加快。由于心输出量的增加，血管内收缩压立即升高，并随着劳动强度的增加而持续增加至最大值；而血管舒张压几乎保持不变或略有升高。收缩压与舒张压之差为脉压，脉压逐渐增大或维持不变是体力劳动可以继续有效进行的标志。

③ 其他系统的调节。作业时，呼吸频率会随着作业强度的增加而增加，如大强度作业者呼吸可达 30~40 次/min。同时，肺的通气量也相应增加，其增加的程度一般与需氧的程度相适应，因此，可以作为作业能力和劳动强度的鉴定指标。

作业一定时间，体温会略有升高，升高的幅度与作业强度、持续时间、环境气候等有关。一般正常作业体温的升高不应超过正常体温 1℃，否则人体不能适应，作业也难以持久。排汗是降低体温的重要途径之一。汗液中 98% 为水分。体力劳动时，汗液中乳酸含量会增多。

2. 劳动强度和体力的应用

(1) 劳动强度

劳动强度用作业时人体每分钟所消耗的能量或氧量来表示。

① 按耗能量计算。作业时肌肉活动的能量消耗因劳动强度的不同而异。目前用得较多的是 Christensen 氏标准，见表 2-26。

表 2-26　耗能率与劳动强度的关系

劳动强度	耗能率/(kcal/min)	劳动强度	耗能率/(kcal/min)
轻度劳动	2.5～5.0	极强劳动	10.0～12.5
中等劳动	5.0～7.5	过强劳动	>12.5
强劳动	7.5～10.0		

② 按能量代谢率计算。根据 RMR 值，可把劳动强度分为 5 个等级，见表 2-27。

表 2-27　能量代谢率与劳动强度的关系

RMR	劳动强度	RMR	劳动强度
0～1	极轻劳动	4～7	强劳动
1～2	轻劳动	7 以上	极强劳动
2～4	中等劳动		

③ 按耗氧量计算。按供氧和氧需的关系把劳动强度划分为以下三种。

a. 中等强度作业。作业时氧需不超过最大摄氧量，即在稳态中从事作业，耗氧量为 1.0L/min。

b. 强劳动作业。作业时氧需超过最大摄氧量，即在氧债条件下进行劳动，这种作业只能持续数十分钟，耗氧量为 1.5～2.0L/min。

c. 极强劳动作业。完全在无氧条件下进行，此时氧债与氧需几乎相等，只能持续几分钟甚至更短，如短距离赛跑，耗氧量在 2.5L/min 以上。

以上划分标准所依据的是人体平均体重为 70kg，体表面积为 1.84m² 的情况。这个标准对我国偏高，有人建议将此值按我国情况减去 15%～20%。

④ 其他计算方法。

a. 按心率和排汗率计算。在其他条件相同时，有时也用心率或排汗率的变化来评价劳动强度。人的最大心跳速率为

$$F_{max} = 209.2 - 0.94A \qquad (2-15)$$

式中，F_{max} 为最大心跳速率(次/min)；A 为年龄。

当按心率计算时，中等强度作业心率为 100～125 次/min；强劳动作业为 125～150 次/min；175 次/min 以上为极强劳动。若按排汗率计算，中等强度作业为 200～400mL/h；强劳动作业为 400～600mL/h；800mL/h 以上为极强劳动。

b. 按劳动间歇时间率计算。劳动间歇时间率定义为工歇时间与劳动时间之比，可用下式近似求得。

$$T_r = \left(\frac{M}{4} - 1\right) \times 100\% \qquad (2-16)$$

式中，M 为劳动时增加的能量消耗率(kcal/min)。能耗率越大，所需的休息次数也越多。在炎热环境中，由于增加了循环和呼吸系统的额外负担，所需休息时间要大于以上公式所得到的计算值。

(2) 体力的应用

作业时应合理使用体力，尽量避免将体力耗费在不合理的动作和身体运动上。例如，

可以利用身体施力来辅助作业动作，即使用人体的动量。为减轻疲劳，动作中应该使各关节活动保持协调。在利用动量的动作中，应该充分利用人体质量。当要发出大而稳定的力量时，要保持肌体的稳定性并使动作对称、有节奏而自然。人体应用撞击力最合适的部位是脚底、手的侧面及肩，对平坦表面用力则以肩胛间区最好（用背部抵、顶）。

劳动负荷与劳动能力之间的关系受体内外许多因素的影响，如图2.30所示。体力劳动的能力主要依赖于肌细胞把生物能变为机械能的能力，这又取决于营养状态和消化、呼吸、循环机能和神经调节机能，它们主要依赖于身体因素，如遗传素质、性别、年龄、体格和健康状况等。体力劳动也受心理因素影响，特别是劳动的动机、工作意志等，有些体力活动还受训练和适应能力的影响。经常锻炼并合理休息可提高肌力。在考虑人体长时间劳动的耐力时，还要考虑劳动性质的影响，如劳动强度、劳动节奏、劳动时限等，合理安排工作与休息的时间，以防止疲劳和过度消耗。在设计劳动过程和安排工作场所时应考虑动作的经济性原则，力求消除多余动作（如多次弯腰、来回走动等），工具、原材料和产品的合理安置有助于使动作合理化和省力化，从而缩短操作时间和减少能量消耗。

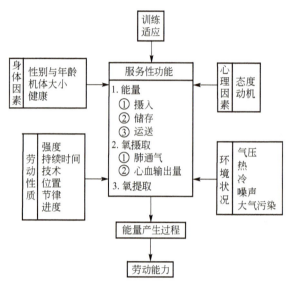

图2.30 影响体力活动能力的因素

3. 人的作业能力

作业能力是完成某种作业所具备的生理、心理特征，是个体内部蕴藏的潜力的综合体现。这些生理、心理特征可以从作业者单位作业时间生产的产品质量和数量以及作业动机间接予以体现。

脑力劳动型、精神紧张型与体力劳动型作业相比，其作业能力的变化规律大不相同。**脑力劳动型、精神紧张型的作业，其作业能力的变化取决于神经紧张的类型和程度。**一般，开始阶段的作业能力提高很快，但持续时间很短，之后作业能力就开始下降。因此，**此种作业形式应周期性地安排休息。**

【作业时间分析】

影响作业能力的因素主要包括以下几个方面。

（1）生理因素：尤其是体力劳动作业，其作业能力随作业者的年龄、性别、健康水平、营养状况的不同而异。

（2）工作性质：作业能力与劳动强度关系很大。强度大的作业不能持续太久。对于中等强度的作业，作业时间短则不能充分发挥作业者的最高水平；作业时间过长则会导致疲劳，不仅作业能力下降，还会影响作业者的健康。

（3）作业条件和环境：作业工具和设备对作业能力影响很大。应该保证工作效能的同时，减轻劳动强度，降低作业的紧张程度。作业者所处的环境（包括微气候、噪声、照明、色彩等）也对作业能力直接或间接造成较大影响。例如，较差的照明环境不仅会影响操作者对显示装置的观察和操纵装置的操作，长期下去还会对其视力造成损害。

（4）作业熟练程度：作业者经常反复从事某一作业会使人体各部分之间更为协调，称为熟练效应。熟练作业能够使作业能力明显提高。

4. 作业疲劳

作业者在作业过程中产生机能衰退、作业能力下降，有时还伴有疲倦等主观症状的现象，称为作业疲劳。作业疲劳不仅在生理上有明显反映，还受到心理和环境因素的影响。例如，作业者通过主观意志和努力，能够在短时间内掩盖疲劳的效应。又如，操作者处于单调、恶劣的作业环境中，有时心理会产生不良情绪，从而加速疲劳的产生。疲劳是人生理变化的一个状态，通过休息可以得到消除。

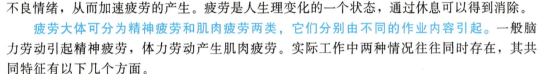
【疲劳度分析】

疲劳大体可分为精神疲劳和肌肉疲劳两类，它们分别由不同的作业内容引起。一般脑力劳动引起精神疲劳，体力劳动产生肌肉疲劳。实际工作中两种情况往往同时存在，其共同特征有以下几个方面。

（1）在操作技术或生产效果上，表现出质和量的降低或混乱。

（2）出现生理上、心理上的功能变化。

（3）自感疲劳和困倦。

影响疲劳的因素包括外界因素和人的因素两大类。外界因素通常包括工具的种类、人机系统空间布局、机器使用难易、作业环境等。例如，布局良好的汽车驾驶室能够降低驾驶员的工作负荷，提高长时间驾驶操作的舒适性，从而不容易导致疲劳的早期出现。**人的因素通常包括操作者的精神状态、身体状态、生理节奏、作业时间等**。

对疲劳的测定包括生理学的、心理学的、生物化学的方法。表 2-28 列举了目前常用的几种主要测定方法。例如，常用的生理功能测定方法是用标准小锤按规定的冲击力敲击膝盖，检查膝跳反射的迟钝程度。

表 2-28 疲劳的测定方法

方法的分类	测 定 对 象
呼吸功能	呼吸次数，呼吸量，呼气中的 O_2、CO_2 的浓度，能量代谢率
循环功能	心跳、血压
自律神经功能	皮肤的电反应（精神电流现象）、体温、皮肤温
运动功能	肌力、体力、敏捷性、肌电图
精神、神经功能	闪频值，反应时间，眼球运动，脑电波，视力，听觉（听力、辨别力），触觉（知觉差值、辨别差值），注意力
生物化学测定	血液、尿、唾液、汗
自觉测定	自感症状数、自感疲劳度
它觉测定	表情、态度、姿势、动作轨迹、单位动作所需时间，作业量，作业质量
脑力测试	心算、记忆、估计能力

5. 人的生理节律

生理功能所显示出的周期性变化，称为<u>生理节律</u>。人的生理节律对作业的效率和质量有明显的影响。只有遵循自然生理节律，才能在工作时更好地发挥人的能力。

(1) 日生理节律

人和其他生物都是在自然界中产生和发展起来的，必然受到自然条件的影响和制约。对人的生理影响最大的就是太阳。人体对昼和夜的反应不同，表现为生理的节奏。人的生理节奏中，以一天24h为周期是最显著的，称为日生理节律，是关于睡眠和觉醒的基本生命现象。人的体温、脉搏、血压等在下午4时前后达到最高值，糖类、脂肪和蛋白质在血液中的峰值也出现在下午4时前后，表现出交感神经系统占优势的特点。副交感神经系统占优势的细胞分裂和生长激素的分泌等，则在夜间11时至凌晨2时左右为高峰。因此，人的身体适于白天活动夜间休息。作业者白天和夜晚作业在效率、差错率和疲劳程度等方面有很大的差别。人体机能状态在上午7时到10时上升，午后下降；从午后6时到9时再度上升，其后又急剧下降，凌晨3时至4时下降最明显。

人的大脑意识水平能够反映人体机能状况，常用闪频值来表示。对于低频亮、暗交替的闪光，人眼会产生一种闪烁感觉。当闪光频率增加到一定程度时，人眼就不再感到闪光，这种现象称为闪光融合，刚开始达到闪光融合时的频率称为闪频值（Critical Flicker Frequency，CFF）。一般人的CFF为30～50Hz。不同人的CFF差异较大；同一个人一天中的CFF也是变化的。CFF越高，大脑意识水平也越高；反之，精神疲劳或困倦时，CFF变低。一天中CFF的变动情况如图2.31所示，由图中可见，CFF在早上6时最低，正午前后最高。

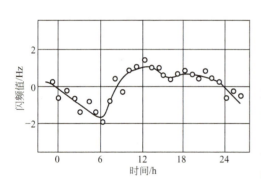

图2.31 闪频值的日生理节律

(2) 其他周期节律

闪频值在每星期内也有周期节律，因此，作业者一周的工作效率呈现一定的规律。同样，人在一年四季也有精神和生理上的规律性变化，也影响人的工作效率。甚至人的体力、情绪和智力特征在人的整个一生中都表现出周期性的变化。人自出生之日起直至生命终结，都存在着以23、28、33天为周期的体力、情绪和智力的盛衰循环性变化规律。这一变化规律按照高潮期→临界日→低潮期的顺序周而复始，人的行为在一定程度上受这三种生理节律的综合影响，这三种生理节律合称为PSI周期。

2.5.2 人体对振动的反应

振动是指物体相对于基准位置作来回往复的运动。我们的生存环境中振动无处不在，这些振动时刻影响着人类的健康和生活，与空气污染一样，成为一种环境污染。

1. 人体的振动特性

人体是一个具有一定阻尼的弹性系统，有其自身的固有频率。在正常的重力环境下，在人体测量坐标系中，人体对垂直于水平面方向振动的敏感频率范围为4～8Hz，对垂直于冠状面方向振动的敏感频率范围是1～2Hz。人体组织对高频振动的阻尼很大，其振幅会急剧衰减，所以高频振动对人体的接触部分起作用。人体不同部分或器官具有不同的共振频率，参见表 2-29 和图 2.32。

表 2-29 人体的共振频率

器官或部位	共振频率/Hz	器官或部位	共振频率/Hz
胸腔、内脏	4~8	神经系统	250
脊柱	30	鼻、喉	1000~1500
头部	2~30，500~1000	手	30~40

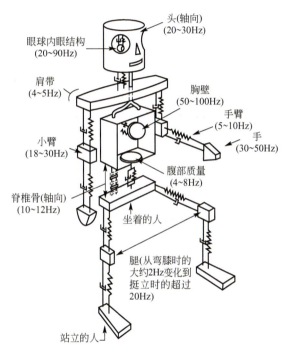

图 2.32 人体不同部分或器官的共振频率

2. 振动对人体的影响

振动对人体的影响分为 **全身振动** 和 **局部振动**，与振动频率、振幅、加速度、受振时间、振动作用方向和人体姿势有关。

振动首先会通过人体感觉器官被感知。人体对振动的感受有一个振幅和频率的范围。振动频率低于 10Hz 时，人体最敏感的器官是前庭器官，它是协调运动、维持人体平衡的内耳神经系统。振动频率大于 10Hz 时，肌肉深处的感受器官感受振动。当振动频率位于 1000Hz 以上时，表皮感受器官是最敏感的振动感受器。人体通过这些感受器感受各种不同形式的振动。

在振动环境下，人体除感受到振动外，还会发生各种不良的生理反应。例如，感到不舒服、烦躁不安、机能失调等。频率在 30Hz 左右的振动会使眼球共振，使视力模糊、敏锐性降低。振动对人心理的影响主要表现为操作能力降低，如对视力、平衡能力、反应时间和协调能力的影响。

(1) 全身振动对人体的影响

人体不同部位和系统有各自的固有频率。**当人体受到的振动频率在某一固有频率附近时就会产生共振。** 如振动频率为3~6Hz时，与头部和胸、腹腔的固有频率接近，容易造成头痛、脑涨、眩晕、呕吐等症状。长此以往还会造成失眠、记忆力减退、高血压、胃溃疡等疾病。振动频率为15~50Hz时，会引起眼球共振、视力下降。**高频小振幅振动主要作用于神经末梢，低频较大振幅振动会使前庭器官受刺激。中等振幅的全身性振动由前庭器官传递，会发生恶心、眩晕等不良反应和运动疾病。较大振幅的振动会对人体产生病理的影响。** 振动对人体产生的影响与振动频率之间的关系见表2-30。

表2-30　振动对人体的影响

频率/Hz	对人体的影响
<1	容易引起运动病，引起晕船、晕车等
1~4	干扰呼吸、神经系统
4~10	引起人的胸口、腹痛，皮肤温度下降，手指活动无法控制
10~20	肌肉紧张、眼睛发胀、咽喉痛、语言模糊、脑电波异常
20~300	手指血管和神经损伤

振动对人体的影响在不同的频段时起主要作用的物理量也不相同。

低频范围内，振动加速度起主要作用。 当加速度在 $0.0035 \sim 0.0196 m/s^2$ 时，人体刚刚能感觉到振动。在15~20Hz范围内，当加速度小于 $0.49 m/s^2$ 时，对人体不会造成伤害；但随着加速度的增大会引起前庭器官反应，甚至造成内脏、血液位移。若承受振动时间极短，则人体能够忍受的加速度会大得多。例如持续时间在0.1s以下时，人体能够承受 $392 m/s^2$ 的横向加速度。但极短时间内若加速度超过人体承受限度，会造成皮肉青肿、骨折、器官破裂、脑震荡等伤害。

高频范围时，主要是振幅起作用。 当作用于全身的振动频率在40~102Hz时，即使振幅在0.05~1.3mm时也会对全身有害。高频振动主要对神经末梢起作用，引起末梢血管痉挛的最低频率是35Hz。

在人体受到全身振动引起的病理效应中，长期坐姿操作的载重汽车、拖拉机、工程机械、装卸机械的驾驶员所受的乘坐振动最为严重。研究和调查表明，这些驾驶员普遍患有脊柱损伤和胃病。

(2) 局部振动对人体的影响

长期使用振动工具会引起以末梢循环障碍为主的局部振动病， 还可累及肢体神经及运动功能。**振动病主要是振动频率起作用，而振动加速度会加速病症的形成。** 局部振动病的发病部位一般在上肢末端，典型表现为手指麻木、僵硬、发胀、疼痛、对寒冷敏感、遇冷时因缺血而发白，俗称白指痛。

(3) 振动对汽车乘员的影响

汽车在行驶过程中由于路面不平的关系，乘员总是处于颠簸的振动环境中；同时发动机、动力传动总成以及车身也直接或间接向乘员传递振动。在这样的环境中，乘员除了会受到一般振动的影响之外，还由于汽车独特的振动环境而有其特点。

颠簸使乘员承受垂向振动，在频率较低时，出于对振动的同步反应，躯干部的肌肉系统紧张和放松交替进行。但汽车行驶中乘员大多数承受的是无规律的垂向振动，肌肉系统不能很快地对单个振动刺激做出反应，持续地肌肉紧张而没有放松，会对椎间盘产生附加压力，甚至间接伤害椎间盘。垂直振动对脊柱和相关神经系统的危害最大，其原因是机械振动使脊柱负荷过大，并且使椎间盘物质交换受阻。

驾驶员手臂经常承受转向盘、变速杆等造成的局部振动，容易引起相关身体部位麻木、僵硬。剧烈而无规律的振动可加速疲劳，降低操纵机能，使工作错误率增加。当通过坐垫和靠背传递给驾驶员的振动频率达到 20~30Hz 并影响到头部时，其视力将受影响而减退。振动负荷还会延长驾驶员眼睛对信号和标志的理解时间。

3. 影响人体的环境振动主要因素

（1）振动频率

影响人体的振动因素中，频率起主要作用，不同频率振动对人体的影响不同。人体能感知的振动频率范围是 1~1000Hz，但人体最敏感且人体组织共振频率所集中的频率主要处于 1~80Hz。

（2）振动强度

当频率一定时，振幅或加速度越大，振动对人体的影响越大。振动强度以人体对振动的感受程度来评价。目前国际上通用加速度级来表示振动的强度。

$$L_a = 20\lg\left(\frac{a}{a_0}\right) \qquad (2-17)$$

式中，L_a 为加速度级(dB)；a 为加速度(m/s²)；a_0 为参考加速度，且 $a_0 = 10^{-6}$ m/s²。人刚能感觉到的垂直振动加速度为 10^{-3} m/s²，对应于 60dB 加速度级；不可忍耐的加速度是 5×10^{-1} m/s²，对应于 114dB 加速度级。

（3）暴露时间

暴露时间是指机械振动作用于身体的持续时间。振动根据时间特性可分为**稳态振动**、**间歇振动**和**冲击振动**。稳态振动是强度不随时间变化的振动。间歇振动是时有时无的振动，如汽车驶过引起的公路振动。靠冲击力做功的机械产生的振动称为冲击振动。冲击振动的时间越短、振幅越大，则对人体的作用也越强。人体无论受到哪种振动作用，接触振动的时间越长，对人体的不良影响越大。

（4）工作方式

人体对振动的敏感程度和工作方式也有很大的关系。例如，操作者身体暴露在振动中的面积和部位不同，对人体的影响也不相同。

（5）环境条件

环境寒冷会引起血管收缩、血流量减少，并能直接刺激平滑肌收缩，使血液黏稠度增加、血液循环改变，引起机能障碍，促使振动病的发生。

4. 人体在振动环境中舒适度的评价

振动对人体的影响取决于振动频率、振动强度、作用方向和持续时间等因素。由于每个人的生理和心理素质不同，对振动的敏感程度有很大差异。国际标准化组织(ISO)在综合大量有关人体全身振动研究成果的基础上，制定了 **ISO 2631**《人体承受全身振动评价指南》标准。该标准以振动加速度有效值、振动方位、振动频率和振动持续时间的不同组合评价全身振动对人体的影响，**规定了 1~80Hz 振动频率范围内人体对振动加速度均方根值**

反应的三种不同感觉界限。

(1) **健康与安全界限**。人体承受的振动强度在此范围内时，人体能够保持健康和安全。

(2) **疲劳—工效降低界限**。人体承受的振动强度在此范围内时，人体能够保持正常的工作效率。

(3) **舒适降低界限**。当振动强度超过此界限，人体将产生不舒适反应。

上述3种界限之间存在一定的数量关系。以疲劳—工效降低界限为基础，健康与安全界限是疲劳—工效降低界限的2倍，即比疲劳—工效降低界限高6dB的振动级；而疲劳—工效降低界限是舒适降低界限的3.15倍，即比舒适降低界限高10dB。图 2.33 示意了ISO 2631评价标准中的疲劳—工效降低界限。图中实线为人体垂直振动评价标准曲线，虚线为人体水平振动评价标准曲线。虚线较实线低3dB，说明人体对水平方向的振动比垂直方向的振动更敏感。对于不同的工作环境，应根据具体工作要求和条件，选择合适的界限作为振动评价标准。

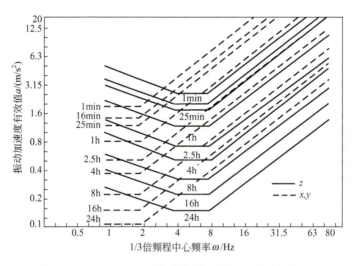

图 2.33　ISO 2631 评价标准中的疲劳—工效降低界限

2.5.3　人的心理特点

影响人工作效率的自身因素包括身体因素和心理因素。心理因素较身体因素要复杂得多。人在作业时经常受心理因素的影响，而生产机械、作业方法和生产环境等又对人的心理状况发生作用。

1. 心理现象

心理学研究的对象是人的心理现象，主要包括**心理过程**、**个性心理**及**心理现象的相互联系**。

(1) 心理过程

心理过程指的是心理活动的动态过程，即人脑对客观现象的反映过程。它包括认识、情感和意志三个过程。

认识过程是指人在认识客观事物活动中表现出的各种心理现象。感觉、知觉、思维、想象、记忆都属于对客观事物的认识形式，统称为认识过程。

情感过程是指人在认识过程中不是无动于衷、冷漠无情，而是内心产生情感并表现出满意或失望、喜欢或厌恶、振奋或惊恐、愉快或忧愁等内心体验。

意志过程是指人为了完成某项任务，自觉克服内心矛盾和外部困难的心理过程。

(2) 个性心理

表现人们个体差异的心理现象称为个性心理，包括个性心理特征和个性倾向性。

个性心理特征指的是能力、气质和性格，是个性结构中比较稳定的成分。每个人的个性心理特征各不相同。

个性倾向性指的是需要、动机、兴趣、信念和世界观等，是个性的潜在力量。每个人的个性倾向性都不尽相同。

(3) 心理现象的相互联系

人的各种心理现象是相互制约、相互依赖的。人的个性心理是通过心理过程形成的，没有对客观事物的认识，没有伴随认识表现出来的情感，没有对客观事物进行改造的意志，那么性格、兴趣、信念等个性心理也就无从形成；同时，个性心理也制约着心理过程，并在心理过程中得到表现。

2. 情感与情绪

人的情感、情绪直接关系到作业的质量和事故发生率的高低。情感、情绪的产生受环境因素、生理因素和认识过程的影响，其中以认识过程最为关键，它在情感、情绪的产生过程中起着控制和调节的作用。情感和人的需要有关，人对客观事物产生什么样的态度，决定于该事物是否能满足人的需要；如能满足需要，人就产生满意、高兴的积极情感；若人的需要得不到满足，就会产生不愉快甚至沮丧的消极情感。情绪实质上也是情感，只是情感比较持久、稳定，较少有外部表现和冲动性；而情绪比较短暂、易变，有明显的外部表现与冲动性。

3. 气质与性格

气质和性格都是表现在心理活动与行为方面的个性心理特征。气质受先天影响较多，改变较难、较慢；性格是后天形成的，比气质较容易改变。气质类型无好坏之分，而性格有好坏差别。同一气质类型的人，可能具有不同的性格；有共同性格特征的人，可能属于不同的气质类型。

(1) 气质

气质是由遗传因素决定的、相当稳定的心理活动的动力特征，主要表现在心理过程的强度、速度、稳定性、灵活性和指向性上。气质使每个人的整个心理过程都带有独特的色彩。

通常把气质分为四种基本类型：胆汁质型、多血质型、黏液质型和抑郁质型，见表2-31。这些气质类型的特点并不随活动内容、个人动机和目的而改变。气质单一的人较少，一般都是混合型。

表2-31 人的气质类型及其特点

气质类型	主 要 特 征	工作适应性
胆汁质型	为神经活动强而不平衡型。兴奋性高，动作和情绪反应迅速而强烈，行为外向。但行为缺少均衡性，自制力差，不稳定	适合要求反应迅速、应急性强、危险性和难度大的工作，不适合从事稳重、细致的工作

(续)

气质类型	主要特征	工作适应性
多血质型	为神经活动强、平衡而灵活型。兴奋性高,情绪和动作反应迅速,行为均衡、外向且有很高的灵活性,容易适应条件变化,机智敏锐,能迅速把握新事物,但注意力易转移	适合从事多样多变、要求反应敏捷且均衡的工作,不适合做需要细心钻研的工作
黏液质型	为神经活动强、平稳而不灵活型。能在各种条件下保持平衡,冷静有条理,坚持不懈,注意力稳定,但不够灵活,循规蹈矩	适合从事有条不紊、按部就班、平静且耐受性高的工作,不适合从事激烈多变的工作
抑郁质型	属于神经活动弱型。情绪感受性高,强烈的内心体验,孤僻、胆怯,极为内向	适合从事持久、细致的工作,不适合做要求反应灵敏、处理果断的工作

气质与其他个性心理相比是稳定的,但却绝非不可改变的。 随着年龄的增长以及环境和教育的影响,气质也会发生改变。

不同职业要求操作者具有不同的心理品质,在选择和分配职业时应考虑人的气质特点,使操作者的气质与所从事的工作相适应,以扬长避短,提高工作效率。尤其是选择从事特殊职业的人员,如宇航员、飞行员、电站和大型动力系统的调度员等,更是必须测定其气质类型。

(2) 性格

性格是个体对现实的稳固态度以及与之相适应的习惯化的行为方式,是区别于他人的最重要、最明显的个性心理特征。 性格具有明显的社会性,是人们在长期的社会生活实践过程中逐渐形成的,通常比较稳固,贯穿并指导着人们的一切行为举止,是个性中最具有核心意义的心理特征。性格是在先天性格基础上加上成长的经历和环境影响而形成的,是可变的。

4. 意志与动机

人在行动过程中自觉地确定目的,有意识地根据这个目的进行调节和支配行动,努力克服困难,力求达到目的,这种心理过程叫做意志过程。

意志既可以推动人去从事为达到一定目的所必需的行动,也可以制止与预定目的相矛盾的行动。在实现有预定目的的意志行动中,必须有相应的随意动作为基础;没有必要的随意动作保证,意志就无法表现出来。同时,任何有明确目的的行动,总会遇到矛盾和困难,意志行动过程中必须与这些困难作斗争。

动机是驱使个体进行活动的心理动力。 它是在个体的物质和精神需要的基础上产生而又不为他人所能直接观察到的内在心理倾向。动机是激励人们行动的原因。一个有着正确动机的人就能积极、持久地从事某种意义的活动,以求达到目的。

5. 注意

注意是伴随人的认识、情感、意志等心理过程而存在的一种心理现象,是心理活动对一定对象的指向和集中。 当人的心理活动指向和集中于某一对象时,该对象即成为人的注意中心,它所提供的信息将得到大脑最有效的加工,在大脑中产生清晰、完整而深刻的反映。处于注意边缘或注意范围之外的事物被反映得模糊不清，甚至完全不被人意识。注意中心是随人的需要、时间、地点、条件的变化而转换的。

注意包括选择、保持、调节和监督等功能。注意的选择功能使人的心理活动指向于有意义的、符合需要的、与当前活动有关的对象，同时避开或抑制不需要的、无关的对象，从而使大脑获得需要的信息，保证大脑进行正常的信息加工。注意的保持功能使心理活动的内容得以在意识中保持，使心理过程得以持续进行。注意的调节和监督功能表现为排除和抑制来自内部和外部的干扰，使人所从事的各项活动朝着预定的目标和方向进行。

2.5.4 人的可靠性

人的可靠性定义为人在既定的时间限度内成功地完成工作或任务的概率。从生理和心理方面看，人处于不安静、健康状况不佳、情绪不好和出现错觉的状态时，容易发生各种差错。即使是在正常状态下，人也会有失误。因此，在进行系统的可靠性分析时，必须将人作为系统的一部分，考虑其可靠性。

人的可靠性与本身的不稳定因素是密切相关的。据统计，有80%以上的事故都是由于人的原因造成的，其中30%以上可以通过对设备或人机系统的改进来防止。随着机器设备的复杂化、大规模化和高技术化，一旦发生事故就会造成不可挽回的严重损失，因此，人机系统中人的可靠性要求更为严格。

1. 人的可靠性与工作压力

影响人的可靠性的一个重要因素是其所承受的工作压力。工作压力是人在某种刺激的作用下所产生的生理变化和情绪波动，从而使人在心理上体验到的一种压迫感或威胁感。适度的工作压力对于提高工作效率、改善人的可靠性是有益的。工作压力太小容易使人精神涣散，缺乏动力和积极性，而工作压力过重时，发生人为差错的概率比在适度工作压力下要高。

2. 人的可靠性与意识水平

人为失误是人的内在状态与外部因素相互作用的结果。**人的内在状态可以用意识水平或大脑觉醒水平来衡量。人处于不同觉醒水平时，其行为的可靠性有很大差别。**

3. 其他影响因素

人在操作中有时会出现失误。**人的失误是人自身机能的不稳定性和外界环境因素相互作用的结果**。影响人的操作可靠性的因素见表2-32。要提高人的可靠性，必须将人置于人—机—环境系统中，充分考虑人、机器和环境因素的特点和相互作用，将人的失误率降至最低。

表2-32 影响人的操作可靠性的因素

因素类型		因 素
人的因素	心理因素	反应速度、信息接受能力、信息传递能力、记忆、意志、情绪、觉醒程度、注意、工作压力、心理疲劳、社会心理、错觉、单调性、反射条件
	生理因素	人体尺度、体力、耐力、视力、听力、运动机能、健康状况、疲劳、年龄
	个体因素	文化水平、熟练程度、经验、习惯、技术能力、应变能力、感觉阈值、责任心、个性、动机

(续)

因素类型		因 素
环境因素	机器因素	功能、信息显示、显示装置与操纵装置的匹配、操纵装置的灵敏度、操纵装置的可调性
	环境因素	环境与作业的适应程度、气温、照明、噪声、振动、粉尘、作业空间
	管理因素	安全法规、操作规程、技术监督、检验、作业目的和作业标准、技术培训、信息传递方式、作业时间安排

本 章 小 结

　　本章讲述了人体测量学和人体生物力学的特性、人体作业的特点、人体对信息的感知特性以及人体功能和心理特点，了解这些方面的知识是学习后面章节的基础，也是从事人机工程学研究和应用必须具备的基本素质，因此，必须很好地掌握。

【关键术语】

人体测量学　人体尺寸　视觉　听觉　皮肤感觉　作业　心理　可靠性

1. 什么是人体测量学？主要的人体测量内容有哪些？
2. 人体基本特性主要包括哪些方面？
3. 百分位有何意义？
4. 人体立姿和坐姿作业的优缺点是什么？
5. 人体操作灵活性及其影响因素是什么？
6. 感觉和知觉的基本特性有哪些？
7. 人的视觉和听觉特性有哪些？
8. 振动对汽车乘员有哪些影响，如何评价振动环境下的舒适性？
9. 人的可靠性及其影响因素有哪些？

第3章 人机界面、作业空间和人机系统设计

本章教学目标

通过本章的学习,要求了解常见显示装置和操纵装置的类型和特点,掌握典型的显示装置和操纵装置的设计方法,掌握作业空间设计原则、人体数据的应用方法以及人机系统设计和分析的方法。

本章教学要点

知识要点	能力要求	相关知识
显示装置设计	了解常见显示装置的类型 掌握模拟式显示装置的设计内容和方法	显示装置的分类和特点 显示装置的设计
操纵装置设计	了解常见操纵装置的类型 掌握操纵装置的设计原则 掌握常见操纵装置的设计方法	操纵装置的分类和特点 操纵装置的设计原则 旋转式和移动式手操纵装置设计 脚踏板设计
作业空间和人机系统设计	了解作业空间设计原则 掌握作业空间设计的人体数据运用准则 了解作业空间设计的一般过程和方法 掌握人机系统的设计内容和方法	作业空间设计的原则 作业空间设计的人体数据运用准则 人机系统设计的要求 人机系统设计的内容和程序 人机系统设计的方法 人机系统的分析与评价

导入案例

图 3.1 货车驾驶室内部

图 3.1 为货车驾驶室内部。作为典型的人机系统，其中既包括仪表、车载导航仪等显示装置，又包括转向盘、踏板、变速杆、仪表板钮件等操纵装置。这些显示和操纵装置，连同座椅和地板，形成了货车驾驶员独特的驾驶姿势和作业空间。这些因素的不同搭配使驾驶员作业姿势、作业空间和作业工效都不相同，而且可能相差悬殊，因此，合理设计和匹配这些人机界面因素非常重要。本章将介绍人机界面元素和人机系统设计中的相关原理。

3.1 显示装置设计

显示装置是人机系统中功能最强大、使用最广泛的人机界面元素。人机系统中，显示装置通过可视化的数值、文字、曲线、符号、图形、图像，甚至声音、触感、气味等向人传递信息。因此，按照感官可以将显示装置分为视觉显示装置、听觉显示装置、触觉显示装置、嗅觉显示装置和多通道显示装置。对显示装置的要求主要是使操作人员观察认读既准确、迅速，而又不易疲劳。本章主要介绍视觉显示装置。

3.1.1 显示装置的类型和选择

【显示装置】

按照显示的视觉信息形式划分，视觉显示装置可分为数字式、模拟式和屏幕式。

（1）数字式显示装置：其特点是直接用数字来显示信息，如数码显示屏、数字计数器等。数字显示的认读过程比较简单，速度较快，准确度较高，但不能给人以形象化的印象。对于数量识读的情况，其目的是获取准确的数据，则应选择具有精度高、识读性好等优点的数字式显示装置，如数字万用表、汽车里程表等。

（2）模拟式显示装置：通过指针和刻度来指示参量的数值或状态。模拟式显示给人以形象化的印象，能连续、直观地反映变化趋势，使模拟量在全量程范围内所处的位置及其变化趋势一目了然，但其认读速度和准确度均低于数字显示。对于状态读识的情况，显示装置只需向操作者显示被测对象参数变化趋势的信息，常选用模拟式显示装置。

（3）屏幕式显示装置：是在显示屏幕上显示信息的，它不但可以显示数字和模拟量，还可以显示工作过程参数的变化曲线或图形、图像，使模拟量的信息更形象化，认读速度和准确度都较高。

按照显示信息的时间特性划分，视觉显示装置可分为动态显示和静态显示两类。

（1）动态显示装置：所显示的信息随时间变化，如车速表、车载地图、飞行高度表等。

(2) 静态显示装置：所显示的信息在较长时间内保持不变，如交通标记牌、工厂内静态的标志牌等。

按照显示信息的特点划分，可以分为定性显示装置和定量显示装置。

(1) 定性显示装置：只显示信息的性质、趋势，如用红色标志灯表示出现危险情况，用绿色表示设备正常运行，用红色箭头表示温度升高的方向等。

(2) 定量显示装置：用数量信息表示物理量的水平，主要用于表示动态信息。

视觉显示装置的选取，必须根据所显示信息的类型、时间特性、人的作业特点、人机系统的特点来合理选择。

3.1.2 显示装置的设计原理

1. 显示装置的设计原则

要使人能迅速而准确地接受信息，必须使显示装置的尺寸、指示器、字符、符号和颜色的设计适合人的生理和心理特征，因此，视觉显示装置的设计必须遵循以下几个设计原则。

(1) 所显示的信息数目应在人的判别和读识能力限度之内。

(2) 信息显示精度的选择综合考虑空间、成本、人的辨别能力、人机系统布局等因素。

(3) 信息显示的形式应直观、形象，符合人的习惯。

(4) 与所使用的环境形成良好的匹配，包括照明、色彩、温度、振动等。

(5) 综合考虑整个人机系统与其他显示装置和操纵装置之间的匹配。

【汽车数字仪表创新设计】

【汽车仪表设计集锦】

【仪表用户体验创新设计】

2. 显示装置的几何设计

(1) 几何形状

几何形状的确定不仅要考虑美学要求，更要考虑所显示信息的排列和人的视觉运动规律。例如，常用的仪表有圆形、半圆形、直线形、扇形等，如图3.2所示，其使用特性见表3-1；不同形状的仪表，其识读率也不相同，见表3-2。

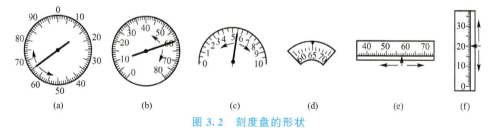

图 3.2 刻度盘的形状

表 3-1 刻度盘形状与使用特性

类 型		定 量	定 性	跟 踪	调 节	综合评价
动指针、定度盘显示器		适合（尤其适合宽量程），指针运动时认读可能有困难	很适合，指针定位容易，不需认读数字和标度线，位置变化易察视	很适合（尤其对宽量程）	很适合	在仪表板上要有最大的暴露和照明面积，可任意选择零点(0)位置

(续)

类　型		定　量	定　性	跟　踪	调　节	综合评价
动指针、定度盘显示器	 (弧形仪表)	适合	很适合	很适合	很适合	限于第二象限和第一象限内使用，定量和定性容易实现一致性
	 (半圆形仪表)					限于第二象限内使用，其他象限认读困难并增加误差
	 (扇形小量程)	部分适合	部分适合	不适合（量程小）	适合	有条件地使用，要有较大的V形区
	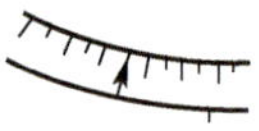 (弧形刻度)	部分适合	适合	适合	适合	有条件地使用
	 (竖直刻度)					
	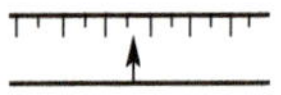 (水平刻度)					度盘可沿基线做得很长，可任意选择零点位置
	 (竖直长刻度)					
定指针、动度盘显示器	大部分或全部可见的刻度盘	适合	部分适合	部分适合	部分适合	有条件地使用
	小部分（窗口）可见的刻度盘	很适合（至少可见两个参数数字）	不适合	不适合	适合	

表 3-2　各种刻度盘形状与读数准确度比较

仪表形状	最大可见刻度盘尺寸/mm	读数错误率/%
开窗式	42.3	0.5
圆形	54.0	10.9
半圆形	110	16.6
水平直线形	180	27.5
竖直直线形	180	35.5

（2）显示装置的尺寸

显示装置的大小与其显示的信息精密度和操作者的观察距离有关。当尺寸较大时，所显示的信息可随之增大，可提高清晰度，但却使视线的扫描路线变长，降低了认读的速度，容易分散观察者的精力，也使安装面积增大，布局不紧凑。例如，仪表刻度盘的尺寸应该取使认读效果最优的中间值。表 3-3 给出了观察距离为 500mm 时刻度盘尺寸与刻度数量和观察距离的关系。刻度盘认读效果最优的尺寸所对应的视角在 2.5°~5°范围内。因此，只要确定了操作者与显示装置间的观察距离，就能算出刻度盘的最优尺寸。

表 3-3 刻度盘尺寸与刻度数量和观察距离的关系

刻度的数量	刻度盘的最小直径/mm	刻度的数量	刻度盘的最小直径/mm
38	25.4	150	54.4
50	25.4	200	72.8
70	25.4	300	109.0
100	36.4	—	—

3. 文字和符号

显示装置上的信息必须配以文字和符号说明，才能够完整、准确地表达所显示的信息含义。对于文字和符号，基本要求是形状简单易读、大小便于辨认、颜色清晰醒目、立位自然、符号形象。例如，在显示装置上，利用符号和标志代替文字和数字有助于提高辨认速度和准确度，但应该注意这些符号和标志的复杂程度，使要识别的特征数为 2~3 个。

4. 刻度及指示器

显示装置上的指示器用以表示和指示所显示的关键信息和状态，如仪表上的指针、温度表上的水银柱。指示器的设计要求能够准确指示显示物理量，不出现掩盖物理量、指示模棱两可、指示器与背景对比过小的情况。指示器或刻度盘增进的方向应该与人眼的巡视特性相适应。

5. 颜色

显示装置颜色的匹配一方面应考虑人机系统整体的色彩基调，以确定显示装置的背景色调，还要使所显示的信息清晰、醒目。保证信息醒目的途径主要是使前景与背景有鲜明的颜色对比。例如，要匹配仪表上的数字和背景颜色，最清晰的配色方案是黑底黄字，而最模糊的配色方案是黑底蓝字。在实际使用中，由于黑白两种颜色比较容易掌握，常采用黑底白字或白底黑字的配色方案。

3.2 操纵装置设计

操纵装置是操作者用来操作机器以改变其运行状态的装置。操纵装置的基本功能是把操作者的响应输出转换成机器设备的输入信息，进而控制机器设备的运行状态。显示装置、操作者和操纵装置，组成了一个完整的人机系统的信息传递环节。

操纵装置的设计是否合理，直接关系到人机系统的工作效率。操纵装置的设计应能使操作者在一个作业班次内安全、准确、迅速、舒适、方便地持续操纵而不产生早期疲劳。因此，设计、制造机器设备时，不仅要考虑它的运转速度、生产能力、能耗、耐用性、外观等问题，还应考虑操作者的人体尺度、生理特点、操作动作和运动特征、心理特性、体力和能力的限度以及习惯等因素，才能使所设计的操纵装置达到高度的宜人化。

3.2.1 操纵装置的类型和特点

【操纵装置】

1. 操纵装置的分类

按照操作部位的不同可分为手操纵装置和脚操纵装置。顾名思义,手操纵装置是由操作者用手控制的装置。常见的手操纵装置有各种旋钮、按键、手柄、转轮等。脚操纵装置是操作者用脚控制的装置,主要有两种:脚踏板和脚踏钮。

操纵装置按照功能可分为开关类、转换类和调节类。开关类操纵装置主要实现0-1状态的切换,如各种电源开关。转换类操纵装置主要用于改变机器的运行状态,如洗衣机的状态旋钮。调节类操纵装置用于逐渐改变某一物理量,如速度、位置等。汽车的转向盘、加速踏板都是调节类操纵装置。

操纵装置按照操纵动作可分为旋转控制、摆动控制、按压控制、滑动控制和牵拉控制等类型。

2. 常见操纵装置的特点

常见操纵装置的特点、功能场合及适用性见表3-4。当一次连续转动角度大于120°时,应选用带柄手轮。钥匙是一类特殊的操纵装置,适用于对安全有特殊要求,不允许产生非授权的和无意识的调节的场合。踏板适用于动作简单、快速、操纵力较大的调节,一般用于需连续操作且用手又不方便,或手的任务量太大、操纵力较大的场合。

表3-4 操纵装置的分类和适用性

操纵运动	操纵装置	两个工位	多于两个工位	无级调节	保持在某工位	快调节	精细调节	粗调节	节省空间	阻止无意识操作	开关控制	操纵力	编码有效性	触觉辨别位置
转动	手轮	⊠	⊠	★	⊠	○	★	★	⊠	⊠	⊠	大	○	○
转动	旋钮	★	★	★	★	○	★	★	★	○	⊠	小	★	○
转动	钥匙	★	○	⊠	★	○	○	○	⊠	⊠	★	小	⊠	⊠
摆动	操纵杆	★	★	○	★	★	○	○	○	○	○	小~大	★	○
摆动	踏板	⊠	⊠	○	★	★	⊠	⊠	⊠	⊠	⊠	大	⊠	⊠
按压	按钮	★	○	⊠	⊠	★	⊠	⊠	○	⊠	★	小	★	⊠
滑动	指拨滑块	⊠	⊠	○	⊠	○	○	○	★	⊠	⊠	小	○	⊠

注:★表示很适用;○表示适用;⊠表示不适用。

3.2.2 操纵装置的设计原则

操纵装置的设计应使操作者安全、准确、迅速、舒适、方便地操纵,不产生早期疲劳。为此,应考虑人体的体形、尺度、生理特点、运动和心理特征以及人的生理极限,以使操纵装置宜人化。操纵装置设计的一般原则包括以下几个方面。

(1)操纵装置的尺寸应适合操作者的人体尺寸特点。

(2) 操纵装置的操纵力、操作速度等适应大多数人的生理特点。

(3) 操纵装置的运动方向要同机器的运行状态相协调。

(4) 同一台机器的操纵装置，其操作方向要一致。

(5) 尽量使用自然的操纵动作或借助操作者身体的重力进行操纵。

(6) 在条件许可的情况下，尽量设计多功能操纵装置。

(7) 应具有合适的操纵阻力，尤其是在控制精度要求高的场合。

1. 操纵习惯

操纵装置与习惯有着密切的关系，如驾车时，按顺时针方向转动转向盘是希望汽车向右转弯。习惯是经验在人脑里形成的模式。需要指出的是，**习惯是受文化背景影响的**，如有些国家是左侧驾驶，而有些国家则采用右侧驾驶。因此，操纵装置的布置必须要考虑所在国家和地区的习惯，而且习惯的强度也不同，并因人而异。

2. 用力梯度

操纵过程中，操作者希望从手或足的用力中获得有关操纵量的信息。为此，**操纵量的大小应与操纵力的大小成比例关系，这种关系称为用力梯度或用力级差**。一般而言，操纵装置的操纵行程较小时，用力级差应偏大一些；若操纵行程较大，用力级差不宜太大。

3. 操纵阻力

操纵装置应该有一定的阻力，这样可以使控制行为更准确，不会由于手的颤抖或其他原因产生副作用。例如，踩踏板的适宜阻力矩为 40.0~80.0 N·m。有时为了区别某一操纵装置而故意加大其操纵阻力。

3.2.3 操纵装置的设计原理

1. 旋转式手操纵装置设计

旋转式手操纵装置主要包括旋钮、手轮、曲柄等。

（1）旋钮

旋钮可以有圆形、箭头形、旋钮和手杆结合等不同形状，甚至在一个转轴上有几个旋钮。这些旋钮都应该满足：**手握舒服、容易转动、在操作过程中能够始终看到**。旋转开关应该比连续性旋钮的阻力大些，可使操作者感到开关所处的状态。连续性旋钮可用于比较精细的控制。在不换手的情况下，一次可以旋转120°；若可以换手，则在没有困难的情况下能实现更大角度的转动。**旋钮的大小应使手指和手与其轮缘有足够的接触面积，便于手捏紧和施力**。旋钮的表面若有些粗糙或小槽，也有助于操作。带箭头或有把的旋钮便于迅速、准确地读数。

（2）手轮

手轮可作自由旋转，适合作多圈的操纵动作。根据用途的不同，手轮的大小差别很大。例如，机床上的小手轮直径只有 60~100mm，汽车的转向盘直径则达到 380~500mm。手轮的回转直径应根据需要而定，并与操纵力相配合，其手抓握部分的轮缘直径可取 20~50mm。单手操作时，操纵力取 20~130N；若双手操作，最大操作力不超过 250N。一般轿车转向操作力常取 13~60N。

手轮的尺寸和操纵效率与其空间的安装位置有很大关系。表 3-5 为手轮的安装位置和尺寸，对应的图示参见图 3.3。一般需要快速转动的手轮，其转轴应与人体前方平面成 60°~90°夹角；需要较大操纵力时，则尽量使手轮转轴与人体前方平面平行。当操纵力很大时，手轮最好放置在距地 1000~1100mm 范围内。手轮一次连续转动的角度不宜大于 120°，否则应加装手柄。

表 3-5　手轮的安装位置和尺寸

安装高度/mm	安装方位/(°)	操纵阻力/N		
		0	4.6	10
		旋转半径/mm		
480	0	38~76	102~203	127~203
610	0	38~76	127	203
910	0	38~102	127~203	203
	侧向	38~76	127	127
990	90	38~127	127~203	203
1006	−45	38~76	76~203	127~203
1020	−45	38~76	76~203	127~203
1070	45	38~114	127	127~203
1220	0	38~76	102~203	127~203

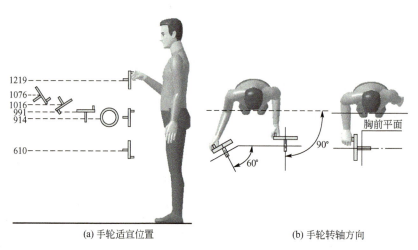

(a) 手轮适宜位置　　(b) 手轮转轴方向

图 3.3　手轮安装位置

2. 移动式手操纵装置设计

移动式操纵装置包括手柄、操纵杆、推钮、手闸等。除推钮外，这类操纵装置上一般都有一个握柄和杠杆。本节主要介绍操纵杆的设计。

操纵杆常用于一个或几个平面内的推拉式摆动的情况。受行程和扳动角度限制，操纵杆不宜做大幅度连续控制和精细调节控制。设计操纵杆时，应重点考虑握柄的形状和尺寸，并根据操纵力要求合理选择握柄的行程和杠杆比。

（1）操纵力

操纵杆的操纵力因操纵方式和性质不同有很大差异。操纵杆的操纵力通常为 30~130N，使用频率高的操纵杆，操纵力不宜大于 60N。对于汽车变速杆操纵力，前后方向操作时为 36~115N，左右方向操作时为 18~75N；其工作阻力不宜小于 18N。

（2）手柄设计

对手柄的要求是手握舒适、施力方便、不产生滑动。因此，手柄的形状应按照手的结构和尺寸进行设计，如图 3.4 所示。手握手柄时，施力和使手柄转动都是依靠手的屈肌和伸肌动作共同完成的。从手掌的解剖特征来看，掌心部分肌肉最少，指骨间肌和手指部分是神经末梢密布的地方，指球肌、大小鱼际肌是肌肉丰富的部位。设计手柄时，要防止手柄形状完全与手的握持部分贴合的情况发生，尤其不能紧贴掌心。手柄的着力方向不能集中于掌心和指骨间肌；若掌心长期受压迫，会引起难以治愈的痉挛，并容易造成疲劳和操纵不准确。因此，手柄的形状应该保证操作者握住手柄时掌心略有空隙，以减少压力和摩擦力的作用。图 3.4 中 Ⅰ、Ⅱ、Ⅲ 三种方案较好，Ⅳ、Ⅴ、Ⅵ 方案与掌心贴合面大，只适合作为短时间使用和受力不大的操纵手柄。

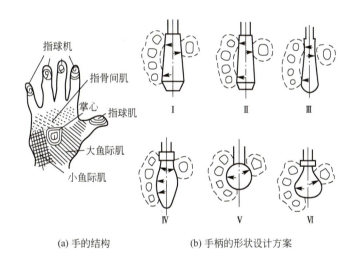

(a) 手的结构　　(b) 手柄的形状设计方案

图 3.4　手柄的形状设计

（3）操纵杆长度

当操纵力较大时，需要增加杠杆的长度，即采用较长的操纵杆。操纵杆长度与最大操纵频率有很大关系。杆越长，频率越低，二者的关系见表 3-6。杆的粗细一般为 22~32mm。

表 3-6　操纵杆长度与最大操纵频率的关系

最大频率/(r/min)	操纵杆长度/mm	最大频率/(r/min)	操纵杆长度/mm
26	30	23.5	140
27	40	18.5	240
27.5	60	14	580
25.5	100		

（4）手柄布置位置和操作行程

采用坐姿操作时，操纵杆手柄位置宜与肘部等高，如图 3.5（a）所示。操纵力较小时，在上臂自然下垂的位置斜向操作更轻松，如图 3.5（b）所示。

操纵杆的行程要求操作者只用手臂就可完成操作。对于短操纵杆（150～250mm），行程为 150～200mm，左右转角不大于 45°，前后转角不大于 30°，如图 3.6（a）、图 3.6（b）所示。对于长操纵杆（500～700mm），行程为 300～350mm，转角在 10°～15°之间。行程的确定还要考虑手腕的舒适活动范围，如图 3.6（c）所示。

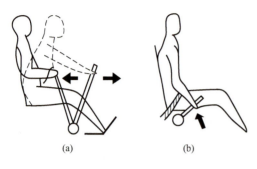

图 3.5 操纵杆的操作位置

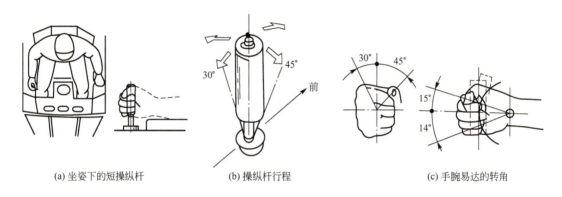

(a) 坐姿下的短操纵杆　　(b) 操纵杆行程　　(c) 手腕易达的转角

图 3.6 操纵杆的行程

3. 踏板设计

踏板根据其操纵动作形式可分为直动式、摆动式和回转式三种。汽车的踏板通常采用直动式和摆动式。直动式有以脚跟为支点的踏板，如汽车的加速踏板；有脚悬空踩踏的踏板，如汽车的制动和离合踏板。图 3.7 所示为脚悬空踩踏的踏板。图 3.7(a)、图 3.7(b)、图 3.7(c)的座位高度依次减小，而能发出的操纵力有所增大。回转式又包括单曲柄和双曲柄两种。自行车脚踏板即为双曲柄回转式。摩托车启动踏板为单曲柄回转式。当操纵力超过 49～147N 或者小于 49N，但需要连续操作时，宜选用脚踏板。踏板设计应以脚的使用部位、使用条件和用力大小为依据。

（1）操纵力

在合适的姿势下，人的下肢可产生高达 2250N 的踩踏压力。为了能使脚发挥较大的作用力，应使座椅有一个较高的靠背，腰部有理想的支撑，并保证操作者具有合适的坐姿，尤其是下肢姿势，通常膝关节角为 105°～135°，踝关节角为 90°～100°。用脚和腿同时操作时，踏板上的操纵力可达 1200N。如果需要更大的力，则要用到整个大腿，但踏板的启动力必须大于大腿的重量，此时应该让足跟用力，蹬踏的轴线应该在脚踝与后脊背支撑点的连线上。

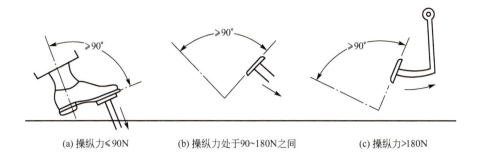

(a) 操纵力≤90N　　(b) 操纵力处于90~180N之间　　(c) 操纵力>180N

图 3.7　脚悬空踩踏的踏板高度与操纵力的关系

有些踏板不需要很大的操纵力。操作这类踏板时，可把脚跟放在地上，把脚掌放在踏板上，用脚掌来操作，如汽车的加速踏板。此时，踏板操作力不宜超过 60N。这类踏板的启动阻力很低。膝关节角以 105°~110°为宜。

踏板的适宜操作力见表 3-7。

表 3-7　脚操纵装置的适宜操作力

脚操纵装置	适宜操作力/N	脚操纵装置	适宜操作力/N
脚休息时踏板承受力	18~32	悬挂式踏板	45~68
功率制动器踏板	直至 68	离合器和机械制动器踏板	直至 136

踏板必须有一定的操纵阻力，以向操作者提供反馈信息并防止误操作。踏板操纵阻力不能太小，以避免无意中误碰触发踏板，尤其是停歇时脚可能放在上面的踏板。操纵阻力的最大值应根据 5 百分位操作者的出力水平来确定。操纵力较大的踏板，最小阻力为 60N。操纵力较小的踏板，其阻力取 30~50N。踏板所需要的启动力一般不超过 100N。

汽车上的离合器和制动器踏板的操纵力通常取 52~103N；加速踏板由于经常操作且保持一定的踩下状态，其操纵力不能太大，通常取 5~12N。

（2）踏板的尺寸和布置

脚踏板多采用矩形或椭圆形踏板。所有踏板的表面都应该不光滑，可以做成齿纹状。

脚操纵装置的空间位置影响脚的施力大小和操纵效率，必须保证脚与踏板有足够的接触面积，以保证操纵的可靠性。

踏板行程应适度，行程太小，不能很好地提供操作反馈信息；行程太大，影响操作灵敏性，并容易导致疲劳。操纵力大的踏板，其行程以 50~150mm 为宜；小操纵力的踏板，行程为 30mm 左右。

踏板左右位置应处于人体中线两侧各 10°~15°。

当单脚操作多个踏板时，两相邻踏板之间的距离应该在 50~100mm。在特殊的情况下，如穿着很重的靴子，距离应更大些。

表 3-8 给出了美国推荐的踏板设计参数。

表 3-8　美国推荐的踏板设计参数

项　目		最　小	最　大
踏板尺寸/mm	长度	75	300
	宽度	25	90
踏板行程/mm	一般操作	13	65
	穿靴操作	25	65
	踝关节弯曲	25	65
	整腿运动	25	180
操纵阻力/N	脚不停在踏板上	18	90
	脚停在踏板上	45	90
	踝关节弯曲	—	45
	整腿运动	45	800
踏板间距/mm	单脚任意操作	100	150
	单脚顺序操作	50	100

3.3　作业空间和人机系统设计

3.3.1　作业空间和人机系统概述

【作业空间】

1. 作业空间

（1）作业空间定义

人操作机器时所需的活动空间，加上机器、设备、工具和被加工对象等所占空间的总和称为作业空间。作业空间设计是生产管理、组织的一项重要任务。优良的作业空间可使操作者工作起来安全可靠、舒适方便，并能提高工作效率。

（2）近身作业空间

操作者采用坐姿或立姿进行作业时，手和脚所能触及的运动轨迹包括的范围称为近身作业空间，它是构成作业空间的主要部分。近身作业空间的尺寸是作业空间设计的主要依据，主要受到功能性肢体长度的约束，同时与作业方位和作业性质密切相关。

当需要连续和长时间操作，或需要精确而细致操作且手足并用时，宜采用坐姿。坐姿近身作业范围是指作业者在坐姿操作时，其四肢所及的范围。图 3.8 所示为坐姿状态下上肢在水平面内的作业范围。图 3.9 所示为手和脚在垂直平面内的最优作业范围。

（3）个体作业场所

个体作业场所指操作者周围与作业有关的、包含机器设备等因素在内的作业区域，如汽车驾驶室、汽车装配线的一个工位等。

人机界面、作业空间和人机系统设计 第3章

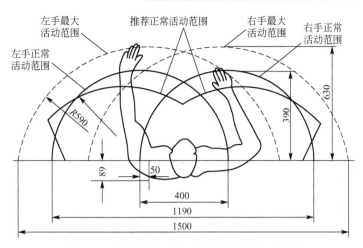

图 3.8 坐姿状态下上肢在水平面内的作业范围

2. 人机系统

将人和机器联系起来视为一个整体或系统，称为人机系统（MMS）。在人机系统中，人与机器相互作用、相互配合、相互制约。实现人—机相互作用的区域，称为**人机界面（Human Machine Interface，HMI）**。在人机系统中，人是主体，是主动的一方；机器是客体，是被动的一方。人感受到机器及环境的信息，信息进入大脑并处理后，经执行器官向机器发出操作指令和传递操作能量；机器接收输入的信息和操作能量，按照其执行规律进行工作，并将执行结果或状态显示出来。整个人机系统就是这样循环往复，完成预期的功能。

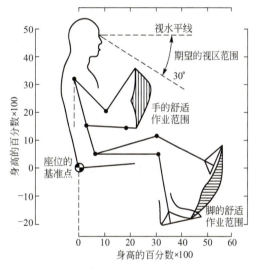

图 3.9 手和脚在垂直平面内的最优作业范围

人机系统不是孤立存在的，而是处于一定的环境之中，并与环境相互作用的。

3. 人—机关系

就一般人机系统而言，有手工作业系统、半自动作业系统和全自动作业系统三种类型。就人与机结合的方式而言，分为人—机串联、人—机并联和人—机混联三种形式。

3.3.2 作业空间和人机系统的设计原则

作业空间和人机系统设计的基本目标，对于人机系统而言，是达到作业高效、经济、满足作业要求、空间布局合理；对于操作者而言，要求在充分考虑操作者需要的基础上，为操作者创造安全、舒适、经济、高效和健康的作业条件。从这些意义出发，**作业空间设计的人机工程学原则**包括以下几方面。

【汽车 HMI 发展趋势】

【办公室中的人机工程学应用】

81

(1)从人的要求出发,保证人的安全、健康、舒适、方便。

(2)根据作业要求,充分考虑人体测量学、生物力学、生理和心理学特性,合理布置操纵和显示装置。

(3)按照操纵和显示装置的重要程度进行布置,将重要的操纵装置布置在最优作业范围内,将重要的显示装置布置在最优视区内。

(4)布置显示和操纵装置时,充分考虑它们的重要性、使用频率、使用顺序、相互关系等因素。

(5)充分考虑人的作业特点,包括适宜的作业姿势、操作动作、动作范围、动作频率等。

3.3.3 作业空间和人机系统设计的人体数据运用准则

1. 运用人体测量学数据的一般过程

作业空间和人机系统与作业者的人体尺度和作业姿势等因素有关,其设计必须依据人体测量学数据,以满足大多数人的使用要求。运用人体测量学数据的一般过程如下。

(1)确定重要的人体尺度

通过分析,找出与设计问题相关的人体测量学尺度,如轿车顶棚高度主要与乘坐状态下头顶高度(坐高)有关,因此,人体坐高就是与轿车顶棚高度设计相关的人体尺度。

(2)确定设计对象的使用群体,以决定必须考虑的尺度范围

不同的群体,人体尺度差异可能较大,一些需要考虑空间和材料经济性的产品尤其要准确地运用人体测量学数据来设计产品尺寸,以免造成空间浪费或空间不足的设计缺陷。

(3)确定数据运用原则

对于不同的设计问题,人体测量学数据运用的方式是不同的。对于简单设计问题,常见的人体数据运用准则包括个体设计准则、可调设计准则、平均设计准则三种。个体设计准则按群体某尺度的上限或下限进行设计,如确定担架宽度可采用体宽数据的上限值,确定踏板最大启动力可采用人体出力数据的下限值。产品的某些尺寸需要根据人体尺度来确定其范围,使群体的大多数能舒适地操作或使用,如汽车驾驶座椅要能够适应大多数人的驾乘要求,其位置通常设计成可调节的,调节的极限位置根据群体中的极限个体乘坐位置来设计,这就是可调设计准则。平均设计准则即采用平均人体数据设计,以达到折衷的目的,如墙壁开关高度就可采用平均设计准则来确定。

与上述人体数据应用准则相对应,产品设计大致可分为以下几种类型。

Ⅰ型设计:又称双限值设计,是需要同时利用人体数据的两个百分位数分别作为上、下限值的设计场合。这种设计采用的人体数据运用准则是可调设计准则。

Ⅱ型设计:又称单限值设计,是只利用人体数据的一个百分位数作为限值的设计场合。这种设计采用的人体数据运用准则是个体设计准则。当采用人体数据作为上限值时,称为ⅡA型设计,又称大尺寸设计。当采用人体数据作为下限值时,称为ⅡB型设计,又称小尺寸设计。例如,确定门的高度可采用高个男子身高作为设计依据;而确定栅栏间距、防护网孔大小等,则要以目标群体中小尺度个体的人体数据作为设计依据。

Ⅲ型设计:只需要采用平均人体数据作为限值的设计场合,又称折衷设计。这种设计采用的人体数据运用准则是平均设计准则。

(4) 确定和应用人体数据

很多情况下,产品的尺寸不能直接根据人体数据确定,需要对人体数据进行换算,并考虑采用合适的修正量。

2. 人体尺寸的修正量

人体尺寸的修正量包括功能修正量和心理修正量两部分。

所谓功能修正量,是为实现产品的功能而对作为产品尺寸依据的人体测量数据在应用时所进行的修正,它又包括着装修正量、姿势修正量和操作修正量三部分。

一般人体测量数据都是在裸体或穿很薄的单衣状态下测得的,在应用时要考虑不同季节穿衣、穿鞋、戴帽等情况。考虑着装因素的修正量称为着装修正量。很多人体测量数据是针对特定姿势给出的;操作者在操作时,由于作业任务的不同需要采取相应的作业姿势,考虑姿势的不同对人体数据在应用时所作的修正称为姿势修正量。不同的作业操作具有不同的特点,要求应用人体数据时也要进行修正,称为操作修正量。例如,对于上肢前展操作,很多人体数据标准给出了"前展长"(后背到中指指尖的距离)的数据,但具体的作业可能是食指按按钮、大拇指推滑板推钮、三指抓取卡片等,这些操作与标准定义的"前展长"都有差别,可分别增加-12mm、-25mm、-20mm的修正量。

心理修正量是指为了消除空间压抑感、恐惧感或美观等心理因素而加的尺寸修正量,如很高平台上的护栏,为消除恐惧感而增加其高度;工程机械驾驶室、坦克舱室,为消除空间狭小带来的压抑感而增加内部空间;为使造型美观把鞋加长等,增加的都是心理修正量。

无论是功能修正量,还是心理修正量,都应根据实际需要进行调研、分析和实验来确定。尤其是心理修正量,常用的确定方法是设置与产品使用条件尽可能相近的场景,记录被试者的主观评价结果,对这些结果进行综合分析后得出。

考虑到上述功能和心理修正量后,最终确定的尺寸修正量 Δ_{dim} 为

$$\Delta_{dim} = \Delta_f + \Delta_p \tag{3-1}$$

式中,Δ_f 为功能修正量;Δ_p 为心理修正量。

3. 适应度

人群中个体之间存在差异,某一个或某几个人的人体数据不能作为产品设计的依据。任何产品都必须适合一定范围的人群使用。产品的某项指标适合的使用者人数占群体总数的百分比称为适应度或满足度。

保证足够的适应度是产品设计的一项基本要求。适应度的取值应根据产品技术和经济上的可能性和合理性等因素进行综合权衡。从设计者角度看,适应度似乎越大越理想,但大到一定程度之后,技术和经济上的难度会显著增加,或者根本实现不了。实际应用中,通常以适应度为95%或90%作为设计目标。对于不同的产品设计,作为设计依据的人体数据的分布范围可能很大,也可能较小。对于分布范围小的情况,可以用一个尺寸规格的产品来覆盖整个变化范围;对于分布范围大的情况,有时则需要设计若干尺寸规格的产品去覆盖整个变化范围。

4. 复杂设计中人体数据的应用

在与人体尺度相关的设计问题中,为满足足够的设计适应度,需要根据目标群体的相

关人体尺度来进行设计。在进行设计时,首先要明确目标群体的人体测量学特征,以此作为布局和尺寸设计的依据,以保证设计方案能够适合群体中的绝大多数个体,即具有足够的适应度。传统的设计方法通常依据人体的百分位数,如要确定轿车内部顶盖高度,这是一个典型的ⅡA型产品设计问题,要保证满足95%的目标乘员的乘坐空间要求,需要以目标群体中95百分位男子坐姿头顶高度为依据,再考虑必要的间隙(满足戴帽子、颠簸等所需的空间,即功能修正量;有时还要考虑心理修正量)来确定最终的高度。这种方法对于一维尺寸的设计问题是很有效的,能够准确地确定设计适应度。但是,对于复杂的多维设计问题,由于涉及的多维尺寸变量的联合分布不具有单调性,无法准确地确定设计适应度所依据的人体尺寸百分位数,此时百分位法就无法使用了。设计中还需要满足多方面的尺寸要求,且这些要求还有可能存在冲突;并且有时很难找到产品尺寸究竟是根据哪些人体数据项来设计的。设计中所面临的许多问题都不是一维的,必须运用多元统计学原理进行分析。由于多维人体尺寸呈现一定的分布,是多维随机变量,因此需要根据统计学中的多维随机变量的分布特点来选取用于确定产品尺寸的人体数据,这里称为设计参考值。使用设计参考值的意义就在于,能使所设计出来的产品从统计学角度满足所要求的适应度。

(1) 一维设计问题及其设计适应度

从人机工程学角度看,很多设计问题与人的某项或者几项一维人体尺度相关。在要求不太严格的情况下,可以分别对这些一维的尺度进行设计,从而最终完成整个设计任务,称为多维百分位法。例如,担架的尺寸包括长度和宽度,这两个尺寸分别与人体尺度中的身高和体宽相关,即利用人体的这两个尺寸来确定担架的相应尺寸(考虑功能和心理修正量)。按照概率论,担架的设计应该考虑由人体的这两个尺寸构成的二维随机变量的分布;但由于对空间的要求并不十分严格,为简化设计,可分别考虑人体身高和体宽的分布,将二者视为独立的变量,根据各自的分布特点和设计问题特点确定最终的设计。对于本例,如果要求担架在宽度和高度方向各自能够容纳95%的个体,则分别选取人体身高和体宽分布的95百分位数作为设计参考值。

一般对于一维设计问题,首先要确定与设计问题相关的人体尺度,然后根据这些人体尺度的分布和设计问题的特点来选择合适等级的人体数据作为设计参考值(或称为设计依据)。产品的最终尺寸由设计参考值加上修正量两部分组成。根据具体设计问题的特点,在根据设计适应度要求确定具体人体数据等级的时候,通常有Ⅰ型、ⅡA型和ⅡB型、Ⅲ型设计类型。

(2) 多维设计问题及其设计适应度

对于与多项人体尺度相关且需要同时考虑这些尺度时,问题就非常复杂了。因为多维随机变量不具有单调性,不能像一维情况那样直观地选取设计参考值。设计过程中通常将多维人体尺度分布置信边界做出,使产品尺寸能够容纳置信边界上的任何个体的人体尺度。由于多维人体尺度分布置信边界为一个多维空间的封闭超曲面,上面分布着无数个体,要逐一检查这些个体的适应性是不可能做到的;通常在置信边界上选取一些具有代表性的个体,只检查产品尺寸对这有限个体的适应度,如果产品尺寸能够很好地容纳这些个体的人体尺度,就认为对群体的适应度满足了设计要求。应用这种原理建立的用于对产品设计方案进行分析的人体模型称为边缘人体模型(Boundary Manikins,BM)。

① 多维人体尺度分布的置信边界。

由第2章可知,很多一维人体尺度近似服从正态分布。设与产品尺寸相关的 n 维人体

尺度为

$$X = \{x_i\} \quad i = 1, 2, \cdots, n \quad (3-2)$$

式中，X 的各分量相互独立。则 X 的概率密度函数为

$$f(X) = \frac{1}{(2\pi)^{\frac{n}{2}}(\det B)^{\frac{1}{2}}} e^{\frac{1}{2}(X-\mu)^T B^{-1}(X-\mu)} \quad (3-3)$$

式中，μ 为均值矢量，B 为协方差矩阵。

考察 $f(X)$ 的指数部分，令 $Q = (X-\mu)^T B^{-1}(X-\mu)$，不难证明，$Q$ 服从自由度为 n 的 χ^2 分布，即

$$P\{Q > \chi_\alpha^2(n)\} = \alpha \quad (3-4)$$

则多维人体尺度分布的置信边界可由 $Q = \chi_\alpha^2(n)$ 来描述，它表达的是 n 维空间的超椭球边界。图 3.10 所示为 n 等于 3、置信度为 0.95 的人体尺度分布的置信边界椭球。$\chi_\alpha^2(n)$ 可根据 χ^2 分布来确定。例如，n 为 2，α 为 0.05 时，$\chi_{0.05}^2(2)$ 等于 5.991。

② 边缘人体模型的选取。

如前所述，边缘人体模型是多维人体尺度分布置信边界上按照某种规律选取的个体。当边缘人体模型个数越多且分布越均匀，则它们所描述的空间边界与原来的置信边界越接近。出于减少设计工作量考虑，在满足精度的条件下，希望尽可能地减少边缘人体模型个体的数目。

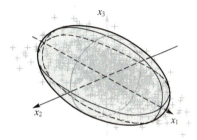

图 3.10　三维人体尺度分布的置信边界椭球（置信度为 0.95）

当 $n=2$ 时，置信边界为椭圆，如图 3.11 所示。可以选取椭圆轴的 4 个端点作为边缘人体模型，如图 3.11(a) 所示，这 4 个边缘人体模型称为 **PCA 人体模型**。也可以按照图 3.11(b) 所示的方式选取，4 个边缘人体模型中的某一尺度分别是置信边界的极值。图 3.11(c) 所示为一种特殊情况，两个个体的尺度同时是置信边界的极大值或极小值，但个体不在置信边界上。图 3.11(d) 对比了边缘人体模型法和多维百分位法的结果，图中的三角形为多维百分位法产生的个体。边缘人体模型法产生的个体数要比多维百分位法多一倍，同时，按照图 3.11(b) 所示选取个体进行设计时，方案的调节范围要大于多维百分位法。若要使样本所描述的人体尺度分布范围与理论边界描述的尽可能接近，还可在上述所选样本点之间再增加一些新的样本点。

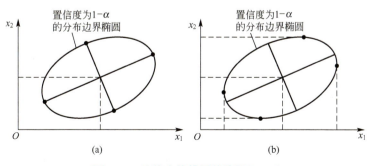

图 3.11　边缘人体模型的选取（$n=2$）

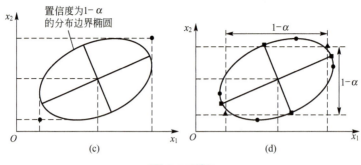

图 3.11（续）

当 $n=3$ 时，可以在椭球的轴线端点选取 6 个个体（为 PCA 人体模型），如图 3.12(a) 所示，还可以在八个象限表面中心处再各选取一点，如图 3.12(b)所示。

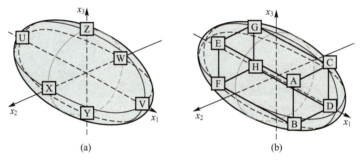

图 3.12　边缘人体模型的选取（$n=3$）

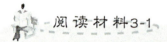

人体测量学三变量情况下边缘人体模型的选取

在一般的工业人机工程学应用中，为了方便，常采用人体尺寸中的身高、坐高和腰围这三个变量来描述群体中的个体。经过假设，这三个变量基本上是相互独立的。对于一个确定的群体，根据群体中个体的这三个变量的联合分布特点就能够将置信度为 α 的置信边界做出，并依据 $n=3$ 的情况选择边缘人体模型。由于群体男性和女性的这三个变量的分布不同，边缘人体模型应分别选取。对每一个性别选择 14 个边缘人体模型，参见表 3-9 和图 3.12，整个群体总共有 28 个。这样就建立了一组用于人机工程设计和分析的人体模型家族。工程上一般认为，如果设计方案适合这些边缘人体模型，那么它就是合理的。

表 3-9　边缘人体模型

个体	特点	个体	特点
A	身高中等，腰围一般	E	身材、腰围都大
B	身材高大，腰围一般	F	中等身高，很瘦
C	身材高大，躯干短，长腿	G	很矮，中等胖瘦
D	身材矮小	H	偏矮，腰围很大

(续)

个体	特　点	个体	特　点
U	所有尺寸都较大	X	很矮小，躯干短
V	瘦高	Y	中等身高，很胖
W	中等身材，躯干短	Z	中等身材，躯干长

通常，设计中常将复杂的问题分解为简单的情况来处理，例如，设计问题与多于3个的人体尺度变量相关，可将它们分解为若干小于3的情况。

当采用边缘人体模型对设计适应度进行分析时，这有限个个体所描述的空间范围要小于它们所在的多维人体尺寸分布边界所描述的空间范围，设计适应度就达不到原来所期望的目标值。为改善这种状况，可以使边缘人体模型所在的多维人体尺寸分布边界的置信度大于设计适应度。

(3) 复杂的多维设计问题及其设计适应度

很多与人相关的产品的设计，其设计适应度问题比较复杂。

① 隐性设计问题。

对于门、担架等的尺寸设计，很容易找出与产品尺寸直接相关的人体尺度，但对于复杂的问题，通常不容易找到与产品尺寸直接相关的人体尺度。为便于描述，称这类设计问题为隐性设计问题。例如，在布置汽车驾驶室时，当踏板、座椅已经布置完毕，要设计转向盘中心的位置时，虽然驾驶员的乘坐位置（H 点位置）已经明确，并且也清楚地知道应该保证上肢操作的舒适性，但转向盘中心相对于 H 点（或者踏板基准点 PRP）的位置与很多人体尺寸相关，是一个高度非线性的问题，其中还夹杂着人体姿势、习惯等因素。

② 互约束设计问题。

复杂设计问题需要考虑很多方面的要求，这些要求有时是互相矛盾的。例如，战斗机的驾驶舱设计，一方面要求适当抬高座椅高度以改善前方视野；另一方面，座椅提高后，飞行员的头部空间却减小了。设计中经常出现这种在某个方面符合要求的设计数据，与其他方面的要求相矛盾的情况。因此，设计适应度并不容易被满足，必要时采用折衷处理。

③ 复杂多维设计问题及其设计适应度。

对于复杂多维设计问题，常用的一种方法是进行物理模型实验，即选取一定数目的被试者，对不同设计方案进行主观评价实验，并记录下被试者信息（人体特征点空间坐标、出力以及一些年龄、性别、人体测量学数据等自然信息）。将被试者信息进行换算，得到人体尺度。通过对设计方案参数和人体尺度参数进行统计分析，找出人体尺度分布的主成分（Principal Component，PC），它们通常是相关人体尺度的线性函数。以这些主成分作为找到的与设计问题相关的人体尺度，利用前面的边缘人体模型等方法就能够建立用于设计和分析的人体模型。这种利用主成分分布端点建立的边缘人体模型称为 PCA 人体模型。

阅读材料3-2

作业空间和操作者肌肉骨骼损伤

操作者的职业病（Occupational Disease）与劳动条件直接相关。劳动条件中对操作者健康和劳动能力产生危害的因素称为有害因素，主要来源于生产过程、劳动过程和环境设施不良等原因，如劳动组织和制度不合理、劳动强度过大、工作姿势不合理、使用不合适的工具、工作内容过于单调等。凡是生产性因素引起的操作者疾病，在广义上均可称为职业病。对于体力劳动者，慢性肌肉骨骼损伤是一种很常见的职业病，又称为职业性肌肉骨骼疾病（Occupational Musculoskeletal Disorder, OMD）。通过研究发现，搬运工人患脊柱和下背部肌肉骨骼疾病的比例很高。图3.13为操作工人搬运重物的生物力学模型。通过反向动力学计算，得到肌肉力 F_M 以及切平面处的椎间盘压力 F_C 和剪力 F_S 与操作工位 h 和重物尺寸的关系，F_C 和 h 的关系如图3.14所示。随着重物重量和工位尺寸的增加，椎间盘压力、剪力和下背部的肌肉力显著增加，甚至超过NIOSH推荐的极限尺度，长此以往，就会造成下背部和脊柱肌肉骨骼疾病。因此合理安排操作工位（姿势）对于操作者的健康具有重要意义。

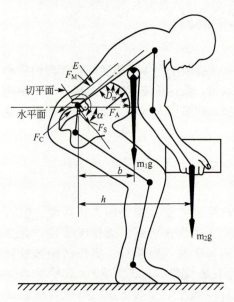

图3.13 操作工人搬运重物的生物力学模型

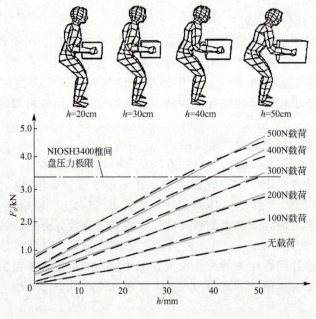

图3.14 椎间盘压力与操作工位和重物重量的关系

3.3.4 人机系统设计

1. 人机系统设计的目标和要求

人机系统设计是为了保证系统中人的效能、安全、舒适和健康,并充分发挥机器的作用,以获得最佳的综合效益。因此,人机系统设计的目标是在总体上解决好人机之间的功能分配、关系协调、界面匹配三个基本问题。通过人机系统的设计,应达到如下几个方面的要求。

(1) 系统功能达到预定的目标。
(2) 人与机都能充分发挥各自的作用,彼此协调地工作。
(3) 人机系统必须安全可靠,并保证操作者的舒适和健康。
(4) 人机系统的输入和输出符合实际情况下人与机器的能力。
(5) 应考虑环境的影响,包括环境对人机系统的影响和人机系统对环境的作用两方面。

2. 人机系统设计的内容和方法

对于复杂的人机系统,很难将各显示和操纵装置都布置在最优的视野和操作范围内。要想获得最优或者理想的设计,仅凭借一些设计规则是不能使设计结果完美的,必须经过一系列必要的设计步骤和若干轮这样的过程,才能得到良好的设计结果。

人机系统的设计具有两个明显区别于其他设计的特征:首先是概念和结构的分离,即主要是确定系统的概念模型,而不注重为实现所定义的功能和要求所必需的实际结构或机构形式;其次是将人作为系统中的重要部分,既要为人分配作业任务,又要分析系统的方案是否能满足人的作业要求。

(1) 定义系统目标和作业要求

"系统目标"的定义只要说明目标是什么以及其形式和内容怎样即可,"作业要求"进一步说明为实现系统目标,系统必须做什么。作业指的是整个人机系统的作业。系统作业要求包括具体的要求和一些限制因素,这些内容需要通过需求调查、问卷、作业研究等方式来实现。通过对作业的调查,对作业目标、作业动作、所涉及的设备条件等情况进行详细的研究分析,例如,了解需要做哪些工作?哪些动作最重要,哪些次之?动作持续时间和执行频率是多少?对于动作而言,哪些人体尺寸最重要?哪些动作容易引起疲劳?哪些动作需要施力操作,需要多大的力度?等等。

(2) 定义系统要实现的功能和输入、输出

本阶段是实质性设计工作的开始,不仅要定义系统的功能和输入、输出,还要定义怎样实现它们。本阶段还不能将功能进行分配。此外,还要进一步收集和整理有关使用者的资料,包括使用者的群体和个体的特征,如职业类型、习惯、认知特点、反应能力等。

(3) 初步设计

初步设计的主要工作包括系统功能分析与分配、确定作业要求、进行作业分析和系统总体设计。此阶段常被称为概念设计。本阶段的工作为后续的详细设计奠定了基础,因此,应对本阶段的工作给予充分的重视,并注意各部分工作应该紧密沟通、协调一致。

① 系统功能分析与分配。功能分析是研究系统要达到预定目标需要具备哪些功能、各自具有哪些特点。功能分析包括功能描述、功能确定和功能分解。

人机系统功能分解之后，要根据人和机器的特点进行分配。人与机器的功能分配是否合理会影响到系统的总体效能。人机系统设计应着眼于总体效能，不能单纯追求自动化程度以及人的舒适、健康和高效，而应该在这两者的基础上，追求系统的生产率、成本、使用经济性、可靠性等方面的最优匹配。因此，必须对构成人机系统的人和机器的特性进行充分的分析。机器在操作速度、精度、并行处理能力、复杂运算能力、工作效率、环境适应能力、某些信息管理能力、感受和反应能力以及可靠性和耐久性等方面明显优于人。而人在创造性和能动性、某些方面的感受性、处理复杂和意外事态的能力、学习能力、逻辑思维和推理能力及情感等方面是机器远不及的。因此，关于功能分配的原则，从总体上讲，快速、精细、笨重、危险、规律性、单调重复、高阶运算、操作复杂的工作宜分配给机器去做；而机器系统的监督、维修、故障处理、指令和程序的安排，对意外事件的处理以及情况多变的工作，宜分配给人去做。

② 确定作业要求。要对每一项分配给人的功能都提出作业品质的要求，如速度、精确度、技能、满意度、可靠性等。作业要求的确定为后续人机界面设计和作业性能辅助设计提供了依据。

③ 作业分析。作业分析是按照作业对人的能力、技能、知识、态度的要求，对分配给人的功能做进一步的分解和研究，使作业与作业者之间建立协调一致的关系。作业分析主要包括确定系统作业结构、确定作业、建立作业序三部分。

系统作业结构是指系统的作业和对作业技能的整体要求，是对作业者群体而言的。系统作业结构大致分为三种类型。第一种是以低技能作业为主的结构。这种类型人力资源广泛，人员上岗培训时间短。第二种是以高技能作业为主的结构。第三种是以中等复杂程度作业为主的结构。对于分配给人的功能，可以分解为一系列作业，这些作业对操作者具有不同的技能要求，从而决定了系统对整个作业者群体的人员素质、培训计划等一系列运行的基本要求。

确定作业是描述和研究作业者为实现分配给他的功能而进行的操作活动，具体包括确定人力资源已具备的知识和技能、划分作业技能水平、确定作业的输入和输出、确定作业的内容、确定作业者之间的关系、对作业加以描述等。

作业序是某个作业者单独从事的一组作业序列。一个作业者可能分配到若干作业序。系统分配给人的功能经过一系列的分解之后，产生许多作业。若干个作业按照一定的规则组合到一起就成为作业序，最终落实为某作业者应完成的具体工作。

④ 系统总体设计。系统总体设计是针对系统功能、输入、输出和作业要求，对系统各部分进行总体规划和布局的过程，是将头脑中的设计意图转变为一个切实的设计方案的工作。由于设计方案通常具有多种可能性，因此总体设计最能够体现设计者的聪明才智和设计经验。设计者开始可以勾画一些方案草图并确定若干种备选方案，再从中选出几个较理想的进行正式的设计。图 3.15 为一款折叠式婴儿车的方案草图，描绘了折叠—打开功能的实现方案。

(4) 人机界面设计

经过初步设计，确定了系统总体性能和人的作业要求，并具备了初步的系统总体设计方案，就开始转入人机界面设计。人机界面设计主要是显示装置、操纵装置、操作者以及

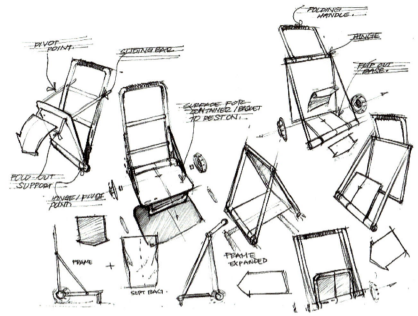

图 3.15 折叠式婴儿车的方案草图

它们之间几何位置关系和详细结构的设计，包括整体的详细布局，显示装置、操纵装置的设计，作业空间设计，人机界面的分析与优化，机器的危区分析和安全防护设计等。

① 显示装置的空间布置。显示装置空间布置主要需考虑操作者的观察距离（视距）和确定显示装置相对于操作者的最优布置区域。为提高工作效率、减轻工作疲劳，应保证操作者尽量不转动头部和眼睛就能看清显示装置。

根据人眼的视觉特性，应该在 380~760mm 选择最佳视距，如汽车仪表距离人眼的距离应在 710mm 左右。

为简便起见，布置显示装置的区域（如仪表板面）一般呈长方形。最常用、最主要的显示装置应尽可能布置在视野中心 1.5°范围内，这是人的最优视区。水平方向 15°范围内的静视野为良好视区。当水平方向超过 24°，即使仍处于 35°的有效静视野范围内，也常需要转动头部和眼球去寻找目标，认读时间长，准确率下降。

在布置区域内，显示装置的排列顺序最好与其认读顺序一致。相互联系越多的显示装置应越靠近，并要考虑彼此间逻辑上的联系。此外，空间布置还必须考虑到显示装置的重要性、观察频率和功能。显示装置的排列还应考虑与操纵装置的协调关系。当有很多显示装置时，应根据它们的功能分区排列。

② 操纵装置的空间布置。操纵装置的空间布置首先要与其功能、特性和操纵特点相适应，并尽可能减小操纵力。当具有多个操纵装置时，应将较重要和使用频率较高的优先布置在最佳操作区域，以便于施加操纵力、便于观察、便于伸及操作区域。对于功能上存在逻辑关系的或者有顺序要求的操纵装置，应该考虑功能组合和按使用顺序排列，所采用的排列顺序还应该与人所习惯的排列形式相适应。

要保证能够正确地使用操纵装置而不受附近其他操纵装置的影响，操纵装置之间应当有一个最小的分开距离。表 3-10 给出了常见操纵装置之间最小的和最佳的距离。

表 3-10 相邻操纵装置之间的距离

操纵装置	操作方式	最小距离/mm	最佳距离/mm
按钮	一个指头	20	50
手轮	两只手	75	125
旋钮	一只手	25	50
踏板	用同一只脚	50	100

③ 操纵装置的编码。当控制台上有许多相似的操纵装置时，为提高操作者辨别操纵装置的速率，必须考虑在不用眼睛观察的情况下就能正确地使用操纵装置，这就需要对操纵装置进行编码，使每个操纵装置都有自己的特征。编码的方式取决于操作任务的要求、辨认的速度和准确性要求、操纵装置的使用频率和重要性、需要编码的操纵装置数目、照明条件等因素。

a. 形状和表面纹理编码。对不同用途的操纵装置设计不同的形状，以形状进行区分。这是一种容易为人的视觉和触觉辨认的、效果较好的方法。形状编码一方面要使形状能反映其功能，另一方面还要考虑操作人员戴上手套也同样能分辨和方便操作。人通过触觉辨认表面纹理的能力比辨认大小的能力强，通过纹理来区分不同操纵装置也是一种有效的编码方式。

b. 尺寸编码。将操纵装置设计成不同规格的尺寸来加以区分。只有操纵装置的尺寸差异较大时，才能仅凭触觉就能正确地将它们辨认和区分出来。因此，大小编码没有形状编码有效。

c. 位置编码。操纵装置的安装位置也能起到编码的作用。例如，汽车上的离合、制动和加速踏板就是以位置编码的。当不用眼睛而仅凭手进行操作时，对垂直排列的操作准确性优于水平排列的情况。

d. 颜色编码。颜色编码一般不单独使用，而是与形状或大小等编码方式配合使用。颜色只能靠视觉辨认，并且只有在较好的照明条件下效果才理想，所以颜色编码的使用范围受到限制。用于操纵装置的颜色一般只有红、橙、黄、蓝、绿五种标准色。

e. 标志编码。在操纵装置上或旁边用文字或符号标明其功能是较为有效的一种编码方式，但需要一定的空间和较好的照明条件，并要求标志简明易辨。

f. 操作方式编码。利用不同操纵装置独特的操纵方式来区分，可以作为一种备用的方法，但不适合用于时间紧迫或者准确性要求较高的场合。

④ 操纵装置与显示装置的一致性。在人机系统设计中，需要考虑操纵装置与显示装置的协调性。设计合理的操纵和显示装置会使日常的监视工作变得容易得多，也可以减少由于混淆而造成的读数错误。为保证操纵装置与显示装置具有良好的协调关系，应该考虑以下几个原则。

【汽车驾驶交互设计原则】

a. 显示装置应与相应的操纵装置尽可能地靠近，并且位置相对应。

b. 可在操纵装置和显示装置上方贴上标签，以明确对应关系。

c. 当具有多组操纵-显示装置时，显示装置与操纵装置的顺序要相同且方向一致。

d. 若控制台上的操作不是按顺序进行的，则应对操纵装置和显示装置按功能分类，并可用不同的编码加以区分。

⑤ 控制/显示比。操纵过程中，手或脚的移动量（或者操纵装置手柄或旋钮等的转动量）与显示装置指针的移动量的比值，称为控制/显示比，它反映的是控制的灵敏度。对于比较粗略的控制，显示装置指针的移动宜快于操纵装置；但对于比较精细的控制，操纵装置的移动比显示装置指针的移动快些更好。

（5）作业性能辅助设计

作业性能辅助是指一种"信息装置"或文件，其中包含作业者作业时需要使用的信息。采用作业性能辅助的目的是提高作业效能。作业性能辅助设计包括制定对使用者素质要求和选择操作人员的标准，以及设计操作手册、作业辅助手段、培训方案等。

常用的作业性能辅助包括两类，即记忆辅助类和作业步骤类。记忆辅助类用于帮助作业者在作业中记忆一些特定信息。作业步骤类用于指导作业者按步骤完成作业活动。

在许可的条件下，设计者应优先采用作业性能辅助，而不是说明书和培训材料。作业性能辅助设计应针对具体的作业情况（作业内容、时间、地点等）和作业者群体的情况（知识、技能等）来进行，必须满足准确性、可靠性、完整性、简明性的要求。

（6）系统验证和优化

系统验证的目的是检验系统是否达到最初定义的各种目标。人机系统的验证应在系统开发的各个阶段分开进行，验证的主要标准是操作者的作业效能。根据系统验证的结果对设计方案进行论证，制订改进意见，进行改进设计。在进行具体指标的优化时，通常是先确定设计变量、设计目标和约束条件，然后进行实验设计（DOE），采用合适的优化算法对方案进行优化，最后得到满意的结果。

对于复杂的设计，模型测试是进行人机工程学性能评估的重要手段。一般包括物理模型测试和虚拟模型测试两种。

所谓物理模型测试，就是制作全尺寸的三维作业空间模型，让操作者在其中直接感受未来的设备或场所的使用性能，将评价结果记录下来并进行分析，为优化设计提供依据。进行物理模型测试，很重要的工作就是进行问卷设计，它是在全面理解产品的功能和使用特点的基础上，对实验方案进行详细设计和对实验可能结果进行充分预估后建立的一些表格、答卷等，对于将要进行的主观评价能起到指导性的作用。图3.16所示为轿车模型测试的实例。

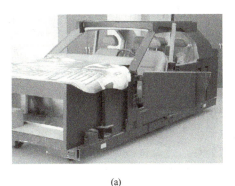

(a)   (b)

图 3.16 模型测试

物理模型测试具有直观、可靠的优点，但需要在设计方案（甚至是详细结构）基本成形之后才能够进行。因此，在时间上比较滞后；需要花费一定的人力、物力和财力，并且方案的

【汽车主动交互设计应用】

修改和再评估不方便。为节省开支，通常只对少数认为可行的方案进行物理模型测试。

随着计算机仿真技术的发展，出现了虚拟人机工程仿真的概念，即运用计算机技术建立三维作业空间模型，并根据人体数据的运用方法建立用于模型测试的人体模型样本，对方案进行各种人机性能的分析、评价、对比和优化。虚拟模型测试具有与设计并行、节约时间和成本、方案修改和分析方便等优点，因此，在产品设计过程受到越来越多的重视，成为现代产品设计中不可缺少的重要手段。图 3.17 所示为利用 CATIA 软件中的人机工程模块对轿车设计方案进行仿真分析的例子。

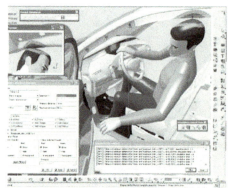

图 3.17　虚拟模型测试

(7) 其他问题

为了实现一个完善的人机系统设计，还需要考虑到整个系统的可靠性、安全性，并对系统的作业环境提出要求，包括噪声、微气候、照明和色彩等。

3. 人机系统的分析与评价

人机系统是由操作者、机器、显示装置、操纵装置、作业环境等子系统组成的，各子系统协调一致才能实现良好的人机系统效能。人机系统的分析与评价是依据一定的标准，采用系统工程的方法，对系统和子系统的设计方案进行定性和定量的分析和评价，目的在于全面了解系统设计的优、缺点，分析存在的问题，为改进设计提供依据。

人机系统的评价标准包含两方面内容，即系统作业标准和人的工效标准。系统作业标准因人机系统类型的不同而有不同的项目和内容，如产品质量和产量、设备利用率、能耗等。人的工效标准通常考虑人的生理和心理反应、工作效能、适应度等。从综合效果考虑，对人机系统设计的评价可提出下列几条标准。

(1) 安全标准。系统运行安全并且具有安全防护措施，以保证操作者的安全。

(2) 可靠标准。系统运行可靠，在额定的时间范围内不出现故障。

(3) 经济效益标准。系统运行高效、低成本、低能耗，使总体效能最经济。

(4) 宜人化标准。系统适应人的生理和心理特性，使操作者和使用者感到舒适、方便。

(5) 社会效益标准。系统运行过程中不对社会产生危害，并为社会创造良好的产值和附加值。

系统分析评价的方法有很多。在选择具体的评价方法上，要注意评价方法的客观性、通用性和综合性。定性分析方法包括连接分析法、操作顺序图法、时间线图法、功能流程图等。定量分析方法包括环境指数评价法、可靠性分析法、功能和工效分析法等。更常用的是定性和定量相结合的评价方法，如主观评价法。本书仅介绍主观评价法。

主观评价法是人机工程学领域广泛使用的一种综合评价法。这种方法不仅能够获得定性的评价，通过对定性评价的量化处理还能得到量化的评价结果。

主观评价法实施过程中一般可按照如下几个步骤进行。

（1）建立系统评价体系

首先要定义评语集，如优、良、中、差、劣五级评分等级，也可将评语直接量化。然后进行系统分析，确定各级评价指标的等级划分、权重和评价算子，得到系统的一系列不同层次的指标，以及进行各级指标评判的计算方法。图 3.18 所示为某汽车生产商对座椅供应商供给的座椅进行主观评价时所制定的评价指标体系。

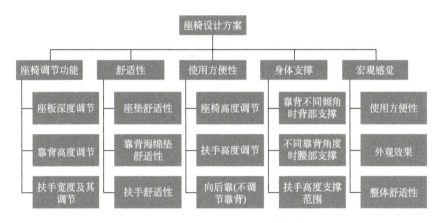

图 3.18 座椅人机工程评价指标体系

（2）进行问卷设计

对图 3.18 提到的这些影响因素根据可能出现的情况提出一些疑问，并给出供选择的若干答案（答案数目与评语的级别数目对应），即进行问卷设计。表 3-11 为与图 3.18 对应的主观评价问卷。

（3）进行实验人员组织和实验方案设计

主观评价的具体实施需要组织一些人员参与实验，称为被试者。被试者应尽量选择具有代表性、接近目标群体、对所评价的人机系统有一定的了解的人。由于人的主观评价具有一定的随意性，要求被试者人数不能太少，否则问卷中某些项目的结果可能过于离散，使效果不理想。

（4）实验的实施

在进行主观评价实验之前，应该针对被试者就所进行的实验内容、方法、机器的操作、注意事项等进行一些培训，以保证实验的顺利进行。

（5）实验结果的分析

实验完毕之后，要对问卷进行统计分析，一方面获得最终的实验结果；另一方面，通过分析了解问卷中的某些项目的设置是否合适，从而可以在今后的实验中调整问卷和实验方案。例如，某个项目的评价结果总是集中在一个上，则可能是由于该项目的提问过于笼统，使得被试者对于该问题的"感觉"在备选的结果中根本区分不出来，即"不灵敏"。一般过于集中和过于离散的结果，都是值得注意的。

表 3-11 座椅主观评价问卷

评 价 内 容	备 选 结 果
被试者姓名_____ 日期_____ 座椅生产商_____ 型号_____	
A：座椅调节功能	很差(0) —— 一般(5) —— 很好(10)
1. 座板深度调节	0-1-2-3-4-5-6-7-8-9-10
2. 靠背高度调节	0-1-2-3-4-5-6-7-8-9-10
3. 扶手宽度及其调节	0-1-2-3-4-5-6-7-8-9-10
	A：座椅调节功能得分=
B：舒适性	很差(0) —— 一般(5) —— 很好(10)
4. 坐垫舒适性（需乘坐至少 90min 后再评价）	0-1-2-3-4-5-6-7-8-9-10
5. 靠背海绵垫舒适性（考虑不同倾角）	0-1-2-3-4-5-6-7-8-9-10
6. 扶手舒适性	0-1-2-3-4-5-6-7-8-9-10
	B：舒适性得分=
C：使用方便性	很差(0) —— 一般(5) —— 很好(10)
7. 座椅高度调节	0-1-2-3-4-5-6-7-8-9-10
8. 扶手高度调节	0-1-2-3-4-5-6-7-8-9-10
9. 向后靠(不调节靠背)	0-1-2-3-4-5-6-7-8-9-10
	C：使用方便性得分=
D：身体支撑	很差(0) —— 一般(5) —— 很好(10)
10. 靠背不同倾角时背部支撑	0-1-2-3-4-5-6-7-8-9-10
11. 不同靠背角度时腰部支撑	0-1-2-3-4-5-6-7-8-9-10
12. 扶手高度支撑范围	0-1-2-3-4-5-6-7-8-9-10
	D：身体支撑得分=
E：宏观感觉	很差(0) —— 一般(5) —— 很好(10)
13. 使用方便性	0-1-2-3-4-5-6-7-8-9-10
14. 外观效果	0-1-2-3-4-5-6-7-8-9-10
15. 整体舒适性	0-1-2-3-4-5-6-7-8-9-10
	E：宏观感觉得分=
总分(A+B+C+D+E)=	
备注：	

本 章 小 结

本章讲述了显示装置和操纵装置的类型和特点、选择和设计原则以及这两类装置的设计方法。这两类装置是构成人机系统最重要的组成部分。最后，本章还讲述了作业空间和人机系统设计中需要遵循的原则、运用人体数据的原理、设计的步骤和系统分析方法。

【关键术语】

显示装置　操纵装置　作业空间　人机系统　人机界面　适应度

思考题

1. 按照显示的视觉信息形式划分，视觉显示装置可分为哪几类，各有哪些优缺点？
2. 操纵装置的设计需要考虑哪些方面的原则？
3. 作业空间设计的人机工程学原则是什么？
4. 作业空间设计的人体数据运用过程是什么？
5. 简单作业空间设计问题的人体数据运用准则和对应的设计类型是什么？
6. 作业空间和人机系统设计时人体尺寸的修正量有哪些？
7. 何为产品某项指标对于目标群体的适应度？
8. 人机系统设计的目标和要求是什么？
9. 人机系统设计的内容和程序是什么？
10. 人机系统应如何进行功能分配？
11. 从综合效果考虑，对人机系统设计的评价标准有哪些？

第 4 章 作业环境设计

本章教学目标

通过本章的学习,要求了解室内微气候及其影响因素,了解人体对微气候的反应,掌握人体热舒适的评价方法,掌握微气候的设计原则;了解空气污染的危害,掌握空气质量的改善方法;了解环境照明及其对作业的影响,掌握照明设计原理;了解色彩及其对人的影响,掌握作业环境色彩的运用原理。

本章教学要点

知识要点	能力要求	相关知识
室内微气候设计	了解室内微气候及其影响因素 了解人体对微气候的反应 掌握人体热舒适的评价方法 掌握微气候的设计原则 了解车内微气候设计和分析方法	室内微气候及其影响因素 人体对微气候的反应 人体的热平衡 人体对微气候的主观感觉 人体热舒适的评价 环境微气候设计 车内微气候设计和仿真分析
空气质量的改善	了解空气污染的危害 掌握空气质量改善的方法	空气中的主要污染物及其危害 防止空气污染的途径 车内空气污染的防治
环境照明	了解环境照明及其对作业的影响 掌握照明设计原理	照明的度量 照明对作业的影响 照明设计原则
色彩设计	了解色彩及其对人的影响 掌握作业环境色彩的运用原理	色彩及其对人生理和心理的影响 作业环境色彩的设计

导入案例

作业者是在一定的环境中进行作业的。保证工作环境中物理、化学、生物的条件对人体无害,并保证操作者具有良好的工作能力,是作业环境设计的基本要求。作业环境包括声音、照明、振动、色彩、微气候等因素。其中,光环境几乎是一切人机作业的前提,环境温度与噪声是所处环境中对作业效率和人体健康影响最突出的两个因素。不同的作业类型,设计的重点也有差别。例如,对于办公场所,如图 4.1(a)所示,设计的主要内容是照明、色彩和微气候,其中微气候主要考虑采暖和通风;对于生产车间,尤其是从事铸造、机加工、涂装、焊装等作业的车间,如图 4.1(b)所示,除环境照明和微气候之外,还需要重点考虑环境噪声,其中微气候不仅要考虑采暖和通风,还要考虑有害气体和尘埃的防治。

(a) 办公场所

(b) 生产车间

图 4.1 典型的作业环境举例

4.1 室内微气候设计

4.1.1 室内微气候及其影响因素

室内微气候是指生产环境的气候条件,包括气温,湿度,空气流速以及作业场所中的设备、产品、零件和原材料的热辐射等。

室内微气候的各影响因素对人体的影响是相互关联的。一个因素的变化对人体造成的影响有时可以由另一个因素的相应变化来补偿。例如,温度升高所造成的影响可由增大空气流速来抵消。又如,驾驶员驾车过程中,当车内温度较高时,人体通过出汗来散热,这时如果湿度较低,则汗液容易蒸发,人体就感到相对凉爽;反之,如果空气相对湿度较高,则汗液难于蒸发,人体就会感到闷热。

1. 气温

气温是评价工作环境气候条件的主要因素之一,对人体的影响也很直接。工作场所的温度受各种热源和微气候因素的影响,如太阳热辐射、气候、作业场所热源、人体散热、采暖、制冷以及空气调节等,并直接决定了人体与周围环境的热平衡。

气温是影响人体热舒适性的主要指标。人体在新陈代谢过程中不断地产生热量，同时也不断地通过传导、对流、辐射和蒸发等方式与外界环境进行热交换。如果环境温度较高，人体余热难以散发出来，就会蓄存在体内，使人体内热平衡遭到破坏，感到不舒适；当周围温度偏低时，人体散热增多，也会感到不舒适。人体对气温的感觉相当灵敏，能对环境温度做出敏锐的判断。应当指出，**人感受到的气温要受到湿度和空气流速的影响**。我国规定气温的单位使用摄氏温标，用℃表示。

2. 湿度

湿度也叫气湿，指空气的干湿程度。湿度是与温度不可分离的环境因素。**湿度常用相对湿度来表示，是指在某一温度和大气压力下空气中实际水蒸气量与饱和水蒸气量之比的百分数**，它反映的是空气被水蒸气饱和的程度。而在一定温度下，每立方米空气中所含的水蒸气克数称为绝对湿度。

空气湿度也是影响人体热平衡的主要因素之一，它对施加于人体的热负荷并无直接影响，但却决定着空气的蒸发力，从而决定着排汗的散热效率，直接或间接地影响人体热舒适度。人们生活在温湿度适宜的环境里能提高作业效率；反之，不适宜的温湿度环境会给正常的工作和生活带来极大的不便。空气中的相对湿度偏高时，人体会感到不舒服，那是由于相对湿度高时，空气不易容纳更多的水分，使汗液的蒸发率降低，于是降低了体热经汗液蒸发而排出的速率。相对湿度较低时，由于空气相对干燥，易于容纳更多的水分，加速了皮肤表面排出汗液的蒸发，从而使人觉得舒爽；但相对湿度过低时，即使热感觉处于中性状态，也会使人感觉到眼、鼻、喉咙等发干，有人甚至还会流鼻血，且干燥的空气更容易产生静电作用，会形成更多的浮尘。**相对湿度对人体热舒适的作用与气温有关**。在一定温度下，相对湿度越小水分蒸发越快。在高温时，高湿度使人感到闷热；低温时，高湿度使人感到阴冷。相对湿度一般使用通风干湿表或干湿温度计来测定。相对湿度大于70%时称为**高气湿**；低于30%时称为**低气湿**。

3. 空气流速

空气流速的大小对人体散热有很大影响，与人体散热速度呈线性关系，是影响作业环境温度的重要因素。工作场所的空气流速与通风设备、温差、风压形成的气流等有关。

空气流速从两方面影响人体的舒适感觉。一方面，空气流速决定着人体的对流散热量；另一方面，它还会影响空气的湿交换系数，从而影响人体蒸发散热。当气温低于皮肤温度时，流速增大则产生散热效果；当气温高于皮肤温度时，流速增加会造成较高的对流换热，使人体被加热。另外，风速过大会使人产生吹风感，影响热舒适性。研究表明，空气流速大于0.1m/s时，需要更高的气温来实现同等的热舒适。

4. 热辐射

物体在绝对温度大于0K时的辐射能量称为热辐射。任何温度不同的两物体之间都存在热辐射。当周围物体表面温度超过人体表面温度时，会向人体辐射热能使人体受热，称为**正辐射**；反之称为**负辐射**。

平均辐射温度为室内对人体辐射换热有影响的各表面温度的平均值，它主要取决于人体周围结构表面的温度。平均辐射温度的改变主要对人体辐射散热造成影响。当环境平均辐射温度提高后，人体辐射散热量下降，为了保持热平衡，必然要加大蒸发散热和对流散热的比例，人的生理反应和主观反应向热的方向发展。在不同条件下，人体热感觉和热舒适随平均辐射温度变化的程度有很大差别，当气温较高时，人体热感觉和热舒适受到的影响比低温时更明显。

4.1.2 人体对微气候的反应和热舒适

1. 人体对热力的反应

（1）微气候对人体的影响

【美国暖体假人技术研究发展】

人体在新陈代谢过程中产生热量，并主要以对流、辐射和蒸发等方式与周围环境进行热交换。人的舒适感主要取决于影响人体热平衡的微气候环境。当人体散热和新陈代谢产热平衡时，人的感觉良好。如果周围环境因素发生变化，人体散热量相应变化。为维持产热和散热平衡，人体会运用自身的调节机能来增加或减少散热，人体内温度也会发生变化。

在温度开始升高时，人体的第一个适应过程是皮肤末梢毛细血管扩张，皮肤温度升高，从而使辐射、传导、对流等散热增强。人体内多余热量难以全部排出会导致体温继续升高，人会感到不舒服，汗腺的活动显著增加，当环境温度上升到38℃左右时，出汗几乎成为唯一的散热方式。由于汗液的大量分泌，会引起体内水分和盐分的损失，甚至引起水盐代谢障碍。如果环境温度持续上升，体温调节机制会暂时发生障碍，从而发生体内热蓄积。当体温上升到40.5℃时，出汗会停止，这时必须采取措施防止体温继续升高，否则会导致中暑，表现为热虚脱、日射病、热痉挛等。在高温环境中工作还会使人体的肌肉活动能力下降，进而容易产生疲劳。

当气温降低时，通过中枢神经系统的调节，人体皮肤的毛细血管收缩，血流量减少，皮肤温度降低，使辐射、传导、对流等散热减少。因此，低温时人常常蜷缩起来，通过减少体表面积来减少散热。人体若散热过多，体内温度就会下降，人会发生颤抖和肢体麻木，影响手的精细运动和双手的协调动作。当体温降到25～28℃，人甚至会停止呼吸。手的操作效率和手部皮肤温度及手温有密切关系。手的触觉敏感性的临界皮肤温度是10℃左右，操作灵活性的临界皮肤温度是12～16℃，长时间暴露于10℃以下，手的操作效率就会明显降低。

（2）人体的热调节

人的体温并不是恒定不变的。人体肌肉、肢体及皮肤的温度称为体表温度，其变化较大。人脑、心脏和腹内器官的温度称为核心温度，核心温度比较稳定，只在37℃附近有微小的变化。恒定的核心温度是保证生命的前提。为保持稳定的核心温度，人体必须随着环境温度的变化而进行必要的体温调节。人的热调节是一种自动的、随意志反应的复杂过程。人体依靠生理系统和各种活动的动态调节来主动控制同环境的热交换，从而维持热平衡。

人体温度调节的方法主要包括调节皮肤表层的血流量、排汗量和产热量等。体温调节中枢位于下丘脑。下丘脑在核心温度稍高于正常值时就会发送指令，使血管扩张并开始排汗。皮肤表层的血管扩张会使血流量增加，从而把更多的热量带到皮肤表面并散发到环境中。若体温还继续上升，体温调节系统就会命令皮肤出汗，通过汗液蒸发带走身体的热量。如果仍不能有效散热，积聚的热量就会使体温升高。此时，体内器官的活动会加快，容易引起疲劳，并增加热量，使体温继续上升，从而容易中暑。所以，当环境温度接近或超过了人的体温时，必须借助通风和空调设备等来降温。当人体处于冷环境下，下丘脑从皮肤冷觉感受器接受温度信号后发出指令使血管收缩，减少身体表层的血流量，降低皮肤温度，以减少人体热辐射和对流损失。若核心温度仍不能维持恒定，体温调节系统会自动通过冷颤等方式增加代谢率。如果人体产热量不能抵偿热损失，体温就会下降，使体温和外界温差减小，以降低热损失。当体温降到一定限度，就会引起器官、细胞机能呆滞，出现疼痛和麻木的感觉。所以在寒冷的环境中，人们必须采取保暖措施以维持正常体温。

(3) 人体对热应力的生理反应

人体对热应力的反应表现在其生理和感觉反应中。主要的**生理反应**有血液循环系统的调节、皮肤和体内温度的变化、排汗等。主要的**感觉反应**有热感觉、皮肤湿度的感觉等。

① 血液循环系统的调节。**人体通过皮肤表层内血管的舒张与收缩来调节血流量，从而调整皮肤的散热率。**血液的主要成分是水，具有较高的热容量与导热性。外部热环境变化时，通过血液温度的少许变化就能传送和转移大量的热量。血管舒张时，皮下层的血流量增加，将大量的热从体内核心组织转移给皮肤；血管收缩时，这种热转移则减少。皮下层的热阻也取决于层内的血含量。当血含量增加时，由于血液的导热性强，使皮下层的导热能力大大增强，较多的热量可通过导热方式传递。因此，**凭借血管的舒张与收缩可控制皮下层的热传导能力，从而控制由核心到皮肤的热转移速率。**

在中等热应力下，皮下层的血液循环是主要的调节途径，以保证热量由人体核心传到皮肤，然后通过皮肤表面散发到周围环境之中。人体处在寒冷环境中时皮肤温度较低，体温与皮肤温度存在较大的温差，但血管的收缩作用降低了表皮层的传热率，使人体能避免过量的热损失和体温的下降，且通过皮肤传至外部环境的热量也减少了。在炎热的环境中，血管的舒张使人体核心到皮肤表面的对流热转移增加，于是提高了皮肤的温度，增加了对环境的对流和辐射散热，从而将大量的热量从体内传至体表并散发到环境中。

② 排汗。**人体内水分的蒸发通过两种形式实现：一种是肺部和皮肤被动的水分损耗；一种是通过汗腺分泌实现的主动的排汗。**皮肤被动的水分损耗是一种扩散过程，是由人体及周围空气的水蒸气压力差所造成的。**通过排汗达到蒸发散热是人体热调节系统的主要机能。**

当对流和辐射引起的热损失加上被动的水分损耗所散发的热量低于产热量时，人就会出汗。外界热环境、肢体运动和心理上的刺激都会引起汗腺分泌，特别是手心、脚掌心和面部等位置的汗腺。皮肤或体内的温度越高，汗腺受刺激而排出的汗也越多。在衣着单薄且安静的条件下，开始主动排汗的气温约为 25℃。新陈代谢率的增加会使汗腺开始分泌的温度降低。当空气的蒸发力高到足以蒸发皮肤毛孔中的汗液时，皮肤仍保持干燥，对于增加的汗液几乎感觉不到，因此排汗率可以达到相当高的水平却不为人所觉察，而只能从体重上查出。

③ 体内温度的反应。血液循环和排汗都是主动的热调节机能，而**体温则是对热应力(引起的新陈代谢)的被动反应；它一方面取决于产热率，另一方面也取决于人体毛孔至皮肤、皮肤至环境的热转移量之间的相互作用。**

人在舒适环境下休息时，直肠和口腔的正常体温相对恒定，直肠约为 37℃，口腔约为 37.5℃。在温和的环境条件下且新陈代谢率不变时，直肠温度基本不受环境温度变化的影响；主要是由于排汗率的增加抵消了作用于人体的附加环境热负荷。但是在炎热条件下，直肠温度受环境热应力的影响很大。

④ 平均皮肤温度的变化。表皮组织的温度可在 15～42℃ 变动。通常人体各部位皮肤温度并不完全相同。某部位皮肤温度取决于人体核心至该处皮肤的热流与该处皮肤至环境的散热二者之间的相互作用和平衡。在寒冷条件下，不同部位皮肤之间的温差较大；通常脚掌温度最低，前额和胸部温度最高。当环境温度升高时，身体各部位皮肤也逐渐变暖，但速度不同，逐渐趋于均匀。由于各部位皮肤温度不同，通常取其平均值来度量皮肤温度。

在舒适气温条件下皮肤较干燥，蒸发散热率仅受汗液分泌率的限制，而不受空气蒸发力的限制，皮肤温度几乎不受空气湿度的影响，而主要取决于气流速度和干球温度。在高温条件下，皮肤比较潮湿，蒸发率和散热量仅取决于空气的蒸发力，而不取决于汗液的分泌率，此时皮肤温度主要取决于湿球温度。当环境温度低于舒适区时，皮肤温度随环境温度变化很敏感，人体生理和冷感觉随外界温度的变化能够很好地从皮肤温度上反映出来。

干球温度是指用温度计所测得的环境气温。湿球温度是指同等焓值空气状态下空气中水蒸气达到饱和时的气温，是当前环境下水蒸发所需的最低温度，一般湿度越高则湿球温度越高。

⑤ 新陈代谢的反应。在舒适条件下休息时，新陈代谢率最低。在寒冷的环境中，人体新陈代谢加快，使产热增加。在寒冷环境的作用下，人体可发生无意识的寒颤，其新陈代谢率可升至舒适水平的 2～3 倍。新陈代谢率随着温度的提高也会增大。

2. 人体的热平衡

（1）人体与环境的传热模型

① **Fanger 稳态模型**。由 P. O. Fanger 于 1967 年提出的热平衡方程式组合了影响人体热舒适状态的六个因素，能计算出任何活动强度、任何衣着的人热平衡状态下的气温、气流速度、平均温度、空气湿度和围护结构的各种组合。P. O. Fanger 的人体稳态热平衡模型描述为

$$M-W=Q_{sk}+Q_{res}+S=(C+R+E_{sk})+(C_{res}+E_{res})+(S_{sk}+S_c) \quad (4-1)$$

式中，M 为人体代谢产热率；W 为人体对外界所做机械功率；Q_{sk} 为皮肤的热损失率；Q_{res} 为呼吸热损失率；S 为人体的蓄热率，是人体同环境热交换净得的热量率；C 为人体表面对流热损失率；R 为人体表面热辐射交换损失率；E_{sk} 为人体皮肤表面蒸发散热率；C_{res} 为由呼吸作用产生的对流散热率；E_{res} 为由呼吸产生的蒸发散热率；S_{sk} 为人体皮肤表面蓄热率；S_c 为人体核心部分蓄热率。上述各量的标准定义方法是根据人体单位面积的热交换定义，即 W/m^2。

当 $S=0$ 时，净得热量为零，人体处于动态热平衡状态，如图 4.2 所示。当 $S>0$ 时，人体平均体温将升高，反之则降低。人体由于新陈代谢而时刻向外散发热量，为维持新陈代谢平衡，必须要有适当的周围热环境。Fanger 模型把人体核心和皮肤看成一个整体，没考虑人体发颤、血管收缩和扩张等自身的调节机制，只给出了创造热舒适环境的变量组合，不能预测和评价任意微气候环境下的人体热感觉。

② **Gagge 等人的二节点瞬态模型**。二节点瞬态模型用于预测人体对瞬态环境的生理反

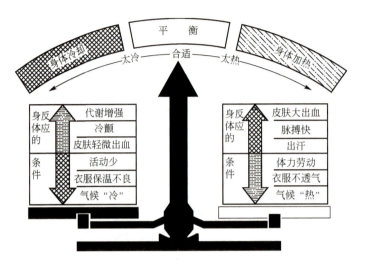

图 4.2 人体热平衡状态

应或响应。二节点模型将人体看作由中心层和皮肤层组成，因此该模型用两个同心圆柱体代表人体，内层圆柱体代表核心层（核心骨骼、肌肉和器官），外层圆柱体代表皮肤层。新陈代谢在中心层产生，所产生的热量一部分由呼吸直接散失在环境中，另一部分则通过直接热传导和血液的流动传递到皮肤，并通过皮肤和衣服散失掉。该模型假设人体皮肤层的热传导可忽略不计且人体各部分的温度是均匀一致的，只在核心层与皮肤层之间存在温度梯度。瞬态能量平衡指人体的蓄热量等于所得热量减去失去热量。二节点瞬态模型用两个方程来描述核心层和皮肤层的瞬态热交换，即

$$S_c = M - W - (C_{res} + E_{res}) - Q_{c,sk} \tag{4-2}$$

$$S_{sk} = Q_{c,sk} - (C + R + E_{sk}) \tag{4-3}$$

式中，$Q_{c,sk}$ 为人体核心与皮肤之间的换热率（W/m^2）。其余物理量的含义同式（4-1）。

对于重体力劳动者，由于只锻炼了部分肌肉群或存在不对称的环境条件，导致层的温度不一致，从而影响了模型的准确率。

(2) 人体新陈代谢产热

人体由于自身氧化作用释放的能量为新陈代谢能量，其一部分转化为热能，另一部分转化为功。人体新陈代谢率通常以耗氧量度量，即

$$M = 5.8 \frac{V_{O_2}}{A_D} = \overline{V} \tag{4-4}$$

式中，M 为新陈代谢率（W/m^2）；V_{O_2} 为标准状态下每小时消耗的氧气体积（L）；A_D 为人体杜波伊斯面积（m^2）；$\overline{V}$ 为新陈代谢率系数，定义为呼出二氧化碳量与吸入氧气量的比值，休息状态时取 0.83，重体力时取 1。杜波伊斯面积可根据体重和身高计算。

$$A_D = 0.202 W^{0.425} H^{0.725} \tag{4-5}$$

式中，W 为体重（kg）；H 为身高（m）。

各种常见活动状态的新陈代谢率见表 4-1。坐着休息时人体新陈代谢率 M 为 $58W/m^2$，将这一活动量定为 1met。

表 4-1 常见活动状态的新陈代谢率

活 动 状 态	新陈代谢率 W/m²	met
躺着	46	0.8
坐着休息	58	1.0
站着休息	70	1.2
坐着活动（在办公室、寓所、学校、实验室等）	70	1.2
站着活动（买东西、实验室内轻体力劳动）	93	1.6
站着活动（营业员、家务劳动、轻机械加工）	116	2.0
中等活动（重机械加工、修理汽车）	185	2.8

(3) 人体与环境的热交换

为了维持生命活动，人必须摄取食物和氧气。食物经过体内新陈代谢后产生热能，这些热量必须以与产热相同的平均速率散热，才能维持人体热平衡。一般情况下，人体新陈代谢所产生的热量全部都要散发到周围环境中。散热量取决于劳动强度。**人体散热的方式主要有传导、对流、辐射、蒸发、呼吸等。**借助于人体自身的调节机制，例如，血管的舒张和收缩、汗腺的分泌和发颤等，**人体有能力在相当大的环境变动范围内维持热平衡，而在这个范围内仅有一个小的区域被认为是舒适的。**由于产热和散热的速率因人而异，通常用单位面积的产失热量来衡量产热和散热的速率。

① 传导散热。**当人体所接触物体的表面温度低于人体的皮肤温度时，皮肤就会将人体的热量传给物体；反之，皮肤就会从物体上吸收热量。两者的温差越大，热传导就越快。**

在皮肤和人体最外层衣服表面之间的干热传递是一个复杂的过程，涉及通过衣服空隙的对流过程、通过衣服纤维本身的传导以及两层衣服之间和纤维之间的辐射换热等。纺织品的热阻依赖于其每一层的厚度和孔隙值，而空气中湿度的变化引起纺织品含湿率的改变对传热阻力只有很小的影响。除此以外，**衣服的缝纫是否合体对人体散热有重要的影响。衣服的传导特性用其总热阻表示，Gagge 引入"clo"作为衣服的热阻单位，表示着装后人体通过皮肤向衣服外层散热的总的热传递阻力，$1clo = 0.155 m^2 \cdot K/W$**，近似于便衣和普通内衣的热阻 R_{cl}，用 clo 表示的衣服热阻值为 $I_{cl} = R_{cl}/0.155 (clo)$。常见套装的热阻见表 4-2。

表 4-2 常见套装的热阻

套 装 种 类	I_{cl}/clo	f_{cl}	套 装 种 类	I_{cl}/clo	f_{cl}
长裤、短袖衬衫	0.57	1.15	长袖工作服、T恤	0.72	1.23
长裤、长袖衬衫	0.61	1.20	工作裤、长袖衬衫、T恤	0.89	1.27
长运动裤、运动衫	0.74	1.19	绝缘工作服、长期保暖内衣	1.37	1.26
到膝盖的裙子、短袖衬衫、连裤袜	0.54	1.26	到膝盖的裙子、长袖衬衫、女式长内衣、连裤袜	0.67	1.29

② 对流散热。当周围空气温度低于人的皮肤温度时，最接近皮肤的一层空气被加热而上升，周围较凉的空气补充空位。这样通过空气的不断对流，人体就不断地散热。对流散热量的大小取决于空气与皮肤的温差和风速。温差和风速愈大，对流散热量就愈大。

空气以一定的流速经过人体，可带走一部分热量。与人的皮肤和服装接触的空气层比较暖和，这些暖空气能够被气流吹走，这种方式为强制对流。在无气流情况下，暖空气的自然浮力会使它上升，然后被冷气流取而代之，这种方式为自然对流。在这两种情况下，被带走的热量为

$$C = A_D f_{cl} h_c (t_{cl} - t_a) \tag{4-6}$$

式中，C 为人体对流热损失（W/m^2）；A_D 为人体杜波伊斯面积（m^2）；f_{cl} 为着衣体表面积与裸体表面积之比；h_c 为对流换热系数 [$W/(m^2 \cdot K)$]；t_{cl} 为衣服表面的平均温度（℃）；t_a 为空气温度（℃）。对于自然对流散热，h_c 是温差 ($t_{cl} - t_a$) 的函数；对于强制对流散热，h_c 是相对风速 v 的函数。所以有

$$h_c = \begin{cases} 2.05(t_{cl}-t_a)^{0.25}, & 2.05(t_{cl}-t_a)^{0.25} > 10.4\sqrt{v} \\ 10.4\sqrt{v}, & 2.05(t_{cl}-t_a)^{0.25} \leq 10.4\sqrt{v} \end{cases} \tag{4-7}$$

③ 辐射换热。当人体周围的设施（如座椅、工作台、地板、床等）的表面温度低于人体皮肤温度时，身体就不断以辐射方式把热量传给它们。反之，当物体表面温度高于人体皮肤温度时，身体将从物体表面吸收辐射热。物体表面温度愈低，身体以辐射方式散发的热量愈大；反之，身体吸收的辐射热也就愈多。在大多数情况下，人所处的室内表面是处于相当均匀的温度之下的，所以辐射环境可以用平均辐射温度加以描述。

$$R = A_D f_{eff} f_{cl} \varepsilon \sigma [(t_{cl}+273)^4 - (t_r+273)^4] \tag{4-8}$$

式中，R 为着装体表通过辐射的热量交换率（W/m^2）；f_{eff} 为有效辐射区域系数，为着装有效辐射区域面积与着装体表面积之比，常取 0.71；ε 为衣服表面的辐射率，常取 0.97；σ 为史蒂芬-波兹曼常数（$W/m^2 \cdot K^4$），取为 $4.96 \times 10^{-8} W/m^2 \cdot K^4$；$t_r$ 为平均辐射温度（℃）；A_D 为人体杜波伊斯表面积（m^2）。

④ 蒸发散热。在常温状态下，皮肤蒸发散热量约占身体总散热量的25%左右。在水蒸气压力和气流速度不变的条件下，人体对环境温度升高的反应主要表现为皮肤温度的升高和排汗量的增加。当气温高于人体表面温度并有辐射热源时，人体主要靠汗液的蒸发来散热。蒸发散热量的大小直接受空气中水蒸气分压力和气流速度的影响。当水蒸气分压力小（气温和相对湿度小、气流速度大）时，汗液蒸发快，散热量大；反之，则汗液蒸发慢，散热量小。因此，皮肤的蒸发热损失取决于皮肤表面水蒸气与环境中水蒸气之间的压力差以及皮肤表面的含湿量。

$$E_{sk} = \frac{w(p_{sk,s} - p_a)}{R_{e,cl} + \frac{1}{f_{cl}h_e}} \tag{4-9}$$

式中，E_{sk} 为皮肤的蒸发热损失率（W/m^2）；w 为皮肤湿润度，为皮肤的实际蒸发热损失与相同条件下皮肤能达到的最大蒸发热损失之比，是决定蒸发热损失的重要参数；$p_{sk,s}$ 为皮肤表面的水蒸气压力（Pa）；p_a 为空气的水蒸气压力（Pa）；$R_{e,cl}$ 为衣服的蒸发散热热阻 [($m^2 \cdot Pa$)/W]；f_{cl} 为着装体表面积与裸体表面积之比；h_e 为蒸发散热系数 [$W/(m^2 \cdot Pa)$]。

皮肤蒸发热损失分为两部分：一部分是通过皮肤扩散，使人体的一部分水分通过皮肤直接蒸发到周围空气中，将热量带走；另一部分是通过排汗带走热量。排汗是人体最有效

的温度控制机能。通过排汗蒸发的热损失与排汗的量成正比。在蒸发调节范围内，人体排汗机能可以使热损失量等于新陈代谢的产热量。即使当空气温度高于血液温度时，水分的蒸发也能使身体散发热量，从而有效地控制体温。当汗液在皮肤表面蒸发时，所必需的汽化潜热是从人体得到的，因此会对人体产生冷却效应，这不是因为汗的产生，而是因为汗的蒸发。

皮肤湿润度是表示人体热不舒适感的重要指标。如果空气湿度发生变化而其他量不变，则排汗量也不变，但人体热感觉随湿度变化而变化，湿度的增加会使人感到更热、排汗更多。皮肤湿润度可以很好地描述在热环境条件下人体的热舒适状态；而在冷环境中，皮肤湿润度极低，其值变化不大，不能准确地描述人体的热舒适状态。

⑤ 呼吸的热损失。呼吸的热损失包括潜热损失和干热损失两部分。在一般环境状态下，二者总是同时存在。

潜热损失为人体活动量和空气中水蒸气绝对压力的函数。

$$E_{\text{res}} = 1.72 \times 10^{-5} M (5867 - p_a) \quad (4-10)$$

式中，E_{res} 为呼吸潜热损失（W/m²）；M 为新陈代谢率（W/m²）；p_a 为环境水蒸气压力（Pa）。

呼吸的干热损失是人体吸入与呼出空气的温差造成的，是人体活动量与环境空气温度的函数。

$$C_{\text{res}} = 0.0014 M (34 - t_a) \quad (4-11)$$

式中，C_{res} 为呼吸干热损失（W/m²）；M 为新陈代谢率（W/m²）；t_a 为空气温度（℃）。

3. 人体对微气候的主观感觉

热感觉与热舒适是两个不同的概念。热感觉主要是皮肤感受器在热刺激下的反应，而热舒适则是综合各种热感受器的热刺激信号形成的心理上的愉快感受。

(1) 热感觉

热感觉是人对环境"冷"或"热"的主观感受，是不能用任何直接的方法来测量的。美国供暖、制冷和空调工程师协会（American Society of Heating Refrigerating and Air-conditioning Engineers，ASHRAE）标准 ASHRAE 55-2002 对热感觉的定义：对热环境冷、凉、稍凉、中性、稍暖、暖或热的有意识的感觉，且热感觉需要人的主观评价。这种自我评价并不十分确切，且因人而异。对环境的冷热感觉是由神经末梢的热感受器引起的神经活动的结果。人只能感觉到位于其皮肤表面下的神经末梢的温度，而无法直接感觉到周围环境的温度。

人体皮肤上分布着不同范围的温度感受器，即"冷点"和"热点"，它们对温度刺激的感受形成冷觉和热觉。冷感受器一般位于皮肤内 0.15～0.17mm 的上皮组织内，热感受器位于 0.3～0.6mm 的真皮上层，并且冷感受器的数量远远多于热感受器，约为热感受器数量的 10 倍，因此，人体对冷感觉的反应比对热感觉的反应更敏捷。

热感觉与冷热刺激持续时间和人体原来的热状态有关。人体的冷、热感受器均对环境有显著的适应性。当皮肤局部已经适应某一温度后，如果温度的变化率和变化量在一定的范围内，皮肤温度的变化不会引起皮肤热感觉的变化。除皮肤温度外，人体的核心温度对热感觉也有影响。热感觉首先取决于皮肤温度，而后取决于核心温度。当环境温度迅速变化时，热感觉的变化比体温的变化要快得多。

在29℃的气温中，人裸体安静时的代谢率最低；如适当着衣，则在气温为18～25℃的情况下代谢率低而平稳。此时，人体用于体温调节所消耗的能量最少，人感到既不冷也不热，这种热感觉称为"中性"（Neutral）。在高于或低于热中性条件下，热感觉与生理状态的关系各不相同。在热刺激时人体的热感觉变化较慢，而在冷刺激时则较快。皮肤温度低于中性时，会随着环境温度的降低而稳定地下降，如图4.3所示。当皮肤温度降至33.5℃以下时，冷感觉便迅速增加，但寒冷的不舒适感却上升很慢。当环境温度上升到高于中性条件时，皮肤温度也上升到中性点以上，温度感觉也因此而增长。一旦开始有出汗反应，则限制了皮肤温度的上升，此时皮肤温度就基本保持恒定，而温度感觉只是缓慢地上升。

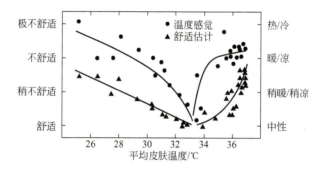

图4.3 平均皮肤温度与感觉和舒适的关系

人体热感觉无法测量，主要通过受试者按照某种等级标准进行的描述来了解。心理学研究表明：一般人可以不混淆地区分的感觉的量级不超过七个，因此对热感觉的评价指标常采用1～7的7级指标。1936年英国的Thomas Bedford在对工厂热环境和工人热舒适性进行调查时提出了Bedford标度，其特点是将热感觉和热舒适合二为一。1966年美国ASHRAE使用7级热感觉标度，比Bedford标度更准确地描述了人体热感觉。英国的D. A. McIntyre提出的Preference标度也得到了广泛的应用，其方法是让受试者回答所希望的室温与目前的室温相比"较暖""不变"还是"较凉"，并分别用+1、0、-1表示，然后对结果进行统计。表4-3是常用的热感觉标度。

【出汗假人及其应用】

表4-3 热感觉标度

ASHRAE标度	Bedford标度	Preference标度	数　值
热	过热	—	7
暖	太暖和	—	6
稍暖	舒适暖和	较暖	5（+1）
中性	舒适	不变	4（0）
稍凉	舒适凉爽	较凉	3（-1）
凉	太凉	—	2
冷	过凉	—	1

在进行热感觉实验时，受试者通过一些投票方式描述其热感觉，称为热感觉投票（Thermal Sensation Vote，TSV）。热感觉投票也采用7级标度，其内容与ASHRAE 7级热感觉标度一致，但分级范围常为−3～+3，见表4-4。由于热感觉和热舒适有分离的现象存在，在进行人体热反应实验研究时，也常设置评价热舒适程度的热舒适投票（Thermal Comfort Vote，TCV）。

表4-4 TSV与TCV标度

TSV	数值	TCV	数值
热	+3	承受极限	4
暖	+2	很不舒适	3
稍暖	+1	不舒适	2
中性	0	稍不舒适	1
稍凉	−1	舒适	0
凉	−2	—	—
冷	−3	—	—

（2）热舒适

ASHRAE 55-2002定义的热舒适为人体对其所处的热环境表示满意的意识状态。人体对环境的热舒适感受是一个综合的主观判断，是人体自身的热平衡和感觉到的环境状况综合起来获得的感觉，是生理和心理多种因素综合作用的结果。

热舒适和热感觉是具有不同含义的。热感觉是人体对热环境参数的主观反应，影响热感觉的主要因素是空气温度、相对湿度、空气流速和平均辐射温度；热舒适也是人体对热环境参数的主观反应，但热舒适的影响因素要比热感觉的影响因素多。热感觉主要是皮肤感受器在热刺激下的反应，而热舒适则是综合各种感受器的热刺激信号形成的对所处环境的总体感觉和评价，热感觉为中性是热舒适的必要条件，但不是充分条件。当人受到舒适的温度刺激时，其总体热状况并不一定是中性的；而当人体处于中性温度时，也并不一定会感觉舒适。

对于热舒适感，有学者认为热舒适并不在稳态环境下存在，而只存在于某些动态过程之中。在稳态条件下，只有无差别的状态，而不会有热舒适状态。只有在动态条件下才能有条件地使舒适和不舒适交替出现。不舒适是产生舒适的前提，包含着对舒适的期望。舒适是忍受不舒适的解脱过程，是随着热不舒适感的部分消除而产生的，它不能持久存在，只能转化为另一不舒适过程，或趋于无差别状态。若长期处于"舒适"状态，就很难感到舒适了。

（3）人体热舒适的影响因素

影响人体热舒适的因素包括两类。第一类是环境因素，包括气温、湿度、空气流速和平均辐射温度。第二类是与人的适应有关的因素，包括衣服的绝缘量和新陈代谢率。衣服绝缘量由clo值来表示。

① 新陈代谢率。人体进行一定的活动就会在体内产生热量，因此人体的新陈代谢率

直接影响与周围环境的热交换。人体的新陈代谢率受多种因素的影响，如活动强度、环境温度、神经紧张程度、性别、年龄等。

② 衣服的绝缘量（衣着率）。人体皮肤和服装最外层表面之间的热传递很复杂，既包括对流和热辐射过程，还包括衣服本身的热传递。因此，衣服热阻也是影响人体热舒适性的重要因素。

③ 瞬态热的影响。人从室外进入室内或从一个房间进入另一房间的热感觉，就是瞬态热感觉问题。人体由舒适环境向冷环境或热环境改变时，热感觉变化与实际皮肤温度和出汗率有关。如果由冷或热环境向中性点改变时，热感觉的变化更快，即在生理改变完成以前已感觉到舒适了。

④ 局部不舒适。环境影响舒适的最重要性质就是它的总体温暖感。但是，风、温度梯度、不对称热辐射等因素可能造成身体局部的不舒适。

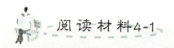

阅读材料4-1

常见的局部热不舒适情况

作业者所处的环境中，很多因素都会引起身体局部的热不舒适感。下面列举一些常见的情况。

（1）辐射吹风感

当人体附近有冷表面时，不对称的辐射会造成不舒适感。这种由于人体靠近冷表面的身体一侧所增加的辐射热损失引起的局部冷感和不舒适感觉称为"辐射吹风感"。McIntyre等人的研究结果表明，在标准衣着条件下，在低风速且主要部分是舒适的普通室内，当平面辐射温度下降到舒适值以下，在冷表面附近会令人感到不舒适。

2）热辐射的不均匀性

住宅、办公室、轨道客车等通常安装的是辐射采暖系统，所形成的热辐射环境温度大都不均匀，若不均匀度太高会使人感到很不舒服。McIntyre、Fanger等人研究发现，人体对头顶上方的热表面引起的不对称热辐射要比垂直冷表面引起的更敏感；而头顶上方的冷表面或垂直热表面引起的不均匀热辐射对人体的影响则较小。

3）地板温度

脚与地板直接接触，所以地板过热或过冷都会引起脚的不舒适，这一点对于坐姿作业者尤为明显。地板温度过低还会影响室内的温度。

（5）非热因素。人体对环境的热感觉还受许多非热因素的影响，包括人的性别和年龄，季节，气候，以及环境的声、光、色彩、空气质量等。例如，色彩对人体的热损失虽然没有影响，但从心理上会影响人的热感觉。

4. 人体热舒适的评价

任何影响人体热舒适的环境因素发生变化，都会对人的热舒适感造成影响。为综合、全面地评价人体的热舒适性，需同时考虑环境和人体适应因素。对于环境因素，通常借助简单的仪表就可以直接测定。常见热环境评价指标见表4-5。

表4-5 常见热环境评价指标

指标		作者	适用范围
物理指标	卡他冷却力(H_w)	Hill，1914	风速不大，且风向不重要
	当量温度(t_{eq})	Dufton，1932	供暖房间，气流速度<0.5m/s，当量温度在8~24℃
经验指标	风冷指数(WCI)	Siple	气流速度<20m/s
	有效温度(ET)	Hougton，1923	温度在1~43℃，气流速度在0.1~3.5m/s
	不舒适指数(DI)	美国气象局，1957	由温度和湿度来评价闷热环境
基于热平衡的指标	新有效温度(ET^*)	Gagge 等，1971	坐姿工作，轻装
	标准有效温度(SET)	Gagge 等，1971	适于未发生寒颤的情况
	热应力指标(HIS)	Belding Hatch，1955	空气温度在21~60℃，气流速度在0.25~10m/s
	预测平均投票(PMV)	Fanger，1972	预测接近中性的冷感觉

(1) 环境温度

环境温度是影响人体热舒适的最主要因素。人体对环境温度的变化也是最敏感的。在相对稳定的环境温度下，人体靠自身的调节可以保持热量平衡。如果环境温度发生变化，人体会运用自身的自动调节机能来增加产热量或加强汗腺分泌进行调节。根据人体的这种自动调节机能可以给出一个人体热舒适的温度范围。由于忽略了其他因素对人体热感觉的影响，所以最终结果不是很理想。

(2) 有效温度

有效温度 ET 是 ASHRAE 提出的指标，表示人体在不同温度、湿度和气流速度综合作用下产生的<u>湿热主观感受指标</u>，是具有同等温度感觉的最低气流速度和饱和湿度下的等效气温，如图 4.4 所示。当环境气流速度较低时(低于 0.15m/s)，对于正常着装的人，ET 近似表示为

$$ET = \frac{1.21 t_a - 0.21 t_{wb}}{1 + 0.029(t_a - t_{wb})} \quad (4-12)$$

式中，ET 为有效温度(℃)；t_a 为环境干球温度(℃)；t_{wb} 为环境湿球温度(℃)。有效温度指标是经过了大量实验研究后提出的，得到了普遍认可。在 1967 年以前，一直推荐使用有效温度作为热舒适的评价指标。但<u>有效温度在低温下过高地估计了湿度对冷感和热舒适的影响，而在高温时对湿度的影响强调得不够</u>。

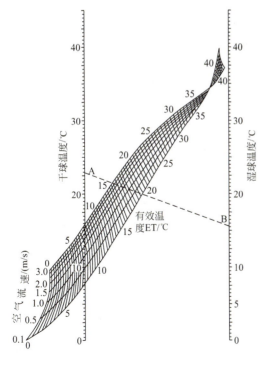

图 4.4 有效温度图

1971年Gagge等人在皮肤湿润度的概念基础上提出了新有效温度ET*指标。它定义为相对湿度为50%的假想均匀封闭环境中起相同作用的温度,在此环境中,人与在实际环境中一样,在相同的皮肤温度和湿度的条件下,通过辐射、对流和蒸发进行同等数量的热交换,产生同样的热感觉。现在ASHRAE推荐用ET*代替ET。在某一温度和湿度下的ET*依赖于人所穿的服装及其活动量。新有效温度根据式(4-13)计算。

$$ET^* = t_0 + 10^{-3} w i_m L_R (p_a - p_{ET^*}) \tag{4-13}$$

式中,ET^* 为新有效温度(℃);t_0 为计算温度;w 为皮肤湿润度;i_m 为服装透湿指数;L_R 为蒸发换热系数;p_a 为人体周围空气的水蒸气分压力(Pa);p_{ET^*} 为 ET^* 下人体周围空气的水蒸气分压力(Pa)。图4.5为ASHRAE公布的ET*图。图中的左上曲线上的数值代表湿球温度,由斜线表示;图中虚线为有效温度线,有效温度线与相对湿度100%线的交点横坐标为ET值,而与相对湿度50%线的交点的横坐标为ET*值。图中阴影部分是舒适区。大部分人在ET*为23.9~26.7℃时感到舒适。ET*适用于海拔高度为2134m的地区,也适用于平均辐射温度接近于干球温度、空气流速低于0.23m/s的室内环境。对于汽车驾驶室,平均辐射温度可能高于干球温度2~3℃,或者低于干球温度2~20℃,空气流速可能高出0.23m/s的2~3倍,使用ET*指标应格外注意。

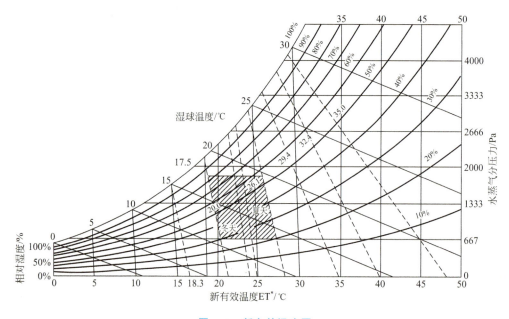

图 4.5 新有效温度图

标准有效温度SET指标是ET*指标的发展。它综合人体平均皮肤温度和皮肤湿润度来表示人体热平衡状态,对任何环境条件、衣着和活动量都按照均匀的环境条件来表示,并将此均匀环境统一规定其相对湿度为50%,气流速度低于0.15m/s,活动量为1met,内衣热阻为0.6clo。人们在实际条件下的感觉若与在此标准条件下的相同,则此时标准条件下的气温就是对应的标准有效温度。

(3)不舒适指数

不舒适指数DI考虑干球温度和相对湿度对人的综合影响,主要用于评价闷热环境的不舒适度,也称温湿度指数。

$$DI = 0.72(t_a + t_{wb}) + 40.6 \tag{4-14}$$

式中，t_a 为环境干球温度(℃)；t_{wb} 为环境湿球温度(℃)。不舒适指数 DI 越大，感到不舒适的人越多。一般当 DI 大于 80 时，大多数人都会感到不舒适。

(4) 卡他冷却力

卡他冷却力最初是作为人体散热模型开发出来的，用于评价环境冷却力对人体冷暖感觉的影响。通过测定卡他温度计由 38℃ 下降到 35℃ 的时间，按照式(4-15)可计算出卡他冷却力。

$$H_w = \frac{F}{\tau} \tag{4-15}$$

式中，H_w 为卡他冷却力；F 为卡他率，卡他温度计的卡他率由生产厂家给出；τ 为温度由 38℃ 下降到 35℃ 的时间(s)。

(5) PMV-PPD 指标

人体借助自身血液循环、出汗、发颤等调节机制能够在较大的环境变动范围内维持热平衡，而在这个大的范围内仅有小范围是舒适的。通过热平衡方程可以判断某一环境是否能够满足人体热舒适性要求，却不能给出在任意气候条件下人体的热感觉和不舒适程度。1970 年，P. O. Fanger 以热平衡方程和 ASHRAE 的 7 点标度为依据提出了预测平均热感觉投票指标(Predicted Mean Vote，PMV)。

$$PMV = (0.303e^{-0.036M} + 0.028)L \tag{4-16}$$

$$\begin{aligned} L = & (M-W) - 3.05[5.733 - 0.00699(M-W) - p_a] - 0.42[(M-W) - 58.15] - \\ & 0.0173M(5.867 - p_a) - 0.0014M(34 - t_a) - \\ & 3.96 \times 10^{-8} f_{cl}[(t_{cl} + 273)^4 - (t_r + 273)^4] - f_{cl} h_c (t_{cl} - t_a) \end{aligned} \tag{4-17}$$

式中，M 为人体能量代谢率(W/m^2)；L 为人体热负荷率(W/m^2)；W 为人体对外界所做机械功率(W/m^2)；p_a 为人体周围空气的水蒸气分压力(Pa)；t_a 为人体周围空气温度(℃)；f_{cl} 为着装时人体外表面与裸体人体表面积之比，并且 $f_{cl} = 1.00 + 0.3 I_{clo}$，$I_{clo}$ 为衣服的热阻 (clo)；t_{cl} 为着装时人体外表面平均温度(℃)；t_r 为平均辐射温度(℃)；h_c 为对流散热系数($W/m^2 \cdot K$)。

当 L 等于 0 时，人体处于热舒适状态下。在其他环境下，人体的调节机制将改变皮肤温度和汗液的分泌，以维持人体的热平衡。热负荷是人体调节机制生理应变的一种表示，它偏离舒适状态越远，人体就感到越不舒服，因此，一定活动水平的 PMV 与热负荷有关。PMV 将热感觉分为 7 级，见表 4-6。

表 4-6 Fanger 的热感觉 7 级指标

热感觉	热	暖	微暖	适中	微凉	凉	冷
PMV	3	2	1	0	-1	-2	-3

PMV 指标是根据大量处于安静状态、衣服热阻较小(0.6clo)的受试者的实验数据得出的，因此对于这种情况的预测较准确，而对于活动量较大或衣服热阻较大的人来说，预测不十分准确。PMV 指标使用的参数都是平均量，对于空间较大的均匀环境适用性较好，但对于非均匀狭小热环境计算有时误差较大。

预测不满意率(Predicted Percentage of Dissatisfied，PPD)定义为在某一热环境中，热

感觉投票值为-3、-2、+3、+2的投票数占所有投票数的百分率。虽然在投票值为+1或-1的人中间也有可能对该环境感到不满意,但通过实验发现:当该热环境令人不满意时,绝大多数人的投票值为-3、-2、+3、+2,因此可以不考虑投票值为+1或-1的情况。PPD的表达式为

$$PPD = 100 - 95\exp[-(0.03353PMV^4 + 0.2179PMV^2)] \quad (4-18)$$

PMV 指标是在热平衡方程的基础上通过对 1396 名美国和丹麦受试者的热感觉进行统计分析建立起来的,得到了世界的公认。在 ISO 7730 和 ASHRAE Standard 55-2002 标准中都以 PMV-PPD 对室内的热舒适性进行预测和评价。PMV-PPD 的关系曲线如图 4.6 所示。在 PMV=0 处,PPD 为 5%,对应最小不满意率,表示当室内环境为最佳热舒适状态时仍有 5% 的人感到不满意。

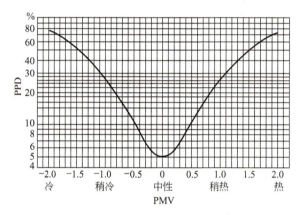

图 4.6　PMV-PPD 的关系曲线

4.1.3　室内微气候设计原理

1. 一般室内环境微气候设计

(1) 环境温度

一般认为,温度为 (21±3)℃ 是舒适的温度。不同的季节、劳动条件、着装,对温度的要求不完全相同。此外,不同的性别和年龄,舒适温度也不同,一般女子的舒适温度比男子高 0.55℃;40 岁以上的人比青年人约高 0.55℃。不同工作类型的适宜温度见表 4-7。常用的舒适工作温度见表 4-8。我国 GBZ 1《工业企业设计卫生标准》规定:车间作业地点夏季空气温度应按照车间内外温差计算。其室内外温差限度,应根据实际本地区夏季通风室外计算温度确定,不得超出表 4-9 的限值。

表 4-7　不同工作类型的适宜温度

温度/℃	体力劳动	脑力劳动
18	好	较好
22	较好	好
25	不舒服	不舒服

表 4-8　常用的舒适工作温度

温度/℃	适合工作
18~24	坐姿脑力劳动
18~23	坐姿轻体力劳动
17~22	立姿轻体力劳动
15~21	立姿重体力劳动

表 4-9 室内外温差限度

夏季通风室外计算温度/℃	<22	23	24	25	26	27	28	29~32	>33
工作地点与室外温差/℃	10	9	8	7	6	5	4	3	2

(2) 环境湿度

舒适的湿度一般为 40%~60%。在不同的空气湿度下，人的感觉不同。温度越高，空气的湿度对人的感觉和工作效率的消极影响越大。推荐室内空气湿度 $X(\%)$ 与室内温度 t 的关系应为

$$X = 188 - 7.2t \quad (t<26) \tag{4-19}$$

例如，室温 $t=20℃$ 时，湿度最好是 $X=188-7.2×20=44$，即相对湿度为 44%。若温度合适，则人对湿度要求不高；若温度过高或过低，则湿度对人体影响很大。因此，应该调节好温度。

(3) 气流速度

在工作人数不多的房间里，空气流动的最佳速度为 0.3m/s；在拥挤的房间里则为 0.4m/s。室内温度和湿度很高时，空气流速最好是 1~2m/s。

保持舒适温度并不意味着室内的气候固定在某一适当水平上恒定不变。室内温度或气流速度等条件适当波动，可避免单调的感觉。

2. 汽车室内微气候设计

(1) 车内微气候及其对乘员的影响

车内微气候是指由车身、车门、车窗等围成的车内空间所构成的车内特殊气候条件，它既受到车外大气候的影响，又具有自我调控功能，并与车内人员体温调节关系密切。温度、相对湿度、空气流速和热辐射是车内微气候的四个影响因素，直接影响人体的体温调节。这四个影响因素中，人们对空气温度的变化最敏感，它对人的体温调节起着主要作用。例如，在炎热的夏天，太阳辐射会使车内温度升高，有时高达 40℃ 以上，人体将会产生不舒适感，人的注意力、体力和反应能力都会下降；而在冬天，车内温度过低时人体同样会感到不适，易产生紧张、疲惫感，甚至生病。

适宜的车内微气候是维持车内乘员人体热平衡，保持体温调节处于正常状态的必要条件，有利于驾驶员的正常操作和车内乘员的休息和健康。若车内微气候的变动处于一定范围内，人体可以通过体温调节机制保持体内温度的恒定。如果车内微气候的变动超过一定的范围，人体的体温调节就会处于一种紧张的状态，长此以往将影响人体的神经、消化、呼吸和循环系统的功能，造成紧张、疲惫、工作效率低、反应迟钝或误操作引发安全事故，严重时会降低人体的抵抗力，使人生病。如果车内微气候变化过于激烈，也将对健康产生不良的影响。

(2) 车内微气候的设计

车内的空间是一个相对狭小的封闭空间，其气候舒适性不仅是乘员关注的问题，也是汽车设计初期阶段需要考虑的重要内容。目前，车内微气候是由采暖、通风和空调系统 (Heating, Ventilating and Air Conditioning, HVAC) 来控制的，在汽车设计早期，就需要预测 HVAC 系统对于乘员热舒适性的影响。

车内微气候设计应综合汽车使用要求、使用条件、结构布置、材料、成本等因素，考

虑密封、空气过滤、气流组织、采暖、冷却、隔热以及风窗玻璃除霜除雾等问题，以提供适合人体热舒适性要求的微气候环境。

车内应有足够的新鲜空气，以防乘员恶心、头痛。每名乘员所需的空气更换量，在冬季约为20～30m^3/h，夏季空气更换强度应较冬季高2～3倍。车室内部CO的含量不宜超过0.01mg/L，CO_2含量不宜超过1.5mg/L。

车内空气流动应均匀，各部分流速差不宜太大，无穿堂风和大的涡流，只允许车厢上部存在局部涡流。在乘员头部水平位置的空气流速，冬季宜小于0.15m/s，夏季宜小于0.5m/s。

冬季车室内温度宜在10℃以上，各处温差不宜大于10℃。头部气温应比车室内平均温度低2～3℃，腿部及其以下部分温度应高出2～3℃。

车室内空气相对湿度宜保持在30%～70%。

3. 车内采暖、通风和空调系统的功能要求

（1）采暖

采暖装置是提高乘员热舒适性的装备，根据热源可分为独立式和非独立式两种。非独立式利用发动机工作产生的剩余能量供暖，又包括发动机冷却水和排气热量两种供暖方式。独立式采暖装置利用燃料在燃烧器中燃烧产热来供暖。按照空气的循环方式不同，采暖装置分为车内循环式、车外循环式和车内外循环并用式三种。车内循环式不利于车内、外空气的交换和车内有害气体的排出，而车外循环式则能够克服这一缺点。

（2）通风

通风系统是汽车上不分季节、长期运转的系统，包括自然通风和强制通风两种模式。自然通风利用行车时的气流压差来实现，不存在能量消耗，但通风不均匀，靠近窗口和通风口处的风速较大，且易造成车室内穿堂风。自然通风状况还取决于车速等因素。强制通风是利用换气扇将空气送入车内，需要消耗能源。为了提高通风效果，通风系统进、出口的设置应有利于形成气流压差，并要注意防尘。在清洗汽车和下雨时，还要保证水不会进入车内。

（3）制冷

制冷装置专门用于在炎热气候环境下进行空气调节，以便使车室保持舒适。制冷循环一般由压缩、冷凝、膨胀、蒸发环节组成。

（4）隔热与密封

为了使车室保持一定的温度，除了装备采暖、制冷和通风装置外，还要使车室具有一定的隔热和密封性能，减少其冷热损失，阻隔外部向车室内部的热辐射和传导，以减少外界热辐射对车内乘员的影响。隔热一般借助在车身上加装隔热层实现。隔热层由玻璃纤维、毛毯、泡沫塑料、胶合板等材料组成。

设计车室门窗时必须采用密封条来保证密封性能。发动机舱与车室之间有很多孔洞，以便于各种线束和管路通过，这些孔洞也要进行必要的密封。在行李舱、发动机罩等罩盖周围也应该设置密封条，用于隔声、隔热、防雨和防尘。各部位的密封条截面形式应根据具体的结构形式合理设计。

（5）车内温度分布

人的感觉舒适与否，还与所处环境的温度分布有关。在冬季，车内的温度分布应使大

腿和脚迅速暖和起来,形成人们所习惯的"头凉脚热"的温度分布。在夏季,头部的温度也应比脚部低一些,使人感到凉爽宜人。

对于长度比较大的汽车,如大型客车,HVAC系统由于存在较大的沿程损失,若设计不当,容易造成汽车前后部分温差较大的情况,这种现象在寒冷的北方冬季比较明显,就要求对HVAC系统的功率、送风量、风道布置、风道开口部位和有效截面积等进行合理的计算和布置。

4. 车内流场、温度场计算和乘员热舒适性分析

车内流场计算和乘员热舒适性分析通常包括以下内容:①分析乘员热舒适性的影响因素,包括确定外界环境参数、车室几何和材料热物理特性参数、HVAC系统参数;②建立车内非均匀热环境计算模型,运用传热学理论和流体力学基本方程对太阳辐射、车室内辐射、HVAC系统进行相关计算,获得车内流场和温度场,如室内气流速度和温度分布;③建立人体热调节系统模型,将车内流场和温度场作为人体热调节模型的输入,计算乘员的热舒适性评价指标(皮肤温度和核心温度),以评价人体的热舒适性;④通过分析,对车内结构布置、材料、HVAC系统的设计进行评价和优化。上述内容归结为车内热环境的预测、人体热调节系统模型和人体热舒适性评价这三个主要问题。

由于计算车内流场和温度场时需要知道人体的皮肤温度,而根据人体热调节系统模型计算人体的热舒适性评价指标时,所需的人体各部分肢体周围气流速度和温度分布又是通过流场和温度场计算得到的,因此,整个计算是一个迭代过程,每次迭代都需要比较人体的皮肤温度,直至前后两次迭代人体皮肤温度差控制在允许范围内,则可以停止迭代过程。整个计算过程如图4.7所示。

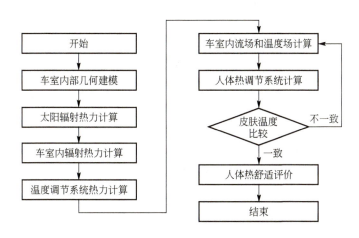

图4.7 车内热舒适性计算流程

(1) 流动与传热问题的控制方程

流动与传热现象遵从三个基本的物理规律,即质量守恒、动量守恒和能量守恒定律,这些守恒定律用偏微分方程来描述,通常称为控制方程(Governing Equation),包括连续性方程、动量方程(Navier-Stokes方程)和能量方程,将它们联立得到Navier-Stokes方程组,简称为N-S方程组,是流体流动必须遵守的普遍规律。

① 连续性方程。根据质量守恒定律,单位时间内微元体中流体质量的增量等于同一

时间内流入该微元体的净质量。

$$\frac{\partial \rho}{\partial t}+\frac{\partial(\rho u_i)}{\partial x_i}=0 \tag{4-20}$$

式中，ρ 为流体的密度；t 为时间；u_i 为流体瞬时速度；x_i 为位置坐标。对于不可压缩流体，$\frac{\partial \rho}{\partial t}=0$，则连续性方程变为

$$\frac{\partial(\rho u_i)}{\partial x_i}=0 \tag{4-21}$$

② 动量守恒方程。根据牛顿第二定律，流体微元体所受到的合外力等于流体微元体动量的变化率。

$$\frac{\partial(\rho u_i)}{\partial t}+\frac{\partial(\rho u_j u_i)}{\partial x_j}=-\frac{\partial p}{\partial x_i}+\frac{\partial}{\partial x_j}\left[\mu\left(\frac{\partial u_j}{\partial x_i}+\frac{\partial u_i}{\partial x_j}\right)\right]-\frac{2}{3}\frac{\partial}{\partial x_j}\left(\mu\frac{\partial u_j}{\partial x_j}\right)+F_i \tag{4-22}$$

式中，p 为压力；μ 为动力黏性系数；F_i 为微元体中的体力。

③ 能量守恒方程。根据能量守恒定律，微元体内热力学能的增加率等于进入微元体的净热流量与体积力和表面力对微元体做的功。

$$\frac{\partial(\rho c_p T)}{\partial t}+\mathrm{div}(\rho u_i c_p T)=\mathrm{div}\left(\frac{k}{c_p}\mathrm{grad}(T)\right)+S_T \tag{4-23}$$

式中，c_p 为比热容；T 为温度；k 为流体的传热系数；S_T 为流体的内热源和由于黏性作用流体机械能转换为热能的部分。

④ 流动与传热问题控制方程的通用形式。流动与传热问题中需要求解的控制方程都能够表示为下述通用形式，即

$$\frac{\partial(\rho \phi)}{\partial t}+\mathrm{div}(\rho U \phi)=\mathrm{div}(\Gamma_\phi \mathrm{grad}\phi)+S_\phi \tag{4-24}$$

式中，ϕ 为通用变量，可代表不同的物理量，如焓或温度、速度、湍流动能等；Γ_ϕ 为广义扩散系数；S_ϕ 为广义源项。控制方程中的四项分别是不稳态项、对流项、扩散项和源项。

(2) 湍流运动与传热的数值模拟

流体在流动中常存在湍流，其速度、压力、温度等物理参数都随时间与空间发生随机的变化，是一种高度复杂的三维非稳态的不规则流动，目前尚未有很成熟的湍流理论。但由于工程的需要，常采用数值计算方法来近似模拟，包括直接和非直接两类方法。在非直接方法中，又存在多种方法，如图 4.8 所示，它们各有优缺点。本书介绍常使用的标准 k-ε 模型，它是现在很多流体分析软件的湍流理论基础。

标准 k-ε 模型包括湍流动能 k 和湍流耗散率 ε 两个方程。k 方程是精确方程，ε 方程是由经验公式推导出的方程，因此，标准 k-ε 模型是个半经验公式。标准 k-ε 模型假定流场完全是湍流，忽略了分子之间的黏性，适用于完全湍流的流场。

湍流状态下，各点流动的瞬时速度是波动的，即

$$u_i=\bar{u}_i+u_i' \tag{4-25}$$

式中，u_i 为瞬时速度；$\bar{u}_i$ 为平均速度；u_i' 为波动速度；下标 i 取值 1、2、3，分别表示 x、y、z 方向。

湍流动能方程（k 方程）为

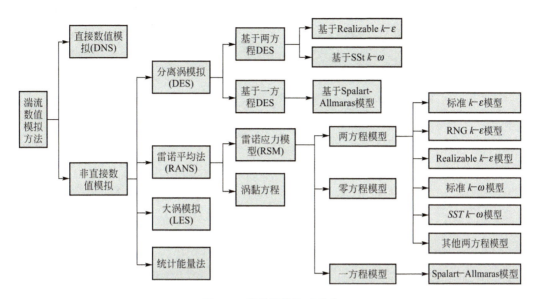

图 4.8 湍流数值解法分类

$$\frac{\partial}{\partial t}(\rho k)+\frac{\partial}{\partial x_i}(\rho k \bar{u}_i)=\frac{\partial}{\partial x_j}\left[\left(\mu+\frac{\mu_t}{\sigma_k}\right)\frac{\partial k}{\partial x_j}\right]+G_k+G_b-\rho\varepsilon-Y_m+S_k \quad (4-26)$$

式中，μ 为动力黏性系数；μ_t 为涡黏性系数；σ_k 为 k 的涡流普朗特常数，取 1.0；$G_k=-\rho\overline{u_i'u_j'}\frac{\partial \bar{u}_j}{\partial x_i}$，为由于平均速度梯度产生的湍流动能；$G_b=-\beta g_i\frac{\mu_t}{Pr_t}\frac{\partial T}{\partial x_i}$，为由浮力而产生的湍流动能；$\beta$ 为热膨胀系数，g_i 为重力矢量在第 i 个方向的分量，取为 0.85；T 为温度；Y_m 为可压缩流体中波动膨胀对于全部耗散率所占的比率；S_k 为用户定义的源项。

湍流耗散率方程（ε 方程）

$$\frac{\partial}{\partial t}(\rho\varepsilon)+\frac{\partial}{\partial x_i}(\rho\varepsilon\bar{u}_j)=\frac{\partial}{\partial x_j}\left[\left(\mu+\frac{\mu_t}{\sigma_\varepsilon}\right)\frac{\partial \varepsilon}{\partial x_j}\right]+C_{\varepsilon 1}\frac{\varepsilon}{k}(G_k+C_{\varepsilon 3}G_b)-\rho C_{\varepsilon 2}\frac{\varepsilon^2}{k}+S_\varepsilon \quad (4-27)$$

式中，σ_ε 为 ε 的涡流普朗特常数，取 1.3；$C_{\varepsilon 1}$、$C_{\varepsilon 2}$ 和 $C_{\varepsilon 3}$ 为常数；S_ε 为用户定义的源项。

涡黏系数 μ_t 用 k 和 ε 表示为

$$\mu_t=\rho C_\mu \frac{k^2}{\varepsilon} \quad (4-28)$$

式中，C_μ 为常数。

（3）车室内热环境的计算

车室内热环境的预测包括车室内部几何建模、太阳辐射、车室内热辐射、温度调节系统的热力计算，以及车室内三维流场和温度场计算等内容。

车室内太阳辐射包括直射辐射和散射辐射，具体为入射到汽车的太阳辐射、天空散射辐射、太阳散射辐射中地面反射部分以及汽车内部表面对太阳辐射的反射。计算太阳辐射不仅要考虑辐射强度和时间，还要考虑玻璃特性（对光线的透射率）、太阳光线方位和光谱等因素。

车室内热环境的数值模拟通常考虑空调进出口、室内壁面、人体散热散湿、室内取暖器散热等因素给出合适的温度、气流速度、湿度等边界条件。图 4.9 所示为驾驶员中心面内的气流速度分布。图 4.10(a) 所示为未开空调（只有太阳照射）时的车室内温度分布，图 4.10(b) 所示为打开空调10min后车室内温度分布。通过对速度和温度分布图进行分析,来观察空调系统参数的选择是否满足要求、送风管道的布置是否合理、出风口大小和位置是否恰当等。

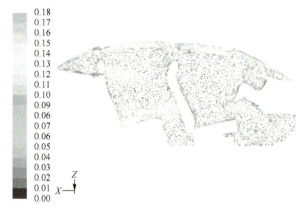

图4.9 驾驶员中心面内气流速度分布

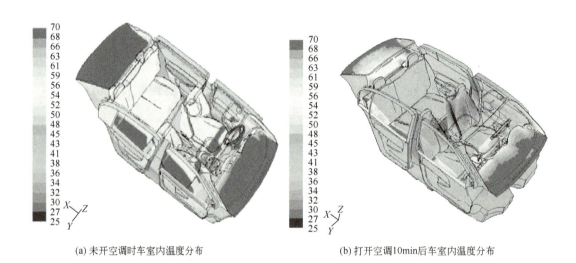

(a) 未开空调时车室内温度分布　　　　　　(b) 打开空调10min后车室内温度分布

图4.10 车室内温度分布

(4) 人体热调节系统模型

人体热调节系统是复杂的负反馈系统,由控制分系统和被控制分系统两部分组成。控制分系统由温度感受器、控制器和效应器组成。人体热调节系统的基本原理以"调定点学说"为依据,即认为人体热调节效应器的反应强度与调定点同下丘脑实际温度的差值成正比。常见人体热调节模型见表4-10。

表4-10 人体热调节模型

名称/作者	年代	描述
Stolwijk	1971	用于评价热环境(非冷环境)
Givoni 等人	1971	用于评价热环境(非冷环境)
Gagge 等人	1971	生理模型,2节点

(续)

名称/作者	年代	描述
Wissler	1988	评价冷热环境
Werner 等人	1993	稳态、生理模型
Piniec 等人	1997	生理模型,稳态、瞬态、冷、自然、热环境评价
Fiala 等人	1999	生理模型,稳态、瞬态、冷、自然、热环境评价
Huizenga 等人	2001	生理模型,稳态、瞬态、冷、自然、热环境评价
Kohri 等人	2002	生理模型,分散 2 节点
Kohri 等人	2003	稳态热舒适模型

通常以 Stolwijk 模型为基础,将人体划分为若干段,如可以划分为头、颈、躯干、上臂、前臂、手、大腿、小腿、足、背部。将人体各段由内到外分成核心层、肌肉层、脂肪层和皮肤层、衣服层四个层次。除衣服层外,各段、各层之间通过中央血液联系在一起,如图 4.11 所示。

除人体的物理构成外,还考虑人体能量控制微分方程,即

$$\rho C\frac{\partial t}{\partial \tau}=\lambda\left(\frac{1}{r}\frac{\partial t}{\partial r}+\frac{\partial^2 t}{\partial r^2}+\frac{1}{r^2}\frac{\partial^2 t}{\partial \theta^2}\right)+q_m+BC_b(t_b-t) \quad (4-29)$$

式中,t 为组织温度(℃);ρ 为组织密度(kg/m³);C 为组织的定容比热(J/kg·℃);λ 为组织导热系数(W/m·℃);r 为径向坐标(m);θ 为周向坐标(rad);q_m 为单位体积内的组织代谢产热率(W/m³);B 为单位体积内的组织血液流量;C_b 为血液的定容比热(J/kg·℃);τ 为时间(s);t_b 为血液温度(℃)。

式(4-29)的边界条件为

径向:$r=R_0$,$q_c+q_r+q_e-q_s=-\lambda\dfrac{\partial t}{\partial r}$

周向:$t(2\pi)=t(0)$

式中,R_0 为人体节段半径(m);$t(\theta)$ 为周向 θ 角处的温度(℃);q_c 为体表与环境之间的对流换热率(W/m²);q_r 为体表与环境之间的辐射换热率(W/m²);q_e 为人体蒸发散热率(W/m²);q_s

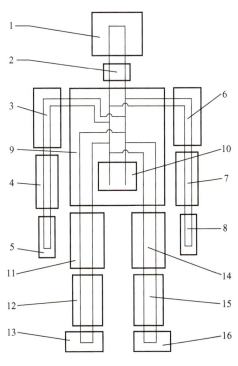

图 4.11 人体热调节模型

1—头部;2—颈部;3—右上臂;4—右前臂;
5—右手;6—左上臂;7—左前臂;8—左手;
9—躯干;10—中央血液;11—右大腿;
12—右小腿;13—右脚;14—左大腿;
15—左小腿;16—左脚

为太阳对人体的辐射换热率(W/m²)。

人体热调节模型为车室内热环境模拟提供了人体表面温度信息，而流场和温度场的数值模拟为人体热调节模型提供人体各段周围的气流速度和温度分布信息。上述微分方程可用有限差分法进行离散，用时间推进法进行求解，以获得人体的皮肤温度和核心温度。求解的过程是一个反复迭代的过程。

（5）人体热舒适的评价

前面介绍了各种用于评价热舒适性的指标。由于车室空间相对狭小，气流速度和温度梯度较大，太阳辐射不对称，车室内热环境非常不均匀，一些常规情况下能够简化或忽略的因素必须予以充分考虑。例如，P. O. Fanger 的 PMV 热舒适模型属于均匀环境下的评价模型，用于评价乘员热舒适性就不合适了。应该建立一个能够评价局部舒适度的指标，用以表述人体节段的热舒适性。

最常用的是当量温度指标 t_{eq}。先将人体分段，计算每部分与周围环境的热交换，然后利用当量温度指标 t_{eq} 代替全身热舒适指标来计算和评价非均匀环境中的人体热舒适性。t_{eq} 可以是全身的温度或局部的温度，可通过理论计算或实验的方法测量得到。

对于第 i 段肢体，其能量方程可写为

$$Q_{cv,i}+Q_{ray,i}+Q_{sol}=h_{cal,i}S_i(t_{s,i}-t_{eq,i}) \quad (4-30)$$

式中，$Q_{cv,i}$ 为对流热交换率（W/m²）；$Q_{ray,i}$ 为人体与车内环境之间辐射热交换率（W/m²）；Q_{sol} 为人体获得的太阳辐射率（W/m²）；$h_{cal,i}$ 为在标准环境下感受器标定时的对流换热系数；S_i 为该节段肢体表面面积（m²）；$t_{s,i}$ 为该节段肢体表面温度；$t_{eq,i}$ 为该节段肢体的当量温度。于是有

$$t_{ep,i}=t_{s,i}-\frac{Q_{cv,i}+Q_{ray,i}+Q_{sol}}{h_{cal,i}S_i} \quad (4-31)$$

对流热交换率 $Q_{cv,i}$ 为

$$Q_{cv,i}=h_{cv,i}(t_{s,i}-t_{a,i}) \quad (4-32)$$

式中，$t_{a,i}$ 为第 i 节段周围的空气温度；$h_{cv,i}$ 为第 i 节段的对流换热系数，当已知第 i 节段周围的空气流速时，$h_{cv,i}$ 可以根据式（4-33）计算。

$$h_{cv,i}=\begin{cases} 8.3v_{air,i}^{0.6}, & 0.2<v_{air,i}<4 \\ 3.1, & 0<v_{air,i}<2 \end{cases} \quad (4-33)$$

人体节段 i 与车内部件 j 之间的辐射热交换率 $Q_{i,j}$ 为

$$Q_{i,j}=\sigma\varepsilon_i f_{i,j}(t_i^4-t_j^4) \quad (4-34)$$

式中，σ 为斯蒂芬-波尔兹曼常数（此时取为 5.67×10^{-8} W/m² · K⁴）；ε_i 为第 i 节段肢体的辐射率；$f_{i,j}$ 为第 i 节段肢体对第 j 部件表面的有效辐射区域系数；t_i 为第 i 节段肢体的温度；t_j 为第 j 部件的温度。

将上述各参数代入第 i 节段肢体当量温度计算公式，得到

$$t_{eq,i}=t_{s,i}-\frac{8.3v_{air,i}^{0.6}S_i(t_{s,i}-t_{a,i})+\sum_j\sigma\varepsilon_i f_{i,j}S_i(t_i^4-t_j^4)+Q_{sol}}{h_{cal,i}S_i} \quad (4-35)$$

全身的当量温度值 t_{eq} 可以根据各阶段肢体当量温度进行加权平均来计算。乘员肢体各部位舒适当量温度范围随季节而有差别。Nilsson 通过对 20 名实验者在不同当量温度下身

体部位舒适性的主观评价实验,得出了夏季和冬季不同身体部位的舒适区域,如图 4.12 所示。图 4.13 所示为车室内流场和乘员身体当量温度分布的计算结果。将身体当量温度分布计算结果与舒适区域进行对照,就能够对各部位的舒适性进行评价,同时也明确了不舒适的部位,在此基础上需要进一步分析不舒适原因,并对车内结构布置和 HVAC 系统参数进行优化。

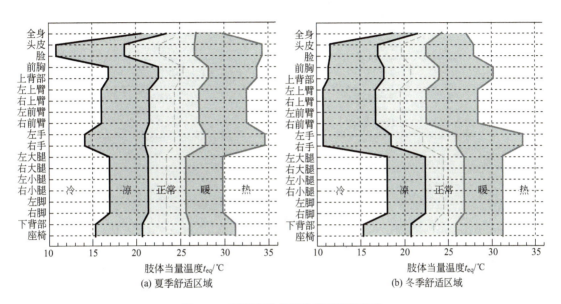

图 4.12 乘员身体各部位舒适区域分布

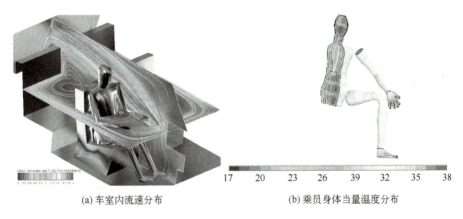

图 4.13 车室内流场和乘员身体当量温度分布的计算结果

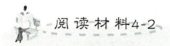

阅读材料 4-2

热环境测量人体模型

由于前面介绍的仿真方法模型简化等原因,计算结果与真人评价可能存在一定的差异,以及出于对仿真模型进行验证的要求,实际应用中还常常结合实验测量的方法,对环境热舒适作出综合评价。实验测量利用热环境测量人体模型来实现。常见热环境测量人体模型见表4-11。

表4-11 热环境测量人体模型

名称	结构	材料	国家	年代
HEATMAN	36段测量块	塑料	法国	1995
NILLE	呼吸式	塑料	丹麦	1996
SAM	排汗式	塑料	瑞士	2001
TOM	26段测量块	铜	美国	2003
ADAM	126段测量块	复合物	美国	2003

【美国ADAM暖体假人简介】

热环境人体模型的一般功能如下。
(1) 模拟全身或身体局部的热交换。
(2) 测量三维空间的热交换。
(3) 准确、真实地测量干热损失。
(4) 对衣服的热阻隔进行测量。

通过使用热环境人体模型能够快速、准确地测量相关量,可重复使用、节省成本。在汽车产品开发中,它们能够用于对乘员和结构布置、材料、HVAC系统热性能等进行测量和评价。

图4.14为ADAM人体模型,其内部是一个骨架,由碳纤维层构成,如图4.15(a)所示。骨架上面布设了126个测量面块,每个面块是一个独立的测量单位,如图4.15(b)所示。其上集成了加热、温度测量、汗分布和传送、热通量计等结构和功能件,如图4.15(c)所示。这些面块总面积为120cm²。骨架上面还有关节,使该人体模型能够调节姿势。内部还有电池和数据无线传输装置,也可以采用外接电源。

图4.14 热环境测量人体模型ADAM

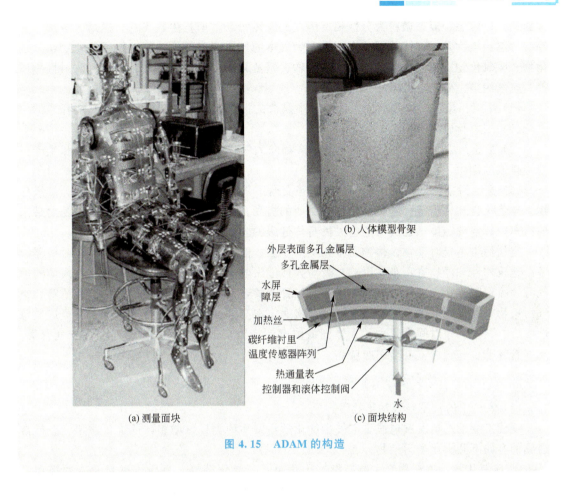

图 4.15 ADAM 的构造

4.2 空气质量的改善

4.2.1 空气污染及其危害

1. 空气污染概述

空气是无色、无臭、无味的多种气体的混合物，并含有不定量的水蒸气、尘埃、微生物等杂质。其组成包括恒定的、可变的和不定的三种成分。氮、氧、氩、氢等是恒定成分。二氧化碳、水蒸气等是可变成分。尘埃、硫、硫氧化物、氮氧化物等是不定成分。

人与机器都要处于干净的空气里。干净的空气是指含有足够百分比的氧和少量有害成分的空气。人每次呼吸空气量约为 500mL，在不同的工作条件下所需要的空气数量略有不同。空气数量不足或质量不好对人的作业效率和身体健康都不利。

空气污染是指由于人类活动或自然过程引起某些物质进入空气中，呈现足够的浓度，持续足够的时间，危害人的健康或环境的现象。这些进入空气并可能产生危害的物质被称为空气污染物。空气污染物按其存在状态分为气溶胶和气体两大类。气溶胶是以气体为分散介质，以固态、液态微粒为分散相所组成的胶体物系，如粉尘、飞灰、黑烟、液滴、雾等。气态污染物是以气体分子状态混合在大气中的气体或蒸气污染物，如硫氧化物、氮氧化物、碳氧化物、碳氢化合物、卤素化合物、铅及其化合物、汞蒸气、臭氧、放射性物质等。空气污染主要来自以下三个方面。

（1）生活污染源。这是人类生活活动中排放的污染物，如供暖时，燃料燃烧释放的一氧化碳、二氧化碳等。

（2）工业污染源。几乎所有的工业生产都向大气排入有害物质，如燃料燃烧和生产过程中排放的烟尘、毒气和其他有害物质。

（3）交通污染源。汽车、飞机、船舶等交通工具排放的尾气中含有一氧化碳、氮氧化物、碳氢化合物、铅等。随着社会物质文明的提高，汽车已经走进百姓的家庭，随之带来的汽车内部空气污染已经成为危害人民身体健康的隐形杀手。

空气污染不仅对动物、植物乃至人类的生长、健康与生命有严重的危害，还对机器设备、建筑构件和器物有不小的影响。就对人体健康的影响而言，空气污染物浸入人体的途径有呼吸道吸入、皮肤接触和消化道吞入三种形式，其中第一条途径最严重、最危险。空气污染物对人体的危害主要表现为呼吸道疾病。在高浓度污染物的突然作用下，可造成急性中毒，甚至在短时间内死亡。人体同低浓度污染物长期接触时，会引起慢性支气管炎、支气管哮喘、肺气肿，甚至引起肺癌。

2. 空气中的主要化学污染物及其危害

（1）大气中的常见空气污染物

现代工业的迅猛发展造成了空气中的化学污染物种类日益增多，危害日益增大。最常遇到的有如下几类化学污染物。

① 硫氧化物。硫氧化物主要是指二氧化硫、三氧化硫等，是由于燃烧含硫的煤和石油产生的。在我国，交通运输中排放的二氧化硫是重要的污染源。随着汽车数量增多，在交通干线附近，汽车排放物对大气"呼吸带"所造成的污染已日趋严重。

② 氮氧化物。氮氧化物主要来自石油、煤炭、天然气等矿物燃料在高温条件下的燃烧。汽车废气中的氮氧化物和烯烃反应能生成致癌的硝化烯烃，动物长期吸入这种气体可能致癌。

③ 碳氧化物。碳氧化物主要是一氧化碳和二氧化碳。有机物的分解、人与动物的呼吸作用与燃料的燃烧是二氧化碳的主要来源。随着工业交通的迅速发展，燃料消耗不断增加，森林覆盖面积减少，大气中二氧化碳的含量不断上升，使地球产生了"温室效应"。二氧化碳对人体本身无直接危害，但浓度增加到2%时，人就会感到头痛、脉缓、血压升高；达到5%时，人会出现耳鸣、乏力、呼吸困难等现象；达到10%时，人就会意识消失，呼吸处于停顿状态，时间一长就有生命危险。一氧化碳无色、无味、有剧毒，是城市大气中数量最多的污染物，约占空气污染物总量的1/3。一氧化碳主要来自燃料的不完全燃烧和汽车尾气。全世界每年向大气中排放的一氧化碳在两亿吨以上，其中55%来自汽车尾气排放。

④ 光化学烟雾。光化学烟雾是排入大气中的硫氧化物、氮氧化物、碳氧化物、碳氢化合物、烟尘等，在日光紫外线的照射下发生光化学反应形成的一种毒性很大的二次污染物，主要成分为醛类、酮类、过氧乙酰硝酸酯、硫酸及硫酸盐溶液、硝酸及硝酸气溶胶、臭氧等物质，常以烟雾形态存在，具有特殊的臭味，对生物的危害很大。

(2) 汽车内部空气污染物

车内空气环境与车外环境密切联系,并时刻受到车外环境的影响。但是,一般情况下车内污染物浓度远远高于车外,严重影响乘员的身体健康。因此,车内空气环境污染更值得关注。

① 化学污染物。化学污染物是车内空气污染的主要部分,其中挥发性有机物(Volatile Organic Compound,VOC)占多数。澳大利亚和新西兰环境保护协会(Australian and New Zealand Environment and Conservation Council,ANZECC)从种类繁多的汽车污染化合物中优先选择了28种作为监测代表指标,见表4-12。其中有机挥发物包括丙烯醛、丙烯腈、苯、甲乙酮、苯乙烯、四氯乙烯、三氯乙烯、甲苯、二甲苯、甲苯基二异氰酸酯等。除了VOC之外,对车内空气造成污染的化学物还包括一些有害气体,如一氧化碳、二氧化碳、二氧化硫等。

表 4-12 汽车污染化合物监测指标

序号	化合物	序号	化合物
1	苯	15	四氯乙烯
2	甲苯	16	六价铬化合物
3	甲醛	17	汞及其化合物
4	乙醛	18	砷及其化合物
5	二甲苯	19	镉及其化合物
6	丙烯醛	20	镍及其化合物
7	丙烯腈	21	1,3-丁二烯
8	氟化物	22	邻苯二甲酸酯
9	氯乙烯	23	多氯联苯(PCBs)
10	苯乙烯	24	总挥发有机物(TVOC)
11	甲乙酮	25	甲苯基二异氰酸酯
12	甲异丁酮	26	氯化聚二氧(杂)芑、呋喃
13	二氯甲烷	27	多芳环碳氢化合物(PAHs)
14	三氯乙烯	28	二苯基甲烷二异氰酸酯(MDI)

甲醛无色、有强刺激性气味、易挥发、易溶于水和乙醚,是用途广泛的化工原料。车内甲醛主要来自装饰材料和胶粘剂。甲醛对呼吸道和五官粘膜危害特别大,会刺激眼睛,导致结膜炎;伤害呼吸道,导致咳嗽、咽喉炎和气管炎。甲醛会引起皮肤过敏,甚至引起皮炎和湿疹。甲醛能使蛋白质凝固变性,对细胞具有强大的破坏作用。长期接触低浓度的甲醛会出现记忆力衰退、嗜睡等神经衰弱症状。长期吸入高浓度的甲醛会产生肺功能显著下降、头疼、眩晕和神经系统功能降低等症状,甚至出现呼吸、循环系统衰竭的情况。甲醛还可引起遗传物质突变、损伤染色体,已被国际癌症研究中心确定为人类可疑致癌物。流行病学家也发现长期接触高浓度甲醛会引起鼻腔、口腔、咽喉、消化系统、肺、皮肤和血液癌变。

苯及其同系物具有强烈芳香气味，易挥发、易燃、易爆。**车内的苯类物主要来自胶粘剂、烟草的烟雾、油漆、地毯、合成纤维布、空气清新剂、杀虫消毒剂等。** 长期接触或吸入一定浓度的苯或苯类物会引起慢性中毒，导致再生障碍性贫血；若造血功能完全破坏，将引起白血病。如果处在有高浓度苯的空间里，短时间内会出现头晕、胸闷、恶心、乏力、呕吐等症状，若不及时脱离现场，将引起昏迷，以致呼吸、循环系统衰竭而死亡。

氮氧化物是氮和氧的多种化合物的总称。**造成车内空气污染的主要是一氧化氮和二氧化氮，主要来自汽车尾气。** 氮氧化物对上呼吸道有刺激作用。氮氧化物较难溶于水，因而能侵入呼吸道深部细支气管和肺泡，并缓慢溶解于肺泡表面的水分中，形成亚硝酸和硝酸，对肺泡组织产生强烈的刺激和腐蚀作用，引起肺炎和肺水肿。亚硝酸进入血液后，与血红蛋白结合生成高铁血红蛋白，引起组织缺氧，出现呼吸困难、血压下降和中枢神经系统损害等症状。

二氧化硫是无色、具有辛辣和窒息性气味的有毒气体，是空气中主要污染物之一，是衡量空气是否遭到污染的重要标志。二氧化硫对眼结膜和上呼吸道粘膜具有强烈辛辣刺激性。因其易溶于水，因此易被鼻腔和上呼吸道粘膜的湿润表面吸收而生成具有强腐蚀性的亚硫酸、硫酸和硫酸盐，对呼吸道组织产生强刺激和腐蚀，会引起支气管炎和肺水肿等，主要症状为咳嗽、胸闷、胸痛、呼吸困难等。当浓度达到 $1142\sim1428mg/m^3$ 时，可因反射性声门痉挛、水肿而引起窒息死亡。另外，二氧化硫还可被吸收进入血液中，对全身产生毒副作用，能抑制、破坏或激活某些酶的活性，使糖和蛋白质的代谢发生紊乱，从而影响人体生长和发育。

车内化学污染物主要来源于车内装置和装饰材料的释放，以及从车外通过门、窗或其他孔隙进入到车内。 现代汽车内饰非金属材料所占比重不断增加，如涂料、塑料、橡胶、隔热保温材料、胶粘剂等。用这些材料生产的地毯、座椅、装饰板、贴膜、泡沫软垫等会释放出苯、甲醛、丙酮、二甲苯等有害物质。尤其是在内饰生产和装配中广泛使用的胶粘剂，在使用时会挥发出大量的有机化合物，包括酚、甲酚、甲醛、甲苯、乙苯、苯乙烯等。地毯是汽车内重要的装饰和隔声减振材料，但它的吸附能力很强，能吸附许多有害气体、灰尘和微生物，造成车内污染物的沉积。车内使用的隔热保温材料通常是一些密度小的有机塑料，如聚苯乙烯泡沫、聚氯乙烯泡沫塑料和聚乙烯泡沫塑料等，这些材料在使用过程中会释放和分解出多种气态化合物，如甲醛、苯、氯乙烯、甲苯和醚类等，造成车内空气污染。车内材料释放有害气体的种类和多少不仅与材料本身的成分和质量有关，并且浓度随温度的升高而急剧增加。

车室外部污染物进入车室内也是造成车内污染的重要途径。 例如，前方车辆排放的尾气对紧随其后的车辆内部造成污染。如果车身密封性不好或通风模式选择不当，会使车内空气受到尾气的污染。在车辆密集的地方，即使关闭窗户和通风系统，高浓度的尾气污染物也会通过车身孔隙扩散到车内。发动机运转时，通过排气管、曲轴箱、燃油蒸发等途径排放的一氧化碳、汽油挥发物等有害气体，有可能从汽车的通风系统进入车内，使车内环境变坏。发动机运转所产生的热量还会增加车内污染物的挥发。发动机在不同工况下，尾气中有害物质的成分有很大的区别，所以汽车的行驶状况对车内空气的影响很大。比如，汽车处于启动、急速、加速和爬坡状态时，发动机内燃料燃烧不充分，尾气中会含有更多有害成分。

② 生物污染物。生物污染物主要是指车内存活的细菌、霉菌、真菌、病毒等微生物，它们普遍存在于各种室内环境中。汽车空调系统、地毯、座椅等处都是微生物容易滋生和寄居的地方。当车内温度为20～35℃，湿度为75%～95%时，霉菌可呈爆发性生长，而空调系统正好迎合了这种条件。空调蒸发器若长时间不进行清洁保养，其内部会积聚大量污垢及胺、烟碱、细菌等有害物质，在较潮湿的时候将滋生大量微生物，从而对车内空气造成污染。

③ 可吸入颗粒物。颗粒物是以固态（如灰尘、烟雾等）或液态（如雾、霾雾等）微小颗粒存在于气体中的分散胶体，其化学组成非常复杂，粒径大小差异很大。对于颗粒直径小于10μm以下的颗粒物，由于体积小、质量轻，能较长时间飘浮在空气中，并可进入人的呼吸道，故称作可吸入颗粒物，用符号 PM10 表示。可吸入颗粒物主要由有机物、硫酸和硝酸盐、地壳元素等组成，其上还粘附空气中的有毒金属、酸性氧化物、有机污染物、细菌、病毒等，吸入人体后会对健康造成危害，包括对呼吸道的沉积、堵塞和毒害作用等，使人产生肺炎、支气管炎、肺气肿、肺癌、尘肺、矽肺等病变。毒性粒子还会穿透肺泡组织进入血液，随血液流至肝、肾、脑等，以致危害神经系统。汽车内部的可吸入颗粒物主要来源于以下几个方面。

a. 大气中悬浮的可吸入颗粒物，主要是各种燃料燃烧的产物，如汽车尾气排放中就含有大量颗粒物。

b. 车内产生的颗粒物，如衣物、座椅套、地毯等相对摩擦会产生绒毛类悬浮颗粒物，人体代谢会产生皮屑、分泌物等。有研究表明，人体皮肤脱落的细胞占室内空气中可吸入颗粒物的50%以上。车内乘员吸烟会产生大量的烟雾，这些烟雾由气体和颗粒物组成，颗粒物的成分主要是烟焦油和烟碱，其中包含很多有害成分。

c. 发动机燃料的不完全燃烧所排出的尾气中含有很多可吸入颗粒物，而柴油机比汽油机排出的可吸入颗粒物多得多。流动污染源中有 2/3 的可吸入颗粒物来自柴油机排放。其中，道路上47%的乙醛、29%的丙烯醛、51%的甲醛都来自柴油发动机的排放，而其中95%的污染来自于重型柴油发动机的排放。气态的柴油颗粒包含有毒和有刺激性的化合物，有数百种溶解的化学物质，其中许多可能是致癌的。大部分柴油颗粒是超细的，可以突破肺的天然防护。由于柴油引擎排放的颗粒物可以吸附有毒气体和金属，被美国环保局列为污染物之一。

4.2.2 空气污染防治

1. 防治空气污染的途径

总体而言，空气污染的防治主要从以下几个方面着手。

（1）加强对空气污染的立法与管理。通过制定大气环境保护法规，设立相应的实施与监督机构，以及通过征税、收费、罚款等措施，来防控污染源。

（2）改变能源结构，优化工业布局。我国应当逐步改变能源结构，努力提高低污染能源（如天然气、沼气等）和无污染能源（如太阳能、风能、水力发电等）的比例。对于工业的布局，从系统设计时就要统筹安排，将工厂区与生活区分开，充分考虑地形和风向，以便于污染物的稀释与扩散，尽量利用大气的自净作用。

（3）搞好区域环境污染的综合治理。全面、系统地研究污染的分布、污染物的输送与处理和自然环境的自净能力，设计出经济与环境效益最佳的污染治理系统。

（4）采用先进技术，减少污染排放。许多先进技术，如完全燃烧技术、除尘技术、燃烧脱硫技术、排烟脱硫技术等，可以减少废气的排放量。要大力减少交通废气污染。我国城市大气中70%～90%的一氧化碳来自汽车尾气。一方面要从汽车的结构设计本身努力减少碳氧化物、硫氧化物、氮氧化物等的排放，另一方面要大力改善道路条件，加强交通管理。

2. 车内空气污染的防治

现在，汽车已经成为人们日常生活中的重要交通工具。但大量高分子内饰材料的使用，导致汽车内空气污染严重，仍是面临的严重问题。不断提升的生活质量要求和日益增强的健康关注程度使得人们对汽车车内空气环境与舒适性要求越来越高。所以，必须采取有效的手段对车内空气污染进行防治。目前，主要从以下方面着手。

（1）控制污染源

控制车内空气污染应该主要从厂家入手，从源头抓起。应该从立法上加强管理，建立车内材料和车内空气环境的评价体系，并加强执法监督检查，切实选用合格材料以减少污染。

（2）汽车的合理使用

首先，要经常通风换气，使车内挥发气体得到释放。其次，要合理使用空调。新车半年内，应尽量少用或不用空调。如开启空调和暖风，应使用车内外空气循环并用模式，尽量避免长时间使用车内自循环模式。在遇到堵车严重的路段，或尾随尾气排放可能超标车辆行驶时，应当把空调、暖风开关暂时调到车内自循环模式，开窗行驶的车辆应暂时关闭车窗，待道路空气改善后，再恢复车内外的空气流通。再次，要定期对空调系统上的风道、蒸发器等装置进行清洁护理，定期清理或更换空调滤网。要定期检查空调是否漏气，以免造成一氧化碳中毒。最后，对于车内装饰，应遵循适用、简洁原则，装饰材料要使用环保的绿色材料。新购买的车内座套等纺织品，应先用清水浸泡、漂洗后再使用。

（3）车内空气污染的净化和消毒

目前主要有以下几种方式。

① 活性炭净化。活性炭具有多孔和吸附性强的特点，对空气中的大多数污染气体，如苯系物、TVOC等都具有较好的吸附能力，对车内空气可以起到除臭净化的作用，是一种行之有效的净化方法。

② 臭氧消毒。这种方法主要采用能迅速产生大量臭氧的汽车专用消毒机消毒。臭氧杀菌、消毒后很快就分解成氧气，不会对车内造成二次污染。臭氧消毒价格比较便宜，但消毒一次只能维持1～2个月。

③ 光触媒净化。光触媒又叫光催化剂，被誉为车内污染物的"杀手"。光触媒净化原理是以纳米二氧化钛为催化剂材料，利用特定波长光源的能量来产生触媒的作用，使周围的氧及水分子激发成极具活性的氢氧根离子和氧离子，这些氧化性极强的自由基离子可分解和除去空气中的甲醛、苯等污染物，使它们氧化还原成二氧化碳和水，并杀死空气中的细菌、病毒等。光触媒消毒一次维持的时间长（可达1～2年甚至更长）、效果好，但价格比较贵。

④ 离子杀毒。离子杀毒主要通过车载氧吧释放离子，达到车内空气清新的目的。这种方法使用简单，但空气净化过程缓慢，消毒不彻底。

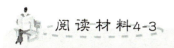

阅读材料4-3

人机系统设计的环境适应性

人机系统设计不应只着眼人—机之间的协调，更要将人机系统置于使用环境中，充分考虑系统应用的外界环境特点，以保证所设计的系统能够正常工作。

例1：对于汽车设计，不仅要考虑为乘员创造舒适、健康的室内气候环境，还要考虑汽车对不同外部气候环境的适应。我国位于亚欧大陆东南部，东、西、南、北气候差异较大。在北方地区，HVAC系统不仅要保证各部位乘员的温湿舒适性，还要具有良好的通风除湿性能，以保证风窗玻璃不会结雾、结水，这一点对于大型长途客车是非常重要的。在南方地区，全年气温较高，应重点保证良好的通风制冷性能。

例2：武器系统必须具有良好的环境可靠性。设计在沙漠高温环境执行任务的直升机、坦克等武器系统时，要求充分认识沙漠高温环境可能对机器内部系统造成的不利影响。例如，沙尘环境容易损坏发动机部件，容易使精密仪表加快磨损，并诱发电子设备发生故障；沙漠高温还会降低发动机功率，造成仪表准确度下降，造成电子设备故障，影响机载光学仪器的精确度等。因此，应根据应用环境特点，在设计和使用中采取相应的措施，最大限度地保证执行任务的顺利完成和人员的安全、健康。

4.3 环境照明

4.3.1 照明的度量

1. 光与人眼视觉

人通过视觉器官从外界获得视觉信息，此过程与照明环境具有密切的关系，因此，照明条件是作业环境中的一个重要方面。

物体表面发出、反射或折射的光谱成分中，可见光部分进入人眼引起色彩感觉。由于眼睛对来自物体的不同光谱成分有着不同的感觉，于是形成色彩感觉。不同的物体，以及同一物体在不同的光照环境下，所呈现的色彩不同。因此，色彩感觉既取决于人眼对不同波长光波的感觉，又取决于物体表面的属性和周围环境的照明效果。

2. 光和照明的度量

(1) 光通量

光通量指单位时间通过某截面的光能。人眼对光感觉的强弱不仅取决于光源辐射能量，还取决于人眼对光波长的灵敏度。人眼对不同波长的光波具有不同的灵敏度。波长为555nm的黄绿色光主观感觉最亮，国际上把此时的感觉定为1，对其余波长的感觉均小于1。这种描述人眼对不同波长光波平均灵敏度的量称为相对视敏函数 $K(\lambda)$。

光通量 Φ 定义为辐射通量与视敏函数的乘积，即

$$\Phi = K(\lambda) \cdot P(\lambda) \tag{4-36}$$

式中，$P(\lambda)$为波长为λ时的光辐射通量（W）。光通量的计量单位是流明(lm)。对于黄绿色光，$1lm=0.00155W$，即在人眼最敏感的波段，1lm的光通量相当于0.00155W的功率。

(2) 光强

光强 I 的单位为坎德拉(cd)，它定义为单位立体角内的光通量，即

$$I=\frac{\Phi}{\Omega} \qquad (4-37)$$

式中，Φ为光通量；Ω为立体角(Sr)。

(3) 照度

照明常用的计量单位是照度和亮度。照度是被照单位面积上所接受的光通量。照度的单位是勒克斯 lx。若被照平面面积为 S，接受的光通量为 Φ，则照度 E 为

$$E=\frac{\Phi}{S} \qquad (4-38)$$

人眼所能感觉到的照度范围很大。表4-13给出了各种环境下在自然光照射下的照度值。

表4-13 各种环境条件下的照度值

环境条件	照度/lx	环境条件	照度/lx
黑夜	0.01～0.1	晴天室内	100～1000
月夜	0.02～0.2	晴天室外	2000～100000
阴天室内	5～50	夜晚室内照明	50～500
阴天室外	50～500	读书所需照明	50

照度受被照物体与光源的距离及夹角的影响，它们之间的关系为

$$E=\frac{I\cos\alpha}{D^2} \qquad (4-39)$$

式中，E为照度(lx)；I为光强(cd)；D为光源到被照物的距离(m)；α为光线在受照表面的入射角(°)。

(4) 亮度

亮度是物体表面单位面积向视线方向发出的光或反射光的强度。亮度的单位为坎德拉每平方米(cd/m^2)。表4-14给出了在室内照明强度为300lx时，各种物体表面的亮度。

表4-14 各种物体表面的亮度值

物　　体	亮度/(cd/m^2)	物　　体	亮度/(cd/m^2)
荧光灯(65W)	1000	荧光屏的亮边	70
窗户的表面	1000～4000	荧光屏的暗边	4
桌面的白纸	70～80	屏幕背景	5～15
桌面	40～60	—	

在考虑照明强度时，不仅应考虑照度，也应考虑亮度，因为同样的照度条件下，亮度的不同也影响人的视力。例如，在室内没有灯光的情况下，人不能读书，但仍然能看到计

算机屏幕上的内容。

4.3.2 照明对作业的影响

1. 照明与疲劳

人眼为了看清物体,必须通过眼球周围的 6 根眼肌收缩来调节晶状体的折光能力和瞳孔的大小,眼肌的反复收缩很容易引起疲劳,尤其是睫状肌。因此,在照明条件不好的情况下,人很容易产生视觉疲劳,严重时甚至会引起全身性疲劳。

2. 照明与工作效率

改善照明条件不仅可以减少视觉疲劳,还可以提高工作效率。适当的照明条件可以提高工作的速度和精确度,从而增加产量,提高质量,减少差错和事故次数。

3. 照明与情绪

生理学和心理学方面的实验表明,照明会影响人的情绪。一般而言,明亮的环境令人兴奋、愉快,容易保持良好的积极性。良好的照明条件还能延缓视觉疲劳的发生,使人保持良好的工作状态。

4.3.3 照明设计

1. 照明标准

照明标准是指工作场所必须达到的照度水平,是照明设计和管理的重要依据。照明标准并不是人的视觉要求的最低水平,而是综合考虑人的视觉、生产力水平、电力成本等因素的结果。

我国的照明标准是采用间接法制定的,即从保证一定的视觉功能出发来选择最低照度值,并考虑了我国当前的电力生产和消费水平。表 4-15 和表 4-16 分别给出了天然采光和房间的照明标准。

表 4-15 天然采光标准

视觉工作分级	被识别物体尺寸/mm	室内天然采光标准/lx
Ⅰ 特别精细工作	≤0.15	250
Ⅱ 很精细工作	0.15~0.3	150
Ⅲ 精细工作	0.3~1.0	100
Ⅳ 一般工作	1.0~5.0	50
Ⅴ 粗糙仓库工作	>5.0	25

表 4-16 房间的照明标准

房间类型	照明标准/lx	房间类型	照明标准/lx
设计室	100	托儿所、餐厅、宿舍	30
阅览室	75	浴室、厕所	10
办公室、会议室、医务室	50	通道、楼梯间	5

2. 照明设计

（1）照明的设计原则

照明设计必须遵循以下原则。

① 具有合理的照度分布。作业环境中，照度的分布在不同时间、不同位置具有较大的差别，也不要过于一致而使人产生单调感。

② 光线方向和分布合理，应避免光线直射人眼而造成眩光。

③ 光源的照明和颜色要协调一致，以创造合适的气氛。

（2）照明方式

照明方式影响照明质量。选用何种照明方式与工作性质及工作点分布疏密有关。工作场所人工照明方式一般分为三种。

① 一般照明。一般照明也叫全面照明，是指不考虑特殊的局部需要，为照亮整个被照面积而设置的照明。它适用于对光线投射方向没有特殊要求、工作点较密集、或者作业时工作点不固定的场所。这种照明方式使作业者的视野亮度一样，视力条件较好，工作时感到愉快。这种照明方式耗电较多。

② 局部照明。局部照明是指为增加某一指定地点的照度而设置的照明。由于它靠近工作面，可减少电能消耗，获得高的照度。使用这种方式照明要注意直接眩光和使周围变暗的影响。使用轻便移动式的照明器具，可以随时将其调整到最有效果的位置。

③ 综合照明。综合照明是指由一般照明和局部照明共同组成的照明。一般照明与局部照明对比过强使人感到不舒服，对作业效率有影响，其比例以 1∶5 为好。较小的工作场所，一般照明的比例可以适当提高。综合照明是一种最经济的照明方式，常用于要求照度高或有一定的投光方向或固定工作点分布比较稀疏的场所。

按光源分类，工作场所的照明可分为自然照明、人工照明和混合照明三种形式。自然照明通过窗户接受户外的光线来实现。自然光明亮柔和，使人眼感到舒适，且光谱中的紫外线对人体生理机能有良好的影响，因此，自然光作为光源是最理想的。在设计照明时，应始终考虑最大限度地利用自然采光。但自然照明受时间、季节和条件的影响，常需要用人工光源作补充照明，即采用自然照明与人工照明相结合的混合照明方式。

人工照明应选择接近自然光的人工光源。在人工照明中，荧光灯优于白炽灯，因为其光谱近似阳光、发热量小、发光面大，可使视野的照度均匀，采光效果较白炽灯高 3～4 倍，且较为经济。作业场所照明不宜使用有色光线，以免使人体视觉效能降低。

（3）眩光的避免

当视野内出现过高的亮度或过大的亮度对比时，人会感到刺眼。这种刺眼的光线称为眩光。眩光按产生的原因分为三种：直接眩光、反射眩光和对比眩光。直接眩光是由于明亮的光源直接照射到人眼引起的。反射眩光是光线经光滑物体表面反射进入人眼引起的。对比眩光是由于物体与背景明暗相差太大引起的。

眩光的存在会使人眼的暗适应遭到破坏，产生视觉后像，使工作区的视觉效率降低，使人体产生视觉不舒适感并分散注意力，易引起视疲劳，长期下去会损害视力。有研究表明，做精细工作时，眩光在 20min 之内就会使差错明显增加，工效显著降低。现在的室内照明强度在逐步提高，引起眩光的可能性也有所增加，更应注意避免眩光。

要避免眩光的存在，应注意遵守下列原则。

① 在视力范围内所有的物体和表面应尽量保证昼夜有相同的照明强度。

② 视力中心附近的照明强度对比不应高于 3∶1，视力中心与视力边界的照明强度对比不应高于 10∶1。过度的照明强度对比在视力范围的两侧和下面比在上面更为不利。视力中心的亮度应当最高，向四方逐渐降低。

③ 光源与背景的照明强度对比度不应超过 20∶1。

③ 在整个房间最大的照明强度对比度应不超过 40∶1。

（4）照度和亮度的分布

视力范围内照明的有节奏变化，会迫使人眼适应明暗的交替。由于人的瞳孔和视网膜对光环境的改变所作的调整有一定的迟延，照度的波动使人眼在大部分时间处于曝光过度或曝光不足的状态，容易导致眼睛疲劳，降低工作效率。当 1∶5 的两个照度水平不停地交替时，人的视觉效果下降的程度相当于将照明强度从 1000lx 降至 30lx。经常处于这样的环境中还容易导致视力的降低。因此，作业场所应该力求照度分布的均匀化，避免照度的波动。

环境照明不仅要保证操作者看清操作对象，还应给人以舒适的感觉。因此，应保证亮度的分布也要均匀。亮度分布通过选择合适的室内各表面的反射系数来实现。亮度分布和室内反射面的反射系数的推荐值见表 4-17 和表 4-18。室内各表面反射系数和照度的搭配如图 4.16 所示。

表 4-17　亮度分布和室内反射面的反射系数

室内各部分	办公室	车间
工作对象与相邻的周围之间	3∶1	3∶1
工作对象与距其较远的环境之间	5∶1	10∶1
照明或窗户与附近环境之间	—	20∶1
在视野中的任何位置	—	40∶1

表 4-18　室内反射面的反射率

室内各表面	反射率	室内各表面	反射率
顶棚	80%～90%	机器设备、工作桌（台）	25%～45%
墙壁	40%～60%	地面	20%～40%

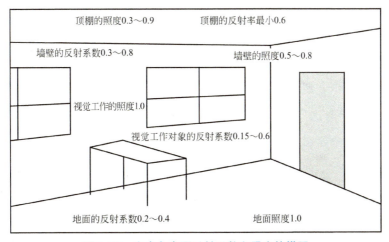

图 4.16　室内各表面反射系数和照度的搭配

为了使照明设置安排得合理，使光的整体分布比较均匀，在设计中应该做到以下几点。

(1) 任何光源都不应该直接进入操作者的视线。
(2) 如果光源的亮度超过 200cd/m^2，应当安装灯罩或滤光屏。
(3) 水平视线与光源的角度应大于 30°。若达不到要求，则照明灯应该有罩具。
(4) 荧光灯管与视线应成 90°角。
(5) 用多个小灯泡比用一个大灯泡强。
(6) 为避免眩光，作业者的视线之内不应当有对比度大于 1∶10 的反光。
(7) 在机器、仪器、桌面、控制台等操作表面避免采用反光的材料和颜色。

4.4 色彩设计

4.4.1 色彩的基本概念

色彩视觉是由于某一波长的光线入射到人眼，引起视网膜内色觉细胞兴奋产生的视觉现象。当各种颜色的光线照射到物体上时，由于物体表面的某些特性，不同波长的光会发生全反射、部分反射、全吸收或部分吸收现象，所反射出来的光线相遇混合后，就形成了物体所呈现的颜色。色彩与人眼的生理机能有关。人眼中有专门感受色光的细胞。当人眼受到不同强度的色光刺激后，就会形成不同的颜色感觉。

为度量和比较色彩的变化，人们提出了色调、饱和度和明度 3 种鉴别色彩的要素。

1. 色调

色调又称为色相，是色彩的名称，如红、黄、蓝、绿、红、橙、青、紫等。标准的色相是以太阳光的光谱色为基准的，在七种光谱色中，按其波长的不同和颜色之间的差别，分出许多色的名称。在实际使用中，将其光谱中的首尾色（即红与紫）连接起来，这样就可按波长大小的顺序排列成环，这就是用作色彩研究的色环。

2. 饱和度

饱和度又称为彩度或纯度，是指某种色彩含该色量的饱和程度。当某一色彩浓淡达到饱和，而又无白色、灰色或黑色渗入其中时，即呈纯色。若有黑、灰色渗入，即为过饱和色；若有白色渗入，即为未饱和色。每种色调都有不同纯度的变化。标准色的纯度最高，白、灰、黑的纯度最低，饱和度定为零。

3. 明度

明度是指色彩的亮暗程度，是由于光线强弱程度不同所产生的明暗效果。同一色调可有不同的明度，如红色就有紫红、深红、浅红之分。不同色调也有不同的明度，如在红、橙、黄、绿、青、蓝、紫中，蓝和紫明度最低，红和绿明度中等，黄色明度最高，所以人们感到黄色最刺眼。

在无彩色（白、灰、黑三种颜色称为无彩色）中，白色明度最高，黑色明度最低。在黑白之间，通常分成 9～11 个明暗等级，称为明度等级，在色彩设计中常常要用到它。

4.4.2 色彩对人的影响

1. 色彩对人生理的影响

颜色的生理作用主要表现在对视觉工作能力和视觉疲劳的影响。在颜色视觉中，人们能够根据色调、饱和度和明度的差别来辨别物体，即使物体的亮度和亮度对比并不很大，也能有较好的视觉条件，并且眼睛不容易疲劳。但是颜色不宜过分强烈，以免引起视觉疲劳。在选择颜色对比时，一般认为以色调对比为主较合适，而亮度和彩度对比不宜过大。

颜色的生理作用还表明，眼睛对不同颜色光具有不同的敏感性。例如，人眼对黄色光较敏感，因此常用黄色作警戒色。车间内危险部位、危险障碍等涂以黄色或黄黑、黄蓝相间的颜色是适宜的。美国和日本学者通过实验研究都认为，黑底黄色最易辨认。

2. 色彩对人心理的影响

（1）色彩的象征意义

人类社会发展过程中，由于所处的地域、民族、信仰、历史传统等不同，每种色彩表现出来的象征意义也不同，但也有许多共同点，分别如下所示。

① 红色。红色是火的颜色，象征着生命、活力、热情奔放。不少民族和地区把红色作为欢乐、喜庆、胜利的象征。在工业和交通运输中，红色代表着危险和停止。

② 黄色。黄色易引人注目，给人以愉快、心安、味美的感觉，可减轻烦闷、增进食欲。黄色也象征向上、希望、明快。在工业和交通运输中，黄色代表慢行。

③ 绿色。绿色是大自然植物的颜色，象征着大自然、生命、生长和青春，也象征着和平和安全。在工业和交通运输中，绿色被用来作为"开"状态，或继续前进的指令。

④ 蓝色。蓝色常会使人联想到蓝天、大海等，象征着沉着、凉爽、清静，给人以空旷、沉静和舒适的感觉。它有镇静、降温作用，使人减少食欲。

（2）颜色的心理作用

不同的颜色不仅具有不同的象征意义，而且由于年龄、性别、习惯等差异，不同的人对色彩的感受、联想等也不相同，但对大多数人来说是大致相同的。正确选择颜色，不仅有益于视觉工效，而且也会满足人们的审美趣味。颜色的心理作用有以下几点。

① 冷暖感。颜色能引起或改变温度感觉。通常把红、橙、黄等颜色称为暖色，把蓝、青、绿等颜色称为冷色。

② 兴奋抑制感。暖色调一般起积极的兴奋作用。例如，在红色照明下从事工作的人要比其他人的反应动作快得多。冷色调一般起消极、镇静的心理作用，但大面积作用会给人以荒凉的感觉。冷色中的绿色对生理、心理反应近于中性，给人以平静感。

③ 活泼忧郁感。有的色调使人感到轻快活泼、富有朝气，而有的使人感到沉闷忧郁、精神不振。色彩的这种感情作用，主要是由明度和饱和度起作用。一般明亮而鲜艳的暖色给人活泼感，深暗而浑浊的冷色给人忧郁感。

④ 胀缩感。一般而言，暖色、亮色看起来有膨胀感，冷色、暗色有收缩感。色彩的这种膨胀感在造型艺术设计中，处理体积或面积的比例关系时有着重要作用。

⑤ 轻重感。色彩给人们心理感情上带来的轻重感。例如，高大的重型机器，下部多为深色，上部多为亮色，给人稳定安全感。色彩的重量感主要由明度决定。一般明度高的感觉轻，明度低的感觉重。明度相同时，饱和度高的比饱和度度低的感到轻，而暖色的又比冷色的显得重。

⑥ 软硬感。色彩的软硬感主要由明度决定。明亮的颜色感软，深暗的颜色感硬。中等饱和度的色感软，高饱和度或低饱和度都有硬的感觉。

⑦ 进退感。几种颜色在同一位置时，有的感到近些，有的感到远些。一般红、橙、黄暖色系的色是前进色，蓝、蓝绿冷色系的色是后退色。在色彩设计中，常用色的进退感来增加色彩的层次，以丰富色彩，加深印象。

⑧ 华丽质朴感。一般纯度高的色彩显得华丽，纯度低的色彩显得朴素。明亮的色彩显得华丽，暗灰色彩显得质朴。在设计中，利用这个感情作用，能使产品的典型特征得到更充分的表现，使产品外观光色迎人，增强调和感。

4.4.3 作业环境色彩设计

合理选择色彩，使工作场所具有良好的色彩环境，称为色彩调节。通过合理地配置作业环境的色彩，能够提高环境的照明效果；使环境内的各种标志清晰明确，便于识别；使整个环境整洁而层次分明，且具有适度的美感。在这样的环境中作业，能够使作业者舒适愉快、注意力集中，减少差错和事故，延缓作业疲劳，提高工作质量。

1. 工作房间

装饰工作房间时，颜色选择首先取决于工作特点。一般要考虑到颜色所含意义，以及颜色对人们情绪的影响，以适应工作环境的需要，达到美观、明亮、和谐的目的，并有利于对机具的识别。根据不同需要，房间用色可以产生赏心悦目的作用，可以造成尊严肃穆的气氛，也可以造成绚丽多彩的景象。

工作房间的配色还要考虑色彩的反射率，采用反射系数高、明快、和谐的色彩。天棚、墙壁、机床、地板的反射率依次应为 60%～95%、40%～60%、20%～40%、15%～30%。工作房间色调的选择应突出或掩盖车间的特征，改变人们对车间的不良印象。

2. 机器和设备

机器设备的显示装置、操纵装置和主要部件应按规定着色，以便于识别和操作。加工机械着色还应考虑被加工材料的色彩，使它们形成良好的色彩对比。

3. 工作面

工作面的着色明度和反射率不宜过大。为了提高对细小零件的分辨力，可以使工作面和零件形成适当的色彩对比。但色彩对比不可过大，否则容易造成视觉疲劳。

4. 安全标志

用彩色标志传递安全信息是一种行之有效的方法。我国国标规定安全色为红、蓝、黄、绿四种。红色表示紧急、禁止、停止、事故和操作错误，也被用作防火的颜色。黄色用于表示警告信号。绿色表示工作正常、允许运行。蓝色表示整机工作正常。

本 章 小 结

本章讲述了一般作业环境设计需要考虑的微气候、空气质量、照明和色彩设计中的基本概念、因素和设计原则，包括微气候的影响因素、人体在微气候中的热感觉和热舒适、微气候设计和分析，空气污染及其防治，环境照明对作业的影响和设计方法，色彩设计的基本原理等。无论是作业器具，还是作业空间，乃至人机系统的设计，都必须考虑人、机与所共处的环境的合理安排，即人—机—环境的优化匹配，使人与机器发挥出最佳效能。

【关键术语】

微气候　气温　气湿　空气流速　热辐射　热平衡　热舒适　空气污染　照明　色彩

1. 何为微气候，与哪些因素有关？
2. 人体通过哪些方面与环境实现热平衡？
3. 影响人体热舒适的因素有哪些？
4. 室内热舒适的常见评价指标有哪些？
5. 车内微气候设计需要考虑哪些因素？
6. 照明设计需要考虑哪些问题？
7. 作业环境如何合理运用色彩？

第 5 章
汽车人机工程设计辅助工具

本章教学目标

通过本章的学习，要求掌握汽车人机工程设计辅助工具的基本原理，掌握基于统计学的 SAE 标准推荐的布置工具的使用方法，了解数字人体模型的基本原理、发展状况、使用方法和发展趋势。

本章教学要点

知识要点	能力要求	相关知识
H 点装置	掌握 H 点装置的原理和应用	H 点装置的构造、基准点 H 点装置的测量功能 H 点装置的设计功能 H 点装置的应用
驾驶员 H 点位置曲线	掌握驾驶员 H 点位置曲线的意义和应用方法	A、B 类车的驾驶员 H 点位置曲线 踏板平面角的计算
眼椭圆	掌握眼椭圆的定义、应用和数学含义	眼椭圆的尺寸计算和定位 眼椭圆的应用原理
头廓包络	掌握头廓包络的定义和应用	头廓包络的尺寸计算和定位 头廓包络的应用
驾驶员手伸及界面	掌握驾驶员手伸及界面的定义和应用	群体手伸及能力的影响因素 G 因子、HR 基准面 驾驶员手伸及界面的定位和应用
驾驶员膝部和胃部包络线	掌握驾驶员膝部和胃部包络线的定义和应用	膝部和胃部包络线的尺寸和定位
数字人体模型	了解数字人体模型的一般原理和应用	人体骨骼系统运动学建模 人的活动建模和性能建模 数字人体模型的功能和应用

汽车人机工程设计辅助工具 第 5 章

> **导入案例**
>
> 图 5.1 为 BMW 公司某型号产品整车布置图。由于乘员群体中个体的人体尺度存在差异，需要在布置图上将这些差异表示出来，以使得布置方案能够适应这些差异。研究者们通过对某些群体的人体尺度进行测量和统计，制定了用于在设计过程中方便地描述个体差异和群体分布范围的设计图形和工具。通过使用这些工具来进行设计，大大提高了设计的科学性和设计质量。在流行的设计工具中，最基本、最典型的是美国 SAE 标准推荐的布置工具系统。

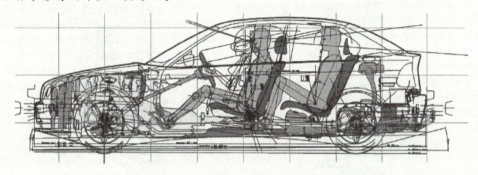

图 5.1　BMW 公司某产品整车布置图

5.1　H 点装置

H 点装置(H Point Device) 是车身布置和测量的重要工具，对于进行驾驶室人机工程学设计和参数测量、辅助进行驾驶室内部基准点的定位具有重要意义。H 点装置包括 **H 点测量装置(H-Point Machine，HPM)** 和 **H 点设计工具(H-Point Design Tool，HPD)**。本章中一些基准点的定义参见 5.1.3 节。

5.1.1　HPM-Ⅱ型 H 点测量装置的构造

H 点测量装置是 SAE 定义的用于建立和测量汽车关键基准点和尺寸的物理装置，在美国、欧洲和日本等汽车发达国家得到了广泛应用。HPM-Ⅱ型 H 点测量装置由鞋、小腿、大腿、座板和躯干组成，各部分均可以拆卸，如图 5.2 所示。此外，还包括鞋固定装置和头部空间测量装置两个附件。H 点测量装置的主要尺寸如图 5.3 所示，各部分的装配关系如图 5.4 所示。

【H 点装置】

1. 鞋的构造

鞋的外形和构造如图 5.5(a) 所示。鞋上面的 BOF、鞋跟(HOS)、踝关节轴和鞋底板是重要的基准点或基准面。鞋上面装有踝关节角度尺，以及 AHP 到 PRP 侧向偏移量标尺。为辅助测量**鞋底面倾角(A47 或 A48)**，鞋底板上面还有辅助测量标记点。其他零件包括锁止螺钉、水平调节螺钉、气泡水平仪等。为能够将鞋保持在某位置处，还配备了鞋固定装置。鞋的尺寸如图 5.5(b) 所示。

141

2. 腿部的构造

大腿和小腿的构造如图5.6所示。小腿和大腿长度均可按照其刻度盘上面的刻度进行调节，并可以用紧固旋钮固定于某刻度处。**SAE J826标准**给出了用于确定SgRP的和中等身材男子的腿的长度尺寸，见表5-1。在大腿靠近膝关节一端还装有用于度量小腿侧向位置的刻度盘。膝关节处装有角度刻度盘，用来指示膝关节角度。

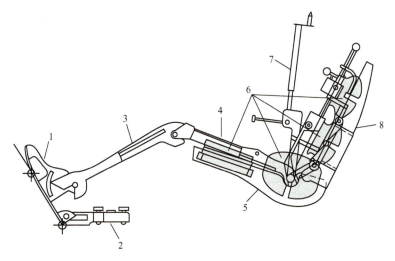

图 5.2　HPM-Ⅱ型 H 点测量装置图

1—鞋；2—鞋固定装置；3—小腿；4—大腿；5—座板；
6—可拆卸重块；7—头部空间测量装置；8—躯干

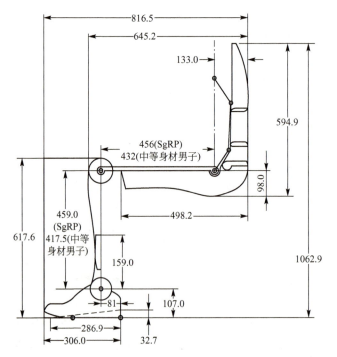

图 5.3　H 点测量装置的主要尺寸

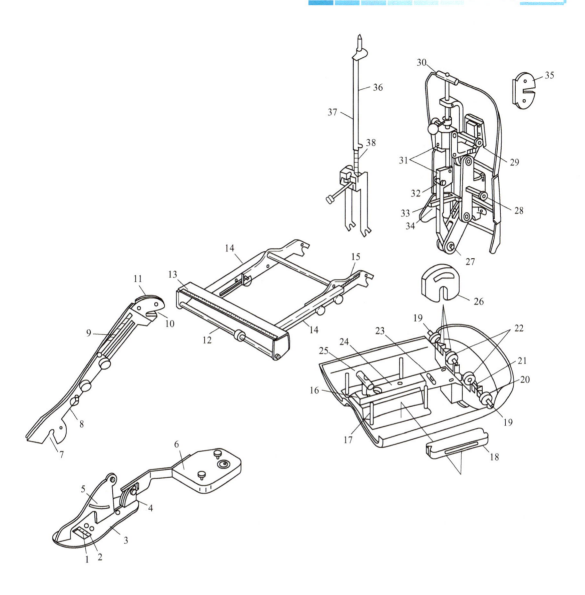

图 5.4　HPM-Ⅱ型 H 点测量装置结构示意图

1—BOF；2—AHP 到 PRP 的侧向距离标尺；3—角度计基准面；4—HOS；5—踝关节角标尺；
6—鞋固定装置；7—踝关节点卡槽；8—小腿线基准；9—小腿长度标尺；10—膝关节点卡槽；
11—膝关节角标尺；12—膝部枢轴杆；13—小腿侧向位置标尺；14—角度计基准面(大腿角)；
15—大腿长度标尺；16—加载点；17—大腿重块安装销；18—大腿重块；19—H 点位置杆；
20—大腿锁止衬套；21—H 点位置杆；22—躯干锁止衬套；23—侧向水平仪；24—角度计
基准面(坐垫角)；25—把手；26—骨盆重块；27—H 点枢轴；28—下部重块托架；
29—上部重块托架；30—把手；31—角度计基准面(躯干角)；32—头部空间
测量装置固定栓；33—加载点；34—腰部支撑量标尺；35—背部重块；
36—装有探头的滑动杆；37—角度计基准面(躯干角)；
38—有效头部空间标尺

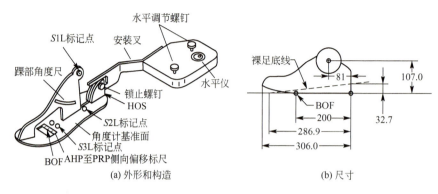

图 5.5 鞋的构造和尺寸

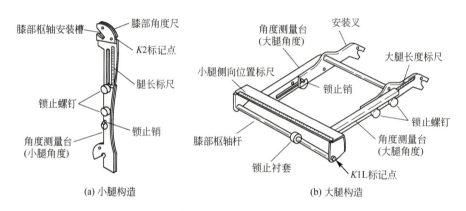

图 5.6 腿部构造图

表 5-1 腿 长 度　　　　　　　　　　　　　　　　（单位：mm）

项目	用于建立 SgRP	中等身材男子	项目	用于建立 SgRP	中等身材男子
大腿	456.0	432.0	小腿	459.0	417.5

3. 躯干的构造

如图 5.7 所示，躯干由胸部、腰部和骨盆部组成，相互之间铰接在一起，能够较真实地模拟人的躯干弯曲状况。而腰部向前的凹进量用以度量座椅的腰部支撑量大小。躯干与靠背表面接触的壳体部分是根据美国中等身材男子坐姿时背部形状制作的 3 块曲面板，分别为胸部、腰部和骨盆的表面。在胸部和腰部都装有支撑重块的托架。在腰部还装有支撑头部空间测量装置的固定栓。头部空间测量装置专门用于测量乘员头部空间硬点尺寸 $H61$。此外，还包括把手、载荷施加点、H 点枢轴、躯干角度测量台等零件。

4. 座板总成的构造

座板总成的构造如图 5.8 所示。座板总成由座板、大腿和骨盆重块定位杆、H 点位置杆、躯干支撑装置、水平仪等组成。座板是根据美国中等身材男子坐姿时大腿和臀部轮廓制成的，用于测量坐垫角。同时，在其上面还装有支撑大腿和骨盆重块、大腿和躯干的结构。水平仪用来指示水平基准面,以保证座板不向左右倾斜。

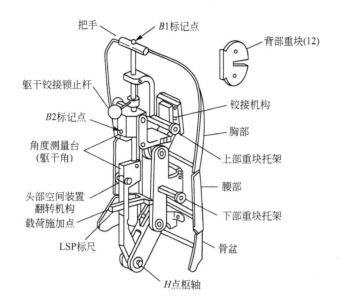

图 5.7 躯干的构造图

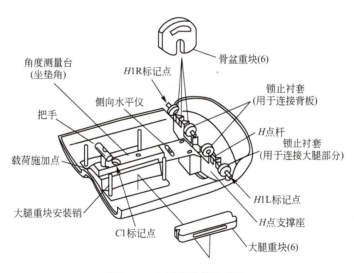

图 5.8 座板总成的构造图

5.1.2 H 点设计工具

HPD 工具的应用在 SAE J4004 中有完整描述,它是 HPM-Ⅱ 的简化 CAD 模型,如图 5.9 所示。它采用三维曲线和曲面来表示 HPM-Ⅱ 各部分的空间形状。HPD 模型的鞋、小腿部和大腿部位于身体右侧。模型上以点和线的形式标出了 HOS、BOF、H 点、小腿线和躯干线等基准点和基准线。由于采用了三维空间点、线和面的表示形式,HPD 能够更好地适应现代三维数字化设计环境的要求。HPD 工具可以和 HPM 一起使用,在 CAD 中进行布置参数测量(参见 SAE J4003)。

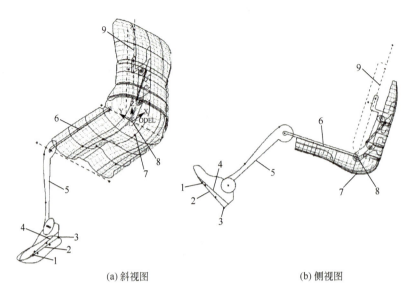

(a) 斜视图　　　　　　　　　　　(b) 侧视图

图 5.9　H 点设计工具

1—BOF；2—鞋底线；3—HOS；4—裸足底线；5—小腿线；
6—大腿线；7—D 点；8—H 点；9—躯干线

H 点装置的由来和发展

20 世纪 60 年代，美国通用汽车公司的工程师 Michael Myal 设计了一种三维汽车内部布置尺寸测量工具。1962 年，SAE 设计设备委员会将该装置纳入 **SAE J826 标准**，成为标准 H 点测量装置（HPM，型号为 Oscar）。Oscar 在美国、欧洲和日本等国家得到了广泛应用，成为测量 H 点和汽车内部尺寸的主要设备，如图 5.10(a) 所示。

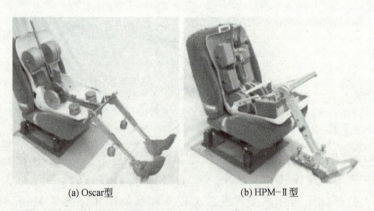

(a) Oscar 型　　　　　　　　　　(b) HPM-Ⅱ型

图 5.10　H 点测量装置

在研究和应用过程中发现 Oscar 存在许多不足，具体如下。

（1）其刚性躯干外壳不能很好地模拟乘员背部形状和姿态；尤其是现代座椅为增强坐姿舒适性，普遍加大了腰部支撑量，当使用 Oscar 测量布置参数时，座椅靠背上的腰突使得 Oscar 的刚性背部不能很好地与座椅靠背贴合，与真人的姿态差别较大，测量出来的 H 点位置准确性受到影响，而且不能够将座椅靠背的腰部支撑量测量出来。

（2）Oscar 在测量座椅参数时，大腿和小腿的姿势不同，测得的座椅上 SgRP 相对于座椅结构的位置有变化，这是不合理的，同时也意味着测量座椅参数也必须放在驾驶室环境中测量，这对于座椅生产商而言是非常不方便的。

（3）Oscar 型 H 点测量装置背板和座板连在一起，搬运非常不方便。若车门尺寸小（尤其是门洞宽度，如长途大客车的上车门），进出驾驶室也不方便。

1993 年，SAE 设计设备委员会制定了重新设计 H 点测量装置的计划，由美国密歇根大学交通研究所（UMTRI）生物科学分部和密歇根州立大学生物机械设计研究实验室联合开展了 ASPECT（Automotive Seat and Package Evaluation and Comparison Tools）计划，开发了 ASPECT 物理人体模型（ASPECT Physical Manikin，APM），如图 5.10(b)所示。2002 年，SAE 设计设备委员会将 APM 纳入 SAE J826 标准，成为 HPM-Ⅱ 型 H 点测量装置。

HPM-Ⅱ的用途与 Oscar 基本相同，可测量 H 点位置、坐垫角、靠背角和腰部支撑量 4 个座椅参数。若与该装置上的大腿部、小腿部和鞋配合使用可测量车内布置尺寸。与 Oscar 相比，HPM-Ⅱ活动的腰部能很好地模拟人体背部和靠背的相互作用，既提高了 H 点的测量精度，还可测出腰部支撑量。与 Oscar 型 H 点装置相比，使用 HPM-Ⅱ测量 H 点和座椅参数时无需将腿和鞋安装上，H 点在座椅上的位置不受布置参数的影响。由于各部分都可以拆装，使用也简单方便。

5.1.3　H 点装置上的基准点

H 点装置可用于建立车内布置关键基准点和尺寸。汽车内部布置最重要的基准点是 H 点，一般借助 H 点测量装置 HPM 或者 H 点设计工具 HPD 来定义。HPM 是用于对尺寸进行审核和测量对比的设备；HPD 是设计中用于乘员布置的 CAD 工具，是 HPM-Ⅱ 的简化 CAD 模型。在 HPM 和 HPD 上定义了与设计和人机关系相关的点和基准线，包括 H 点、D 点、K 点、躯干线、腿线、坐垫线等。同时，车身布置的一些重要基准点也需要借助 H 点装置来定义。H 点装置上的基准点如图 5.11 所示。

（1）H 点

H 点是 H 点装置上躯干与大腿的铰接点。在不同场合，其表现形式也不同。

① 设计 H 点：借助 HPD 按一定程序建立的 H 点，用以表达设计乘坐位置。

② 乘坐基准点（Seating Reference Point，SgRP，欧洲和国标称为 R 点）：对于指定乘坐位置而言是一个特殊的设计 H 点。它具有以下特点。

a. 它是在车辆设计过程初期就定义的重要基准点。

b. 虽然行程可调节座椅在其 H 点调节轨迹上有许多设计 H 点，但只有唯一一点定义为 SgRP。

c. 驾驶员 SgRP 很重要，它用于定位一些布置工具，且用来定义了许多关键尺寸。

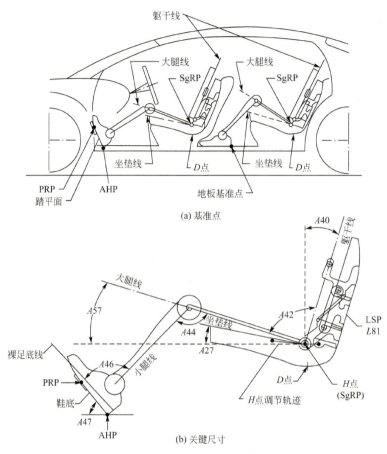

图 5.11 H 点装置上的基准点

③ 实际 H 点:将 HPM 按规定步骤安放在座椅上时,所测得的 H 点位置(相对于整车坐标系,或者相对于座椅结构)。

(2) D 点

D 点是坐姿状态下 H 点装置臀部的最低点。

(3) K 点

K 点是 H 点装置上大腿和小腿铰接点,即膝关节点。

(4) 躯干线

躯干线是 H 点装置上,自 H 点出发、平行于后背腰部区域外表面、用于定义躯干角度的直线。

(5) 腿线

腿线为连接腿部两端关节的直线,包括大腿线和小腿线。大腿线连接 H 点和 K 点,小腿线连接 K 点和踝关节点。

(6) 坐垫线

坐垫线是 H 点装置上,自 H 点出发、用于定义坐垫角度的直线。

(7) 鞋上的基准点

① AHP(Accelerator Heel Point):当 H 点装置的鞋按照适当方法根据自由状态加速踏

板定位后,其踵点与地板表面(考虑地毯压塌量)的交点,又称加速踏板踵点。

② **BOF(Ball Of Foot)**:鞋底表面一点,与踵点相距 **200mm**。其侧向位置位于鞋宽度的一半处。

③ **裸足底线**:鞋底附近与鞋底成 6.5°的直线,用于定义踝关节角度。

④ **地板基准点(Floor Reference Point,FRP)**:将 H 点装置的鞋按一定方法定位(鞋底与考虑地毯压塌量的地板表面接触)后,踵点与地板的交点。FRP 不适用于驾驶员右脚的情况(用 AHP 代替)。

⑤ **踏板基准点(Pedal Reference Point,PRP)**:当鞋按照适当方法根据加速踏板定位后,加速踏板表面上与 BOF 接触的点。

为方便进行测量和计算某些设计参数,在 H 点测量装置上还提供了 14 个**辅助测量点(Divot Point)**,如图 5.12 所示。借助坐标测量机对这些点进行坐标测量,就可以方便地将某些关键点和关键参数计算出来。这些辅助测量点的用途总结列于表 5-2 中。

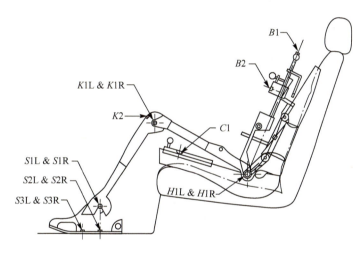

图 5.12 辅助测量点

表 5-2 辅助测量点的用途

辅助测量点	用 途
$B1$、$B2$,位于躯干部	$B1$ 与 H 点的连线即为躯干线,可用来计算躯干角。$B2$ 到躯干线的距离用于计算腰部支撑量 $L81$;当该距离为 57mm 时,$L81$ 为零
$C1$,位于座板总成上	$C1$ 与 H 点的连线为坐垫线,用于计算坐垫角。$B1$、$B2$ 和 $C1$ 这 3 点决定的平面即为 HPM 的中心对称面
$H1L$、$H1R$,位于座板总成上	$H1L$ 和 $H1R$ 连线中点即为 H 点
$S1L$、$S1R$、$S2L$、$S2R$、$S3L$、$S3R$,位于鞋上	鞋上的六个辅助测量点用于确定 AHP、PRP、$A47(A48)$
$K1L$、$K1R$、$K2$,$K1$ 位于大腿部,$K2$ 位于小腿部	$K1L$、$K1R$ 和 $K2$ 用于确定膝关节点(K 点)位置。H 点、K 点和 $S1$ 点($S1L$、$S1R$ 连线中点)位置还可用于计算膝关节角 $A44$

5.1.4 H点装置的功能和应用

H点装置的功用主要有两个，即测量和设计。

1. H点装置的测量功能

当H点装置用于测量用途时，能够将座椅和车内硬点和硬点尺寸测量出来。按照测量的用途区分，可分成方案对比分析、方案审核及定位内部基准点三种情况。在概念设计初期，H点装置常被用来测量其他厂商车型的布置参数，以获得其设计意图，并对不同车型的参数进行对比分析，称为对标分析(Benchmarking)。当样车制造出来后，通过对样车上H点和内部尺寸的测量，可以审核(Audit)样车的制造和装配精度是否达到了设计方案的要求。H点装置所测得的基准点位置还为其他测量和试验提供了位置基准。例如，在进行整车碰撞实验时，需要将碰撞假人安放在座椅的合适位置(SgRP处)，这个位置就是用H点装置测得的。因此，H点装置对于进行驾驶室人机工程学设计和参数测量、辅助进行驾驶室内部基准点的定位具有重要意义。当测量与SgRP位置有关的尺寸时，也需要借助H点装置来将SgRP的位置标记出来。如果HPM与HPD配合使用，则更方便对测量数据的处理。单纯测量座椅参数(SgRP位置、A40、A27和L81)时，可不必安装HPM的大腿部、小腿部和鞋。

2. H点装置的设计功能

在方案设计中，用H点装置来建立室内人机工程学基本布置方案所涉及的关键基准点和尺寸，这些关键基准点和尺寸称为硬点和硬点尺寸。例如，对于两排座轿车，可建立的硬点和硬点尺寸见表5-3。

表5-3 利用H点装置建立的硬点和硬点尺寸

硬点和硬点尺寸	说　明	硬点和硬点尺寸	说　明
PRP	加速踏板基准点	L53-1	AHP到前排SgRP的前后距离
FRP-front	前排地板基准点	FRP-second	后排地板基准点
AHP	加速踏板踵点	SgRP-second	后排乘坐基准点
SgRP-front	前排乘坐基准点	A48-2	后排地板平面角
A47	加速踏板平面角	A46-2	后排踝关节角
A48-1	前排地板平面角	A44-2	后排膝关节角
A46-1	前排踝关节角	A42-2	后排大腿和躯干夹角
A44-1	前排膝关节角	A40-2	后排躯干角
A42-1	前排大腿和躯干夹角	A57-2	后排大腿倾角
A40-1	前排躯干角	H30-2	后排座椅高度
A57-1	前排大腿倾角	L51-2	后排有效腿部空间
H30-1	前排座椅高度	L50-1	前后排SgRP的前后距离
L34-1	前排有效腿部空间	—	—

3. 利用H点装置进行驾驶员乘坐环境参数对标

在开发新车型时，由于缺乏经验和数据，有时无法给出某些关键参数值。在这种情况下，常常借助对市场上的竞争车型进行对标分析来获得参考值，亦即获得对方的设计意图。将HPM(HPD)和三坐标测量设备(Coordination Measurement Machine，CMM)配合使用，就可以对竞争车型上关键的参考元素进行测量，以进行对标分析。在此基础上就可以建立新车型的关键基准点和尺寸。这里讲述利用 HPM（结合 HPD）进行驾驶员乘坐环境参数对标分析的方法。

(1) 进行实验准备

保证 HPM 处于室温至少 8h。对于欲测量的座椅要保证其坐垫和靠背上不受任何载荷，并且持续时间半小时以上。坐垫和靠背表面最好覆盖一层棉布。汽车加速踏板要处于自由状态，并且要采用一些装置将其锁止，使得它不会活动。

(2) 对车内关键点进行三坐标测量

首先测量 H 点行程。调整坐垫角度至其中间位置。在坐垫上任意取一点作为标记点，使得其位置很容易用三坐标测量机测量。然后依次将座椅位置调整至最低最后、最高最后、最高最前、最低最前位置，在每一个位置都测量出标记点坐标。将标记点的四个位置连接，就得到座椅行程。对于没有高度方向调节功能的座椅，只需要记录最前、最后两个位置，就得到座椅行程。

室内其他一些关键点和轮廓有时对于分析也是有帮助的。这些包括：侧视方向和后视方向的轮廓、地板位置、踏板、转向盘轮缘、车门内表面、座椅轮廓、车顶内饰轮廓等。

(3) 建立 PRP 和 AHP

这两个基准点借助 HPM 的鞋来建立。首先在加速踏板表面中心画一条标记线，代表加速踏板中心线。将鞋的固定装置放在加速踏板后方 100mm 左右。然后将鞋安装上，使鞋底上的 BOF 与加速踏板中心线接触，踏板上的接触点即为 PRP，而地板上与鞋底踵点 (HOS) 接触的点为 AHP，如图 5.13 所示。此时，鞋底面与水平面的夹角定义为踏板平面角（硬点尺寸 $A47$）。如果加速踏板是平面的，则鞋底要紧贴踏板表面，根据此时的状态确定 PRP、AHP 和 $A47$。

如前所述，鞋上面的辅助测量点可以用来计算 AHP、PRP 和 $A47$，如图 5.14 所示。

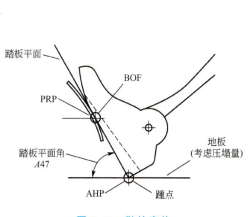

图 5.13 鞋的定位

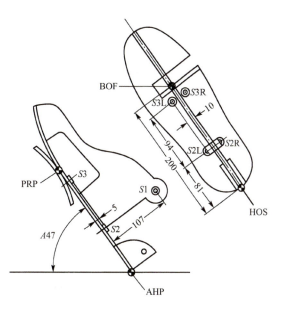

图 5.14 AHP、PRP 和 $A47$ 的计算

当测出 S1L、S1R、S2L、S2R、S3L、S3R 坐标之后,可以根据式(5-1)计算出 AHP、PRP 和 A47。

$$\begin{cases} A47 = \sin^{-1}(Z_{S3} - Z_{S2})/94 \\ X_{AHP} = X_{S1} - 134.20134\sin(A47 - 37.126062) \\ Z_{AHP} = Z_{S1} - 134.20134\cos(A47 - 37.126062) \\ X_{PRP} = X_{S1} - 160.03125\cos(A47 - 41.960602) \\ Z_{PRP} = Z_{S1} - 160.03125\sin(A47 - 41.960602) \end{cases} \quad (5-1)$$

(4) 调节座椅位置和姿态

调节坐垫、腰部支撑量、靠背角等到规定位置,并将座椅位置调节至前述的四个位置之一(即最低最后、最高最后、最高最前、最低最前位置之一,建议调节至最后最低位置,这样便于安放 HPM)。

各阶段的座椅位置和姿态总结列于表 5-4 中。

表 5-4 各阶段的座椅位置和姿态

部 位	位置和姿态	阶 段
坐垫角	处于活动范围中间位置	测量座椅调节轨迹之前
腰部支撑	尽量减小	安装 HPM 之前
靠背角	对于靠背可调节座椅,位于 22°	
座椅位置	在 4 个极限位置之一。当安放了 HPM,但尚未安装腿部之前,要调节至 SgRP 处	

(5) 安放 HPM 的座板总成和躯干部

首先安装座板总成,再将躯干部安装在座板总成的支架上。调节躯干部的各部分,使其与靠背贴合良好。然后安装头部空间测量装置,使其与躯干部贴紧。检查躯干角,使其在 20°左右。

(6) 安装 HPM 的配重

安装配重时,躯干各部分之间不能锁紧。载荷应该逐轮施加,具体方案见表 5-5。每添加一轮重物,都要在加载点处沿前后方向施加 20lb(1lb=0.45359kg)的推力,以保证 HPM 与座椅表面贴合良好。由于未加载荷之前躯干角度在 20°左右,在载荷作用下将会达到 22°左右。

表 5-5 配重安装步骤

操作顺序	加 20 磅推力	加两块重物	加两块重物	
1	推两次	两个骨盆部内侧重物	两个大腿重物	
2	推两次	两个骨盆部重物	两个大腿重物	
3	推两次	两个骨盆部重物	两个大腿重物	
4	推两次	两个背板下支架重物	两个背板上支架重物	检查躯干角和水平仪
5	推两次	两个背板下支架重物	两个背板上支架重物	检查躯干角和水平仪
6	推两次	两个背板下支架重物	两个背板上支架重物	检查躯干角和水平仪
7		将躯干各部分之间铰链锁止	将躯干各部分之间铰链锁止	

(7) 测量 HPM 的关键点坐标

① H 点：位于 HPM 的中心对称面内。该点需要借助三坐标测量设备，测量 H 点杆两侧的标记点后计算得到。

② PRP：位于鞋底与加速踏板中心线接触点处，可直接测量。

③ AHP：当鞋底中心线与加速踏板中心线共处于一个平面内时，鞋底上踵点与地板的交点。

④ 其他测量项目：包括坐垫角、躯干角和腰部支撑量。

(8) 计算 SgRP

如果座椅没有定位在 SgRP 处，则不能进行膝关节角 $A44$、大腿角 $A57$、踝关节角 $A46$ 和头部空间的测量。此外，腿部空间、肘部空间、臀部空间、肩部空间等尺寸也需要等到座椅定位到 SgRP 处之后才能进行测量。

① 将 H 点行程移至正确位置。前面已经根据坐垫一侧的标记点将 H 点行程的形状和大小测出，但尚未定位到正确的位置。可将座椅调节到最后、最低位置，然后将 H 点行程的右下角平移至 H 点处，H 点行程的其他 3 点亦随之平移，就完成了 H 点行程的定位，如图 5.15 所示。

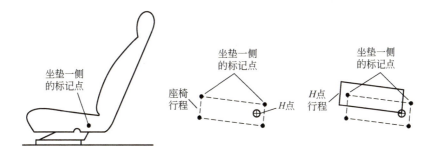

图 5.15 H 点行程的定位

② 定位 SgRP 曲线。SgRP 曲线分别以 PRP、AHP 作为 x 和 z 方向的定位基准。SgRP 曲线方程为

$$X_{SgRP} = 913.7 + 0.672316(H30) - 0.0019553(H30)^2 \quad (5-2)$$

式中，X_{SgRP} 为 SgRP 曲线上的 H 点到 PRP 的水平距离(mm)；$H30$ 为座椅高度(mm)。

③ 确定 SgRP 位置。这里有两种情况：①若座椅不能在垂直方向调节，如图 5.16(a) 所示，则 SgRP 位于 H 点调节轨迹与 SgRP 曲线的交点处；②若座椅能够垂直调节，如图 5.16(b) 所示，则 SgRP 处于 H 点调节轨迹一半高度线与 SgRP 曲线的交点处。

记录 SgRP 的 x、z 坐标，以及 SgRP 与 H 点调节轨迹最后、最低点的相对位置关系。同时，$H30$ 也根据 SgRP 与 AHP 的位置关系得出。

④ 重新定位座椅。在安装腿部之前，需要再调整座椅，以确保座椅的 H 点与 SgRP 重合。

(9) 安装腿部

大腿部长度定位在 456mm，小腿部为 459mm。之后，用锁销将大腿和小腿的长度锁定。首先安装大腿，使其一端的叉部卡在 H 点杆处。将小腿安装在鞋的踝关节处(注意不要使鞋移动)。然后将大腿和小腿在膝关节处连接起来。在大腿和 H 点杆及小腿和大腿连

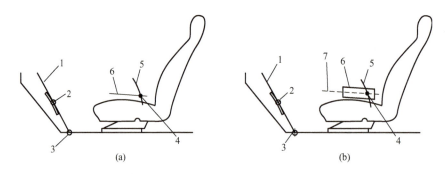

图 5.16　SgRP 位置的确定

1—踏板平面；2—PRP；3—AHP；4—SgRP；5—SgRP 曲线；
6—H 点调节轨迹；7—H 点调节轨迹一半高度线

接处，都用锁止衬套固定。

（10）记录测量结果

记录躯干角 $A40$、坐垫角 $A27$、大腿角 $A57$ 和踏板平面角 $A47$。大腿基准线和躯干基准线夹角 $A42$ 可以根据式（5-3）计算。

$$A42 = 90 - A57 + A40 \tag{5-3}$$

其他一些量能够直接从 HPM 上面读出，包括踝关节角 $A46$、膝关节角 $A44$、腰部支撑量 $L81$ 和有效头部空间 $H61$。

（11）完成测量

将 HPM 从座椅上面取下。至此，完成整个测量过程。

4. 利用 H 点装置建立前排乘员布置方案

以应用 HPD 来设计驾驶员乘坐位置为例，过程如下。

（1）确定关键参数的目标值。这些关键参数见表 5-6。

表 5-6　驾驶员乘坐位置设计的关键参数

硬点尺寸	参数定义
$H30-1$/mm	驾驶员座椅高度（需要根据下面步骤确定）
$W20-1$/mm	驾驶员侧向中心线位置，即 SgRP 点 Y 坐标
$A40-1$/(°)	H 点装置躯干角，取 22°
$L81-1$/mm	驾驶员座椅的腰部支撑量
$A27-1$/(°)	驾驶员座椅的坐垫倾角

（2）确定 $A47$、定位鞋、建立 PRP 和 AHP。将鞋底的中心线与自由状态加速踏板中心线对齐，鞋底的 BOF 与踏板表面接触，其接触点定义为 PRP。鞋底的 HOS 与考虑压塌量的地毯表面接触，其接触点定义为 AHP。此时，鞋底面与水平面的夹角定义为踏板平面倾角（硬点尺寸 $A47$）。如果加速踏板尚未布置好（或者没有），则需要根据式（5-4）计算踏板平面倾角 $A47$，然后再将鞋定位。加速踏板的设计也要与计算的 $A47$ 相一致。

$$A47 = 77 - 0.08(H30) \tag{5-4}$$

(3) 定位 SgRP，并确定设计 H 点调节轨迹曲线。SgRP 位于 PRP 后方，其相对于 PRP 的位置根据式(5-5)计算。

$$x_{SgRP} = 913.7 + 0.672316(H30) - 0.0019553(H30)^2 \qquad (5-5)$$

设计 H 点调节轨迹曲线的形状和位置需要由汽车生产商根据实际情况来确定。

(4) 定位 HPD。将 HPD 的 H 点与 SgRP 重合，保持 HPD 的坐垫角 $A27-1$、躯干角 $A40-1$、腰部支撑量 $L81-1$ 和侧向中心线位置 $W20-1$ 与目标值一致。选择大腿长度为 456mm，小腿长度为 459mm。将大腿部绕 H 点转动，小腿部绕踝关节点转动，使大腿部和小腿部上的膝关节点重合。

完成 HPD 定位之后，其上的基准点、基准线和相关硬点尺寸就确定了。在此基础上，可以进行其他方面的布置、设计和校核。

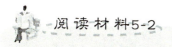

人体设计样板

早期的车身布置基本工具是人体设计样板，常用塑料板材等按 1:1、1:5、1:10 等常用制图比例制成，用于辅助制图、乘员乘坐空间的布置和测量、校核空间尺寸等。

美国福特汽车公司 S. P. Geoffrey 通过 X 射线法确定骨骼和关节位置，并得到了躯干和肢体活动范围，据此开发了二维人体设计样板。1962 年，该人体设计样板被 SAE 收录到 J826 标准中，标准化的样板尺寸和轮廓形状与 Oscar 型 H 点测量装置相对应，其组成结构如图 5.17 所示。在躯干、大腿和小腿上有基准线。躯干、H 点、膝关节点和踝关节点处还有角度测量装置，用来确定关节角度。图 5.18 是 Opel 公司应用人体设计样板进行轿车总体设计。

在汽车内部设计中，除了上述人体设计样板之外，常用的还有德国工业标准 DIN33408 定义的 Kieler Puppe 人体设计样板，如图 5.19(a)所示。宽度方向布置用人体设计样板如图 5.19(b)所示，常常是汽车公司根据不同的要求制定的。

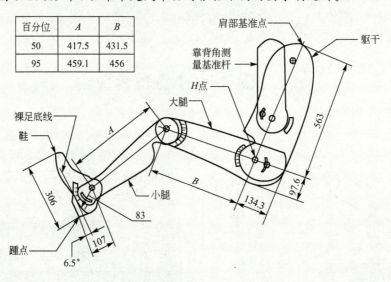

图 5.17　SAE J826 人体设计样板

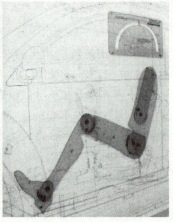

图 5.18　Opel 公司应用人体设计样板进行轿车总体设计示例

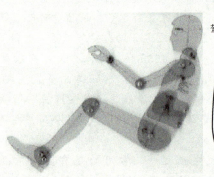

(a) DIN33408 定义的 Kieler Puppe 人体设计样板

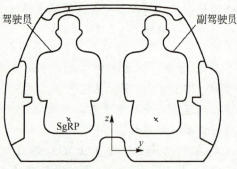

(b) 宽度方向布置用人体设计样板

图 5.19　其他的人体设计样板

5.2　驾驶员 H 点位置曲线

H 点布置方案与驾驶员乘坐舒适性、上肢和下肢的操作空间、视野性和头部空间及乘员的乘坐空间等人机关系密切相关，是室内布置的重要内容。

5.2.1　A 类车 SAE H 点位置曲线

对于 A 类车，x 方向的定位基准点位于 BOF，z 方向的定位基准点是 AHP，如图 5.20 所示。SAE J1517 中的适意 H 点

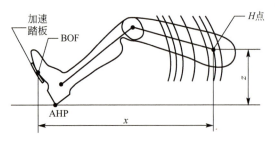

图 5.20　A 类车 SAE J1517 中的适意 H 点位置曲线

位置曲线是根据美国20世纪60年代的驾驶员人体和实验数据经统计分析之后生成的。统计时，**A类车的驾驶员男女比例为1∶1；B类车的男女比例分成90∶10、75∶25和50∶50这三种情况**。A类车的H点位置曲线模型为

$$\left.\begin{aligned}
x_{97.5} &= 936.6 + 0.613879z - 0.00186247z^2 \\
x_{95} &= 913.7 + 0.672316z - 0.00195530z^2 \\
x_{90} &= 885.0 + 0.735374z - 0.00201650z^2 \\
x_{50} &= 793.7 + 0.903387z - 0.00225518z^2 \\
x_{10} &= 715.9 + 0.968793z - 0.00228674z^2 \\
x_5 &= 692.6 + 0.981427z - 0.00226230z^2 \\
x_{2.5} &= 687.1 + 0.895336z - 0.00210494z^2
\end{aligned}\right\} \quad (5-6)$$

式中，x为H点到BOF的水平距离(mm)；z为H点到AHP的垂直距离(mm)。

5.2.2 B类车SAE H点位置曲线

B类车的H点位置曲线，要考虑驾驶员群体中男性和女性所占的比重。三种情况下的适意线方程列于表5-7中。表中，x为H点到AHP的水平距离，单位是mm；z为H点到AHP的垂直距离，单位是mm。

表5-7 B类车SAE H点位置曲线

男女比例为50∶50	男女比例为75∶25	男女比例为90∶10(或95∶5)
$x_{97.5} = 916.50 - 0.471z$	$x_{97.5} = 941.88 - 0.514z$	$x_{97.5} = 929.13 - 0.480z$
$x_{95} = 900.23 - 0.471z$	$x_{95} = 928.86 - 0.519z$	$x_{95} = 922.49 - 0.494z$
$x_{90} = 888.44 - 0.487z$	$x_{90} = 909.79 - 0.512z$	$x_{90} = 903.03 - 0.485z$
$x_{50} = 798.74 - 0.446z$	$x_{50} = 822.44 - 0.460z$	$x_{50} = 855.31 - 0.509z$
$x_{10} = 668.97 - 0.340z$	$x_{10} = 699.71 - 0.354z$	$x_{10} = 785.36 - 0.492z$
$x_5 = 637.76 - 0.317z$	$x_5 = 668.86 - 0.339z$	$x_5 = 762.17 - 0.485z$
$x_{2.5} = 625.21 - 0.327z$	$x_{2.5} = 641.35 - 0.329z$	$x_{2.5} = 732.62 - 0.460z$

5.2.3 踏板平面角

踏板平面角为鞋底与水平面的夹角，根据式(5-7)计算，如图5.21所示。

$$\alpha = 78.96 - 0.15z - 0.0173z^2 \quad (5-7)$$

式中，z为H点到AHP的垂直距离($H30$，**单位是cm**)，反映了容纳驾驶员群体乘坐的座椅高度。

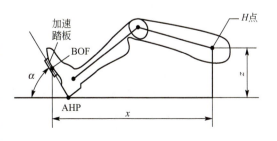

图5.21 踏板平面角的计算

阅读材料5-3

SAE驾驶员H点位置曲线由来

在20世纪80年代,美国通用汽车公司的Nancy L. Philippart等人提出了驾驶员适意H点位置曲线,用它们来预测驾驶员的H点位置。这些曲线为一组不同百分位驾驶员适意驾驶时的H点位置曲线,其中每一条曲线都表征了H点位置与定位基准点之间水平和垂直方向的位置关系。1985年,该研究成果被美国汽车工程师协会收录在SAE J1517标准中。

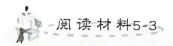

阅读材料5-4

SAE驾驶员H点位置曲线的改进

SAE H点位置曲线是统计学模型,其中隐含了人体尺寸、布置约束和姿势等方面的因素,用它确定的H点调节范围在理论上满足所需的适应度。但是,它具有以下不足。

(1) 该模型是对20世纪60年代美国的人体数据和车型数据进行统计分析之后得出的,对于不同时代、不同国家的人体统计数据和现代车型不一定适用。

(2) 应用时考虑的因素太少(只有座椅高度这一个因素),灵活性差。

(3) 预测因子中没有考虑目标驾驶员群体的身高、汽车布置参数。

美国汽车制造商协会(American Automobile Manufactures Association,AAMA)资助密歇根大学交通研究所(UMTRI)的研究人员对现代驾驶员乘坐位置进行了研究,得到了SAM(Seating Accommodation Model)模型,即

$$\begin{cases} \hat{\mu} = 16.83 + 0.433\mu_s - 0.24h - 2.19p + 0.41w - 18.2t \\ \hat{\sigma} = \sqrt{0.187\sigma_s^2 + 885} \\ \hat{\mu}_t = k\hat{\mu}_M + (1-k)\hat{\mu}_F \end{cases} \tag{5-8}$$

式中,$\hat{\mu}$为单一性别驾驶员H点x方向的平均位置(至BOF,单位是mm);μ_s为目标驾驶员群体的平均身高(mm);h为驾驶员H点高度(硬点尺寸H30,单位是mm);p为驾驶员座椅的坐垫倾角(硬点尺寸A27),(°);w为转向盘中心到BOF的水平距离(mm);t为变速类型(0:自动变速;1:手动变速);$\hat{\sigma}$为驾驶员H点x方向位置的标准差;σ_s为目标驾驶员群体身高的标准差;$\hat{\mu}_t$为混合性别驾驶员H点x方向的平均位置;$\hat{\mu}_M$为男子驾驶员H点x方向的平均位置;$\hat{\mu}_F$为女子驾驶员H点x方向的平均位置;k为目标驾驶员群体中男子所占的比重。SAM模型是在假定单一性别驾驶员座椅x方向的位置符合正态分布的前提下提出的。模型采用了驾驶员身高、H30、A27、转向盘前后位置和变速类型作为预测座椅x方向位置的因子,从而提高了模型的灵活性和预测精度。

5.3 眼 椭 圆

5.3.1 眼椭圆的定义和由来

眼椭圆(Eyellipse，Eye 和 Ellipse 的合成)是指不同身材的乘员以正常姿势坐在车内时，其眼睛位置的统计分布图形。左右各一，分别代表左右眼的分布图形，如图 5.22 所示。

1992 年以前的 SAE J941 眼椭圆标准，是基于美国福特汽车公司 Meldrum 等人的研究成果。1963 年，Meldrum 等人在 SAE 的资助下，对驾驶员眼睛位置的分布进行了试验统计。方法是让 2300 多名驾驶员(男女人数比例为 1∶1)分别坐在三辆静止的敞篷车内，将转向盘和座椅按各自习惯调整到适意位置，眼睛注视前方屏幕上播放的交通场景，并如同真正驾驶一样操纵汽车，同时正前方和侧面的两架照相机同步拍摄下眼睛位置的照片，经过计算就可确

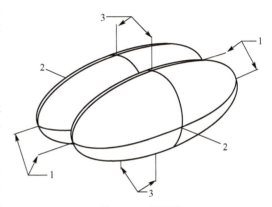

图 5.22 眼椭圆
1—长轴轴线 A_x；
2—短轴轴线 A_y；
3—竖轴轴线 A_z

定眼睛在汽车坐标系中的位置。将眼睛位置的分布数据进行统计分析，就得到其在空间的分布图形——眼椭圆。随后的几年里，SAE 对眼椭圆定位方法进行了研究，并将研究结果整理后形成 SAE J941 标准。为方便使用，SAE 按照百分位和座椅调节行程的不同制定了眼椭圆及其定位模板。1987 年，SAE 开发了专用于 B 类车的眼椭圆。1992 年，后视图眼椭圆被纳入 SAE J941 标准，使得眼椭圆在 CAD 系统中能够以三维形式描述。

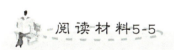阅读材料5-5

SAE 眼椭圆的研究和改进

1995 年，美国汽车制造商协会发起，并由美国三大汽车公司和密歇根大学交通研究所主要参与，进行了大量的驾驶员眼睛位置分布研究。研究中考虑了驾驶员系安全带、调节座椅位置(前后、上下)和靠背角等因素，将驾驶员驾车后的眼睛位置、汽车布置参数(转向盘位置，座椅靠背角、坐垫角、高度、调节方式和范围以及汽车变速器类型等)和驾驶员人体参数(身高、坐高等)进行统计分析，得到了更加通用、准确的眼椭圆，并于 2002 年用新的结果整理取代了原来的 SAE J941 标准内容。在此之前的眼椭圆标准主要适用于美国人，眼椭圆的尺寸分为 95 和 99 两个百分位。眼椭圆中心的位置根据 H 点装置的躯干角度(A40)来计算，得到相对于 SgRP 的位置。限于当时的研究条件，根据实验统计得到的眼椭圆尺

【早期的驾驶员眼睛位置研究】

寸在高度方向尺寸较大，表明驾驶员眼睛位置在高度方向离散程度较大，这与1995年以后的研究结果差别较大。最主要的是，它也存在与阅读材料5-4中介绍的SAE H点位置曲线相同的不足之处。2002年更新后的SAE J941标准克服了上述缺陷，在眼椭圆尺寸计算方法上能够适合更多的国家和地区驾驶员群体；眼椭圆中心的定位考虑了更多的影响因素，并且预测因子的选取更符合设计思维，应用也比较灵活。因此，从整体上，新的眼椭圆能更加准确地描述和预测指定的目标驾驶员群体。

5.3.2　A类车、行程可调节座椅眼椭圆

【早期的眼椭圆和头廓包络，定位于布置图上】

1. 眼椭圆尺寸的计算

（1）长轴长度 L_x

研究表明，驾驶员眼睛位置沿眼椭圆长轴方向（A_x方向）的分布与驾驶员身高呈现0.473的相关关系。例如，两个驾驶员身高相差10mm，则其眼睛位置在A_x方向相差4.73mm。令变量$X=0.473(S-S_R)$表示眼睛在A_x方向的位置，S代表身高，S_R为参考身高。由于单一性别驾驶员群体的身高呈正态分布，则男子和女子的眼睛位置沿A_x方向各自呈正态分布，如图5.23所示。

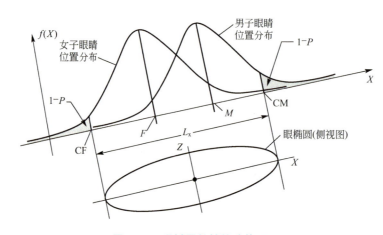

图5.23　眼椭圆长轴的计算原理

记$M=0.473(S_M-S_R)$，$F=0.473(S_F-S_R)$，M和F分别为目标驾驶员群体男子和女子眼睛位置分布的均值，S_F和S_M分别为平均女子身高和平均男子身高，如图5.23所示，CM和CF分别为男子、女子眼睛位置分布的上、下$1-P$分位点，P为眼椭圆的百分位值，则驾驶员眼睛位置落在CF左边的概率$1-P$为

$$\begin{aligned}
1-P &= p\{X<\mathrm{CF}\} \\
&= P_M \cdot p\{X_M<\mathrm{CF}\} + (1-P_M) \cdot p\{X_F<\mathrm{CF}\} \\
&= P_M \cdot p\left\{\frac{X_M-M}{\sigma_M}<\frac{\mathrm{CF}-M}{\sigma_M}\right\} + (1-P_M) \cdot p\left\{\frac{X_F-F}{\sigma_F}<\frac{\mathrm{CF}-F}{\sigma_F}\right\} \\
&= P_M \cdot \Phi\left(\frac{\mathrm{CF}-M}{\sigma_M}\right) + (1-P_M) \cdot \Phi\left(\frac{\mathrm{CF}-F}{\sigma_F}\right)
\end{aligned} \tag{5-9}$$

式中，X_M和X_F分别为男子和女子眼睛位置分布变量；P_M为目标驾驶员群体中男子出现的概率；Φ表示标准正态分布函数；σ_M和σ_F分别为男子和女子眼睛位置分布标准差，并且

$$\begin{cases} \sigma_M = (0.473^2 \sigma_{SM}^2 + 41.87^2)^{1/2} \\ \sigma_F = (0.473^2 \sigma_{SF}^2 + 41.87^2)^{1/2} \end{cases} \quad (5-10)$$

式中，σ_{SM} 和 σ_{SF} 分别为男、女驾驶员身高分布的标准差。

同理

$$\begin{aligned} P &= p\{X < CM\} \\ &= P_M \cdot p\{X_M < CM\} + (1-P_M) \cdot p\{X_F < CM\} \\ &= P_M \cdot p\left\{\frac{X_M - M}{\sigma_M} < \frac{CM - M}{\sigma_M}\right\} + (1-P_M) \cdot p\left\{\frac{X_F - F}{\sigma_F} < \frac{CM - F}{\sigma_F}\right\} \\ &= P_M \cdot \Phi\left(\frac{CM - M}{\sigma_M}\right) + (1-P_M) \cdot \Phi\left(\frac{CM - F}{\sigma_F}\right) \end{aligned} \quad (5-11)$$

由于 P 为眼椭圆的百分位值，根据式(5-9)和式(5-11)可以计算 CM 和 CF 的值，则眼椭圆长轴的长度为

$$L_x = CM - CF \quad (5-12)$$

（2）短轴长度 L_y 和竖轴长度 L_z

对于一定的驾驶员群体，当其坐在适意驾驶位置时，其眼睛位置在汽车坐标系三个方向上均呈正态分布。研究发现，眼椭圆的短轴和竖轴长度基本上不受驾驶员身高和布置参数的影响。因此，可以根据眼睛位置一维正态分布变量的标准差和眼椭圆百分位值 P 来计算 L_y 和 L_z，即

$$\begin{cases} L_y = 18.34[\Phi^{-1}(P) - \Phi^{-1}(1-P)] \\ L_z = 28.39[\Phi^{-1}(P) - \Phi^{-1}(1-P)] \end{cases} \quad (5-13)$$

式中，Φ^{-1} 表示标准正态分布函数的反函数。

2. 眼椭圆的定位

眼椭圆的定位包括确定椭圆中心位置和倾角。影响眼椭圆定位的布置参数包括：转向盘在前后方向相对于加速踏板基准点(PRP)的距离($L6$)、座椅高度($H30$)、变速类型(手动还是自动)和座椅升程($A19$)等，如图 5.24 所示。

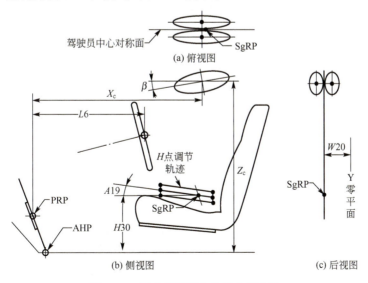

图 5.24 影响眼椭圆定位的布置参数

2002版SAE J941标准采用的是有关乘员眼睛位置分布规律最新的研究成果，其眼椭圆不再根据设计乘员躯干角度A40定位，而是认为：转向盘前后位置和座椅高度是影响眼椭圆中心位置的主要因素。新的定位方法采用了更多、更准确的参数作为定位因子，提高了灵活性和准确性。

（1）椭圆倾角的计算

眼椭圆的三个轴线互相垂直。轴线 A_y 方向平行于汽车坐标系 y 轴方向。对于 A 类车可调节座椅的眼椭圆，长轴轴线 A_x 与水平面的夹角应根据 H 点调节轨迹倾角 A19 计算，即

$$\beta = 18.6° - A19 \tag{5-14}$$

（2）椭圆中心的计算

椭圆中心的三个坐标分量 X_c、Y_c（分别以 Y_{cl} 和 Y_{cr} 代表左右眼椭圆中心 y 坐标）和 Z_c 分别以 PRP、Y 零平面和过 AHP 的水平面为定位基准，其计算公式为

$$\begin{cases} X_c = 664 + 0.587L6 - 0.176H30 - 12.5t + \dfrac{CM + CF}{2}\cos\beta \\ Y_{cl} = W20 - 32.5 \\ Y_{cr} = W20 + 32.5 \\ Z_c = 638 + H30 + \dfrac{CM + CF}{2}\sin\beta \end{cases} \tag{5-15}$$

式中，**L6** 为转向盘中心到加速踏板基准点（**PRP**）的前后距离；**H30** 为座椅高度；t 为变速类型，当有离合踏板时 $t=1$，否则 $t=0$；CM 和 CF 分别为男子和女子眼睛位置分布的上、下 1-P 分位点；β 为侧视图眼椭圆倾角；**W20** 为 SgRP 点在汽车坐标系中的 y 坐标。

3. 适合某些国家驾驶员群体的眼椭圆

【人体特征点在车身坐标系中的分布】

截至2002年，SAE给出了美国、日本和荷兰的眼椭圆尺寸和定位公式。从应用角度看，美国人来源广泛，人体尺寸分布范围大；日本人与整个亚洲人接近；荷兰人普遍高大。因此，这三个国家的眼椭圆数据在一定程度上能够适合主要的汽车消费地区人群特点。这三个国家的人体尺寸特征见表5-8。

表5-8 美国、日本和荷兰的人体尺寸特征

国家	性别	平均身高/mm	身高分布标准差/mm	平均坐高/mm
美国	男子	1755	74.2	919.5
	女子	1618	68.7	856.2
日本	男子	1672.7	62.4	901.3
	女子	1544.8	61.2	838.4
荷兰	男子	1806.2	80	944
	女子	1690	70	887

注：美国人体数据来源于美国国家健康和营养普查（NHANES III）数据，日本数据由丰田汽车公司提供，荷兰数据来自于 TNO 研究所。

（1）眼椭圆尺寸

适合美国人的 A 类车、可调节座椅眼椭圆尺寸见表5-9。日本和荷兰眼椭圆只给出

了当 TL23 大于 133mm 时的尺寸，见表 5-10。

表 5-9 适合美国人的 A 类车、可调节座椅眼椭圆尺寸

百分位	TL23/mm	长轴 L_x/mm	短轴 L_y/mm	竖轴 L_z/mm
95	1~133	173.8	60.3	93.4
	>133	206.4	60.3	93.4
99	1~133	242.1	85.3	132.1
	>133	287.1	85.3	132.1

表 5-10 日本和荷兰眼椭圆尺寸

国家	百分位	TL23/mm	长轴 L_x/mm	短轴 L_y/mm	竖轴 L_z/mm
日本	95	>133	195.1	60.3	93.4
	99		271.5	85.3	132.1
荷兰	95		202.0	60.3	93.4
	99		283.1	85.3	132.1

(2) 眼椭圆定位

A 类车可调节座椅眼椭圆定位公式为

$$\begin{cases} \beta = 18.6 - A19 \\ X_c = 664 + 0.587L6 - 0.176H30 - 12.5t + 0.473(S_T - S_{US})\cos\beta \\ Y_{cl} = W20 - 32.5 \\ Y_{cr} = W20 + 32.5 \\ Z_c = \dfrac{H_T}{H_{US}} \times 638 + H30 \end{cases} \quad (5-16)$$

式中，S_T 为目标驾驶员群体平均身高；S_{US} 为美国驾驶员群体平均身高；H_T 为目标驾驶员群体平均坐高；H_{US} 为美国驾驶员群体平均坐高。对于美国人的情况，$\beta = 12°$。

4. 眼点

眼椭圆为驾驶员视野设计提供了科学依据，但实际应用中也有诸多不便，例如，设计后视野时，需以眼椭圆轮廓上距离后视镜最远的点作眼点，但找这个眼点比较麻烦。经过统计研究，SAE 得出了方便某些场合使用的视原点，借助它们可方便地得到眼点。

(1) E 点

E 点(眼点)代表眼睛位置，是视野设计过程中视线的出发点。眼点有两个，分别代表左右眼睛的位置，左右眼点的距离为 65mm。

(2) P 点

P 点是驾驶员头部水平转动的中心点，与 E 点等高，位于左右眼点 E_L 和 E_R 连线中点后方 98mm 处，如图 5.25 所示。其中，图 5.25(a)的头部水平转动角为 0°；图 5.25(b)中头部绕 P 点

水平转动了 α 角，新的眼点为 E'_L 和 E'_R。SAE 中只定义了 A 类车、装备行程可调节座椅时的 P 点，对于 B 类车和固定座椅情况下没有定义 P 点。P 点采用相对于 95 百分位中央眼椭圆中心的偏移量来定位，见表 5-11，其中"+"号表示该值沿汽车坐标系轴线正方向起作用。中央眼椭圆是大小和眼椭圆相同、其中心位于左右眼椭圆中心连线中点的辅助椭圆。

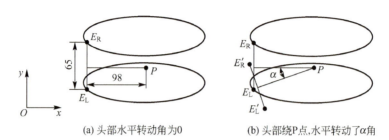

(a) 头部水平转动角为0　　　　(b) 头部绕P点，水平转动了α角

图 5.25　眼点与 P 点的相对位置

表 5-11　P 点相对于 95 百分位中央眼椭圆中心的偏移量

TL23	P 点	Δx/mm	Δy/mm 左侧驾驶	Δy/mm 右侧驾驶	Δz/mm
>133mm	P_1	0	−7.3	+7.3	−20.5
	P_2	26.2	+20.6	−20.6	−20.5
	P_3	191.0	−11.2	+11.2	+22.5
	P_4	191.0	+11.2	−11.2	+22.5
<133mm	P_1	16.3	−7.3	+7.3	−20.5
	P_2	39.2	+20.6	−20.6	−20.5
	P_3	175.0	−11.2	+11.2	+22.5
	P_4	175.0	+11.2	−11.2	+22.5

头部转动点 P_1 和 P_2 分别用来计算驾驶员左、右侧 A 柱的双目视野障碍角。头部转动点 P_4 和 P_3 分别用来计算驾驶员左、右侧后视镜的间接视野。

5.3.3　A 类车、固定座椅眼椭圆

【固定座椅眼椭圆和头廓包络，定位于布置图上】

所谓**固定座椅**，这里**专指 H 点或者靠背角度不可调节的座椅**。这种情况见于 H 点不能调节的前排乘员布置方案，或者用于后排乘员的情况。由于与可调节座椅乘坐环境的差异，使得乘员眼睛位置的分布规律有很大不同。固定座椅眼椭圆的形状以及与座椅的相对位置如图 5.26 所示。

在侧视图上，固定座椅眼椭圆的尺寸计算和定位是基于单一性别驾驶员眼睛位置沿 SgRP 到椭圆中心连线方向呈正态分布的假设，根据眼椭圆百分位来选取合适的分布分位点来计算的。鉴于固定座椅眼椭圆并不常用，这里不详细介绍定位和椭圆尺寸的计算原理，只给出适合美国人的固定座椅眼椭圆模型，椭圆的三个轴的尺寸见表 5-12。

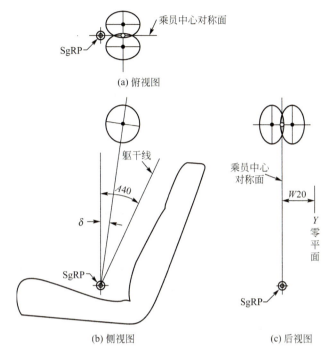

图 5.26 固定座椅眼椭圆

表 5-12 适合美国人的固定座椅眼椭圆尺寸

百分位	长轴 L_x/mm	短轴 L_y/mm	竖轴 L_z/mm
95	99.2	104.1	119.6
99	140.4	147.3	164.3

适合美国人的固定座椅眼椭圆定位公式为

$$\begin{cases} \beta = 0.719 A40 - 9.6 \\ X_r = 640\sin\delta \\ Y_{rl} = -32.5 \\ Y_{rr} = 32.5 \\ Z_r = 640\cos\delta \end{cases} \quad (5-17)$$

5.3.4　B 类车眼椭圆

1. B 类车眼椭圆尺寸和定位

B 类车眼椭圆标准的内容自 1987 年以来一直没有更新。眼椭圆尺寸见表 5-13。B 类车眼椭圆定位时以 **ATRP（Accommodation Tool Reference Point，驾驶室布置工具图形定位基准点）** 作为基准点。由于在操作 B 类车的驾驶员中，随具体车型的不同，驾驶员群体中男女比例可能会有较大的差异，因此，眼椭圆定位时需要**考虑驾驶员群体中男女比例**。此外，在侧视图上，眼椭圆关于其中心有向前下方 11.6°的转角；在俯视图上，左右眼椭圆关于其中心有向右侧 5.4°的转角，如图 5.27 所示。

表 5 – 13 B 类车眼椭圆尺寸

百分位	TL23/mm	长轴 L_x/mm	短轴 L_y/mm	竖轴 L_z/mm
95	100~133	173.8	105.0	86.0
	>133	198.9	105.0	86.0
99	100~133	242.1	149.0	122.0
	>133	268.2	149.0	122.0

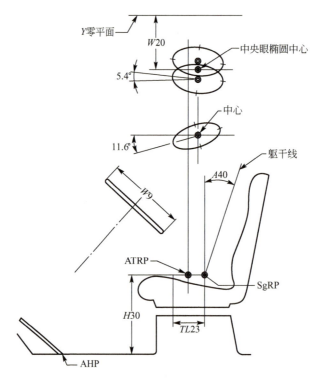

图 5.27 B 类车眼椭圆

眼椭圆中心相对于 ATRP 的定位公式列于表 5 – 14 中。表中，X 为椭圆中心相对于 ATRP 的水平距离；Y_L、Y_R 分别为左、右眼椭圆中心相对于 ATRP 的侧向距离；Z 为椭圆中心相对于 ATRP 的垂直距离。眼椭圆绕其中心旋转：在俯视图中向内侧偏 5.4°，侧视图中向前下偏转 11.6°。

表 5 – 14 眼椭圆中心相对于 ATRP 的定位公式

男女比例为 90:10 时	男女比例为 75:25 时	男女比例为 50:50 时
$\begin{cases} X = -184.44 + 12.23 A40 \\ Y_L = -32.5 \\ Y_R = 32.5 \\ Z = 707.52 - 4.17 A40 \end{cases}$	$\begin{cases} X = -201.05 + 13.65 A40 \\ Y_L = -32.5 \\ Y_R = 32.5 \\ Z = 699.66 - 3.82 A40 \end{cases}$	$\begin{cases} X = -175.26 + 12.68 A40 \\ Y_L = -32.5 \\ Y_R = 32.5 \\ Z = 691.09 - 3.57 A40 \end{cases}$

2. ATRP

ATRP 是驾驶室布置工具图形定位基准点，是 **SAE J1516** 标准中定义的、用于定位布置工具图形的基准点。对于 A 类车，根据 95 百分位 H 点位置曲线和 H 点高度计算 ATRP。对于 B 类车，根据 50 百分位驾驶员 H 点位置曲线、H 点高度和驾驶员男女比例来计算 ATRP。

对于 A 类车，现在基本上不采用 ATRP 来定位，所以这里只介绍 B 类车的 ATRP。同样，根据使用群体中男女比例的不同，也分为 3 种情况。ATRP 位置根据式(5-18)计算。

$$X = \begin{cases} 855.31 - 0.509Z & (男女比例为 90:10) \\ 822.44 - 0.460Z & (男女比例为 75:25) \\ 798.74 - 0.446Z & (男女比例为 50:50) \end{cases} \quad (5-18)$$

式中，X 为 ATRP 到 **AHP** 的水平距离(mm)；Z 为 ATRP 到 AHP 的垂直距离(mm)。这 3 条曲线实际上是 SAE J1517 标准中定义的 50 百分位 H 点位置曲线。

5.3.5 眼椭圆的理论解释

1. 眼椭圆的数学含义

对于一定的驾驶员群体，当其坐在适意的驾驶位置时，其眼睛位置在汽车坐标系 3 个方向上呈正态分布。设二维随机变量 (x_1, x_2) 中，x_1、x_2 代表眼睛位置坐标在汽车坐标系相应视图方向上的两个分量，由正态分布总体的性质可知，x_1、x_2 的联合分布为二维正态分布。该视图方向的眼椭圆轮廓实际上是二维随机变量(x_1, x_2)的概率密度函数在某高度上的水平截面线，如图 5.28 所示，下面给出数学证明。

二维正态分布变量的概率密度函数 $f(x_1, x_2)$ 可写为

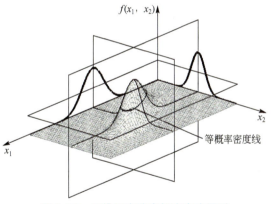

图 5.28 二维正态分布概率密度图形和等概率密度线

$$f(x_1, x_2) = \frac{1}{2\pi \sqrt{|\Sigma|}} e^{\left\{ -\frac{1}{2} \begin{Bmatrix} x_1 - \mu_1 \\ x_2 - \mu_2 \end{Bmatrix}^T \Sigma^{-1} \begin{Bmatrix} x_1 - \mu_1 \\ x_2 - \mu_2 \end{Bmatrix} \right\}}$$

$$= \frac{1}{2\pi \sigma_1 \sigma_2 \sqrt{1-\rho^2}} e^{\left\{ -\frac{1}{2(1-\rho^2)} \left[\left(\frac{x_1-\mu_1}{\sigma_1}\right)^2 - 2\rho \left(\frac{x_1-\mu_1}{\sigma_1}\right)\left(\frac{x_2-\mu_2}{\sigma_2}\right) + \left(\frac{x_2-\mu_2}{\sigma_2}\right)^2 \right] \right\}} \quad (5-19)$$

式中，x_1、x_2 分别为眼点位置的坐标分量；μ_1、μ_2 分别为 x_1、x_2 的数学期望(均值)；σ_1、σ_2 分别为 x_1、x_2 的标准差；ρ 为相关系数；$\Sigma = \begin{bmatrix} \sigma_1^2 & \rho\sigma_1\sigma_2 \\ \rho\sigma_1\sigma_2 & \sigma_2^2 \end{bmatrix}$ 为 x_1、x_2 的协方差矩阵。

令式(5-19)等号右边等于常数 C，即

$$\frac{1}{2\pi \sqrt{|\Sigma|}} e^{\left\{ -\frac{1}{2} \begin{Bmatrix} x_1 - \mu_1 \\ x_2 - \mu_2 \end{Bmatrix}^T \Sigma^{-1} \begin{Bmatrix} x_1 - \mu_1 \\ x_2 - \mu_2 \end{Bmatrix} \right\}} = C \quad (5-20)$$

将式(5-20)进一步整理，得

$$\begin{Bmatrix} x_1 - \mu_1 \\ x_2 - \mu_2 \end{Bmatrix}^T \sum{}^{-1} \begin{Bmatrix} x_1 - \mu_1 \\ x_2 - \mu_2 \end{Bmatrix} = C_1 = -2\ln\left(2\pi C \left|\sum\right|\right) \qquad (5-21)$$

考虑一般情况,$\sum$ 为非对角阵。根据协方差矩阵的性质,$\sum$ 为正定、对称和非奇异矩阵,其特征矢量相互正交,则存在坐标变换矩阵 $\boldsymbol{T} = [\boldsymbol{v}_1 \quad \boldsymbol{v}_2]$,使 $\sum = \boldsymbol{T\Lambda T}^{-1}$。其中,$\boldsymbol{v}_1$、$\boldsymbol{v}_2$ 为 $\sum$ 的规范化特征矢量,$\boldsymbol{\Lambda} = \begin{bmatrix} \lambda_1^2 & 0 \\ 0 & \lambda_2^2 \end{bmatrix}$ 为对角阵,λ_1、λ_2 为 $\sum$ 的特征根。于是,式(5-21)变为

$$\begin{Bmatrix} x_1 - \mu_1 \\ x_2 - \mu_2 \end{Bmatrix}^T \boldsymbol{T\Lambda}^{-1}\boldsymbol{T}^{-1} \begin{Bmatrix} x_1 - \mu_1 \\ x_2 - \mu_2 \end{Bmatrix} = C_1 \qquad (5-22)$$

作变换 $\begin{Bmatrix} x_1' - \mu_1' \\ x_2' - \mu_2' \end{Bmatrix} = \boldsymbol{T}^{-1} \begin{Bmatrix} x_1 - \mu_1 \\ x_2 - \mu_2 \end{Bmatrix}$,则式(5-22)变为

$$\begin{Bmatrix} x_1' - \mu_1' \\ x_2' - \mu_2' \end{Bmatrix}^T \boldsymbol{\Lambda}^{-1} \begin{Bmatrix} x_1' - \mu_1' \\ x_2' - \mu_2' \end{Bmatrix} = C_1 \qquad (5-23)$$

将式(5-23)展开并整理,得到

$$\frac{(x_1' - \mu_1')^2}{C_1 \lambda_1^2} + \frac{(x_2' - \mu_2')^2}{C_1 \lambda_2^2} = 1 \qquad (5-24)$$

式(5-24)是标准的椭圆方程。取不同的概率密度值 C 时,就对应着概率密度函数图形上不同高度的水平截面线。因此,某视图方向眼椭圆的几何含义,就是该方向眼睛坐标变量二维正态分布概率密度函数的等概率密度线。

2. 眼椭圆的视切比

视切比定义为眼睛位置落在眼椭圆切线包含眼椭圆一侧的概率。对于眼椭圆的任意切线,眼睛位置落在包含眼椭圆一侧的概率都相等,且等于眼椭圆的百分位。图 5.29 示意了眼椭圆视切比的含义。容易与视切比混淆的概念是包含比,它定义为眼睛位置落在眼椭圆内的概率。视切比总是要大于包含比。

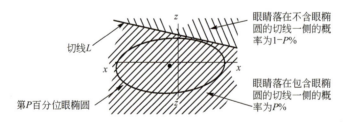

图 5.29 眼椭圆视切比的含义

由于眼睛位置在 x、y、z 这三个方向上的正态分布性质,它在三维空间中的分布呈椭球状,称为三维眼椭圆。在数学上,三维眼椭圆也是用视切比来定义的,即三维眼椭圆是由无数个平面所形成的包络面,每个平面都与椭球相切,且把空间分为包含三维眼椭圆和不包含三维眼椭圆两个部分,眼睛位置落在其任意切平面包含三维眼椭圆一侧的概率都等于视切比。三维眼椭圆左右各一,分别表示左右眼的分布图形。

5.3.6 眼椭圆的应用

眼椭圆是汽车视野设计的基础，但只有与视线（切线）一起使用方有意义。以驾驶员前方下视野设计为例，进一步说明应用眼椭圆进行视野设计的原理，如图 5.30 所示。若要驾驶员前方下视野不被发动机罩、前风窗下边缘、仪表板上边缘或转向盘上边缘所阻挡，并能看到车头前方一定距离 d 以外的路面，通常的做法是在侧视图上，从地面上距离车头 d 处的一点 P_d 作 95 百分位眼椭圆的下切线 L_d，则眼睛位置落在切线 L_d 上方的概率是 95%。如果使发动机罩、前风窗下边缘、仪表板上边缘和转向盘上缘都在切线 L_d 的下方，就能以 95% 的概率保证驾驶员的眼睛不被上述物体遮挡而能看到 P_d 点前方的路面，从而满足上述视野要求。以 SAE 眼椭圆为理论依据，可进行如下视野设计内容：内外视镜布置，驾驶员前方视野的设计和校核，车身 A、B、C 柱盲区的计算、仪表板上可视区的确定，刮水器布置和刮扫区域校核，以及遮阳带位置的确定等。

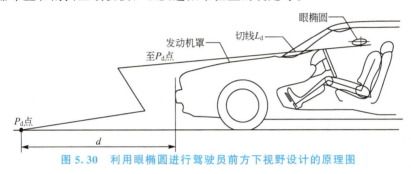

图 5.30 利用眼椭圆进行驾驶员前方下视野设计的原理图

5.4 头廓包络

5.4.1 概述

1. 头廓包络的定义

头廓包络指不同身材的乘员以正常姿势坐在适意的位置时，其头廓（包括头发）的包络，它用于在设计中确定乘员所需的头部空间。与眼椭圆相对应，头廓包络面也包括座椅行程可调式和不可调式两种。

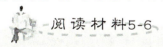阅读材料5-6

SAE 头廓包络的研究背景

SAE 头廓包络是基于 20 世纪 60 年代 SAE 主持的乘员头部和眼睛位置以及头部尺寸等方面的研究开发的，1974 年被纳入 SAE J1052 标准。1997 年修订的 SAE J1052 标准中，为适应 CAD 的需要用头廓包络面取代了头廓包络线，且前排外侧乘员的头廓包络面考虑了头左右环顾的情况，包络面左、右部分之间向乘员外侧方向增加了 23mm 平段。2002 年修订的 SAE J1052 标准中更新了头廓包络的定位方法，使其应用更灵活、适应性更强。

2. 头廓包络生成原理

通过对人的头部尺寸进行测量和统计，SAE 制定了平均头廓线，用来描述侧视和后视方向头廓的平均尺寸，如图 5.31 所示。

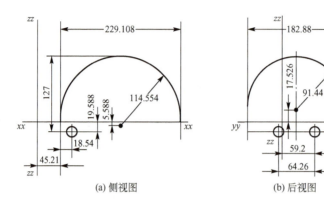

(a) 侧视图　　　　　　　　(b) 后视图

图 5.31　SAE 平均头廓线

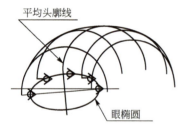

图 5.32　头廓包络面生成原理

将平均头廓线样板上的眼点沿着眼椭圆轮廓上半部分运动，平均头廓线随之平动，描绘出的各个位置平均头廓线的包络就是头廓包络线，如图 5.32 所示。

1997 年，头廓包络面取代了头廓包络线。包络面开发采用是 CAESAR 人体数据库中 3 个平均身材男子头廓的三维扫描数据。为方便使用，SAE 将头廓包络面简化为上半椭球面。

5.4.2　A 类车头廓包络

1. 头廓包络面的尺寸

头廓包络面的尺寸包括长轴、短轴和竖轴的长度。各种座椅水平调节行程 TL23 的乘员头廓包络面尺寸见表 5-15。行程可调节座椅（TL23>0）头廓包络尺寸的含义如图 5.33 所示，固定座椅（TL23=0）的头廓包络尺寸含义如图 5.34 所示。

表 5-15　头廓包络面的尺寸

百分位	乘员	TL23/mm	L_x/mm	L_y/mm（车内侧）	L_y/mm（车外侧）	L_z/mm
95	驾驶员和前排外侧乘员	>133	±211.25	143.75	166.75	133.50
		≤133	±198.76	143.75	166.75	133.50
		0	±173.31	143.41	166.41	147.07
	前排中央乘员	>133	±211.25	143.75	143.75	133.50
		≤133	±198.76	143.75	143.75	133.50
	其他	0	±173.31	143.41	143.41	147.07

（续）

百分位	乘员	TL23/mm	L_x/mm	L_y/mm（车内侧）	L_y/mm（车外侧）	L_z/mm
99	驾驶员和前排外侧乘员	>133	±246.04	166.79	189.79	151.00
		≤133	±232.40	166.79	189.79	151.00
		0	±198.00	165.20	189.20	169.66
	前排中央乘员	>133	±246.04	166.79	166.79	151.00
		≤133	±232.40	166.79	166.79	151.00
	其他	0	±198.00	165.20	165.20	169.66

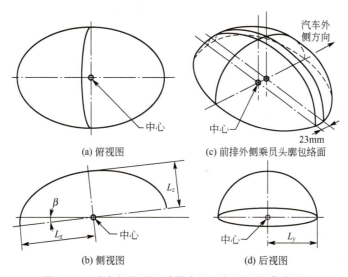

图 5.33　头廓包络面尺寸的含义（行程可调节座椅）

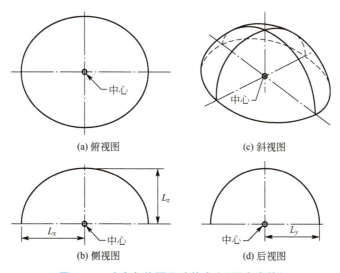

图 5.34　头廓包络面尺寸的含义（固定座椅）

2. 头廓包络面的定位

（1）头廓包络面倾角

2002 版的 **SAE J1052 标准**中，适合 A 类车、行程可调节座椅的头廓包络面只在侧视图有向前下方 12°的倾角 β，其他视图方向的倾角为 0°。对于固定座椅，在各个视图方向倾角均为 0°。

（2）头廓包络面中心位置

驾驶员头廓包络面中心的 3 个坐标分量 X_c、Y_c 和 Z_c 分别以 PRP、Y 零平面和过 AHP 的水平面为定位基准，如图 5.35 所示。

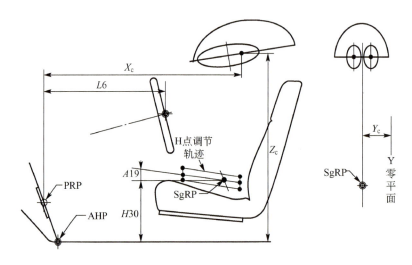

图 5.35　驾驶员头廓包络面位置

当座椅水平调节量 TL23＞0 时，有

$$\begin{cases} X_c = 664 + 0.587L6 - 0.176H30 - 12.5t + X_h \\ Y_c = W20 \\ Z_c = 638 + H30 + Z_h \end{cases} \quad (5-25)$$

式中，$L6$ 为转向盘中心到加速踏板基准点（PRP）的水平距离；$H30$ 为座椅高度；t 为变速类型，当有离合踏板时 $t=1$，否则 $t=0$；X_h、Z_h 的取值见表 5-16；$W20$ 为 SgRP 点在汽车坐标系中的 y 坐标，对于左侧驾驶时为负值。

表 5-16　X_h 和 Z_h 的取值

TL23	X_h/mm	Z_h/mm	TL23	X_h/mm	Z_h/mm
＞133	90.6	52.6	0	85.4	42.0
≤133	89.5	45.9	—	—	—

对于**固定座椅（座椅水平调节量 TL23＝0）**，头廓包络面中心相对于 SgRP 的三个坐标分量 X_c、Y_c 和 Z_c 为

$$\begin{cases} X_c = 640\sin\delta + X_h \\ Y_c = W20 \\ Z_c = 640\cos\delta + Z_h \\ \delta = 0.719A40 - 9.6 \end{cases} \qquad (5-26)$$

式中，δ 为固定座椅眼椭圆中心在侧视图关于 SgRP 的后摆角。

无论是固定座椅，还是行程可调节座椅，当定位眼椭圆之后，可以直接根据左右眼椭圆中心连线中点（中央眼椭圆中心）来定位相应的头廓包络。头廓包络中心相对于中央眼椭圆中心的偏移量见表 5-17。

表 5-17 头廓包络中心相对于中央眼椭圆中心的偏移量

TL23	ΔX	ΔY	ΔZ
>133mm	90.6	0	52.6
≤133mm	89.5	0	45.9
0	85.4	0	42.0

5.4.3 B 类车头廓包络

B 类车只定义了驾驶员的头廓包络，其尺寸见表 5-15。B 类车驾驶员的头廓包络面只在侧视图上有向前下方 11.6°的倾角，其他视图方向的倾角为零。定位头廓包络面中心时，同样要考虑目标驾驶员群体中的男女比例。头廓包络面中心相对于 ATRP 的三个坐标分量 X_c、Y_c 和 Z_c 见表 5-18，其中，$A40$ 为驾驶员躯干角，通常取 11°~18°。

表 5-18 B 类车头廓包络面中心相对于 ATRP 的位置

男女比例为 90:10 时	男女比例为 75:25 时	男女比例为 50:50 时
$\begin{cases} X_c = -91.94 + 12.23A40 \\ Y_c = 0 \\ Z_c = 744.02 - 4.17A40 \end{cases}$	$\begin{cases} X_c = -108.55 + 13.65A40 \\ Y_c = 0 \\ Z_c = 736.16 - 3.82A40 \end{cases}$	$\begin{cases} X_c = -82.76 + 12.68A40 \\ Y_c = 0 \\ Z_c = 727.59 - 3.57A40 \end{cases}$

5.4.4 头廓包络的应用

乘员头部与车身结构之间的空间对于保证乘员头部活动，以及在颠簸和翻车等情况下使头部具有必要的缓冲空间具有重要意义，但这个空间设计过大会浪费空间，并增大汽车正面迎风面积而使空气阻力加大。因此，头部空间尺寸关系到整车性能的好坏，必须科学合理地选取，而关键就是能够将乘员头部占据空间的范围描述出来，然后只要控制头顶内饰与乘员头部占据空间范围边界即可，如图 5.36 所示。当作出头廓包络之后，参照对标尺寸 $H61$，并选择合适的 $L38$、$H41$、$L39$ 等尺寸，就能够将头部空间和顶盖不同部位的高度确定下来。同样，在侧视图上选择合适的 $W27$、$W35$ 和 $H35$ 等尺寸，就能够将宽度方向顶盖不同部位的高度确定下来，如图 5.37 所示，这样就为造型和结构设计提供了依据和要求。

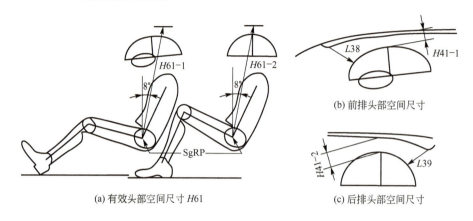

(a) 有效头部空间尺寸 $H61$

(b) 前排头部空间尺寸

(c) 后排头部空间尺寸

图 5.36　头部空间和顶盖高度的确定(侧视图)

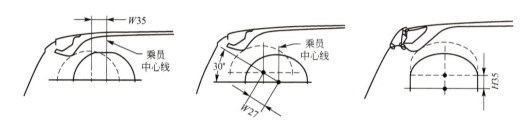

图 5.37　头部空间和顶盖高度的确定(后视图)

5.5　驾驶员手伸及界面

当驾驶员操纵汽车行驶时,其神经总是处于较为紧张的状态。因此必须保证驾驶员在身体躯干部位不大变动的情况下,能方便地操纵转向盘、踏板以及各种钮件。在 1976 年 7 月,SAE 就推出了驾驶员手伸及界面标准 SAE J287。目前最新的版本是 1988 年 6 月推出的,取代了 1980 年 2 月的版本。在 SAE J287 中给出的数据是适合 95% 驾驶员的手伸及界面,即它描述的范围至少有 95% 的驾驶员能够伸及到。

5.5.1　相关概念

【手伸及界面和 HR 基准面】

1. 驾驶员手伸及界面

驾驶员手伸及界面是指驾驶员以正常姿势入座、身系安全带、右脚踩在加速踏板上、一手握住转向盘时,另一手所能伸及的最大空间廓面。根据安全带形式,有对应于三点式安全带和两点式安全带两种类型的手伸及界面。驾驶员手伸及界面在车内的位置如图 5.38 所示。驾驶室内手操纵装置的位置都应该布置在此廓面范围内。

2. 通用布置因子

通用布置因子(General Package Factor,G 因子)是反映驾驶员乘坐环境布置的代数式,即

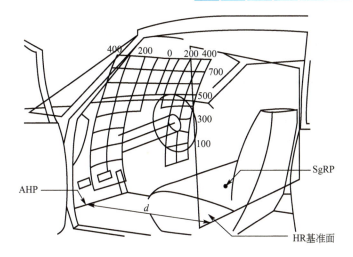

图 5.38 驾驶员手伸及界面在车内的位置

$$G = 0.0018 \times H30 - 0.0197 \times A40 + 0.0027 \times W9 + 0.0106 \times A18 -$$
$$0.001 \times L11 + 0.0024 \times H17 + 0.0027 \times A42 - 3.0853 \quad (5-27)$$

式中，$H30$ 为乘坐基准点(SgRP)到加速踏板踵点(AHP)的垂直距离；$A40$ 为 H 点装置的躯干角；$W9$ 为转向盘直径；$A18$ 为转向盘倾角；$L11$ 为转向盘中心到 AHP 的前后方向距离；$H17$ 为转向盘中心到 AHP 的垂直距离；$A42$ 为 H 点装置躯干和大腿夹角。各项尺寸的含义如图 5.39 所示。

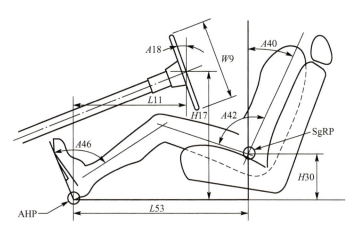

图 5.39 驾驶员乘坐环境布置尺寸

3. HR 基准面

HR 基准面(Hand Reach Reference Plane)是用于定位驾驶员手伸及界面的平面，它平行于车辆坐标系 yz 平面，位于 AHP 后方，到 AHP 的距离根据式(5-28)计算。

$$HR = 786 - 99G \quad (5-28)$$

5.5.2 驾驶员手伸及界面的测量

驾驶员手伸及界面数据是在手伸及界面测量台上测得，再经统计分析后得到的。驾驶员手伸及界面的测量如图 5.40 所示。

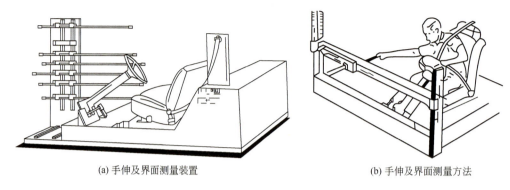

(a) 手伸及界面测量装置　　　　　　　　　(b) 手伸及界面测量方法

图 5.40　驾驶员手伸及界面的测量

5.5.3　驾驶员手伸及界面的描述

驾驶员手伸及界面数据是在通过对手伸及界面测量台上测得的数据进行统计分析后得到的。将在测量台上测得的数据根据 G 因子和男女比例进行分类，对于三点式安全带和两点式安全带各列成 21 张数据表格，用来构造手伸及界面。其中 G 因子分成 $G<-1.25$、$-1.24<G<-0.75$、$-0.74<G<-0.25$、$-0.24<G<0.24$、$0.25<G<0.74$、$0.75<G<1.24$ 和 $G>1.25$ 七种。驾驶员男女人数比例分为 50∶50、75∶25 和 90∶10 三种。所以**每张表格对应着一定范围的 G 因子值以及确定的驾驶员比例和安全带形式**。表 5-19 给出了手伸及界面数据表格示例，该表对应于 $G<1.5$、男女人数比例为 50∶50 的数据。

表 5-19　手伸及界面数据表格　　　　　　　　　　（单位：mm）

距 H 点的高度	驾驶员中心线外侧							驾驶员中心线内侧							
	400	300	250	200	100	50	0	0	50	100	200	250	300	400	500	600
800	387	438	456	470	490	490	502	493	501	504	495	483	468	426	377	
700	463	506	520	531	546	551	556	550	562	566	557	546	532	499	455	
600	519	555	567	576	586	586	586	590	605	611	604	595	584	555	514	449
500	556	586	598	606	609	603	589	614	630	638	637	631	622	595	553	486
450	567	595	607	615	615	604	583	620	636	645	649	644	636	609	565	498
400	574	600	612	621	618	601	571	621	637	648	656	654	646	619	572	506
350	576	601	614	623	616	594	555	619	633	646	660	660	654	625	574	511
300	574	597	612	622	611				639		660	662	658	626	572	510
250	567	590	605	617	602				628		657	662	658	624	564	506
200	557	578	596	608	590				613		649	658	656	618	551	498
100	524	544	566	581							624	639	640	593	510	469
0	474											584	607	610	551	449	423
-100	410											528	561	567	493	367	360

手伸及界面上的点位于 HR 基准面前方，表格中数据表示这些点沿 x 方向到 HR 基准面的距离。数据在 z 方向以通过 H 点的水平面为基准，向上为正，向下为负；在 y 方向以

通过 H 点的纵向垂直平面为基准，驾驶员向左为外侧，向右为内侧。

5.5.4 驾驶员手伸及界面的定位

要建立驾驶员手伸及界面，首先要定位 HR 基准面。之后根据表格中的数据就可以构造出手伸及界面。HR 基准面的定位方法如下。

（1）确定驾驶室内部设计尺寸和驾驶员男女比例，并由式(5-27)计算 G 值。

（2）根据式(5-28)计算 HR 基准面 x 方向的位置。如果 $786-99G > L53$，HR 基准面位于 SgRP 处；反之，HR 基准面位于 AHP 后方 $786-99G$ 处。

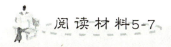
阅读材料5-7

2007 版驾驶员手伸及界面

2007 版驾驶员手伸及界面标准进行了较大的更改，简化了 G 因子的计算，使得预测因子大大减少；澄清了上部躯干对于有约束和无约束的情况使用数据表格的问题；将数据表格中的数据单位统一为 mm；并明确指出本标准只适用于 A 类车。尽管明确了只适用于 A 类车，驾驶员群体中男性和女性的比例仍然考虑了 50∶50、75∶25 和 90∶10 三种情况。基于自 1997 年以来积累的车型数据的统计分析，发现只使用 H30 和 H17 就足以描述和分类绝大多数驾驶室布置尺寸的分布，于是将 G 因子简化为

$$G = 0.00327H30 + 0.00285H17 - 3.21 \quad (5-29)$$

【数字人体模型】

此前的驾驶员手伸及界面研究时，起初测量的驾驶室尺寸远不止式(5-27)中的那些，但是经过因子分析处理之后，提取出来用于描述驾驶室布置尺寸的综合因子即 G 因子。从 G 因子的表达式即式(5-27)可见，其自变量中的许多项之间存在较强的相关性（冗余）。因此，2007 版进行的精简是合理的。

5.5.5 驾驶员手伸及界面的应用

驾驶员手伸及界面用于辅助进行仪表板上操纵按钮的布置。常用的操纵按钮应该布置在驾驶员手伸及界面描述的界限范围内。

由于测量时测量杆的一端是一个 25mm 的三指抓捏式操作按钮，在实际应用时应根据操作按钮的形式进行一定的修正。例如，指点式按钮的伸及范围应比抓捏式的往前加长 50mm；手推式按钮的伸及范围要比抓捏式的往后缩短 50mm。

目前，SAE J287 标准主要适用于乘用车、MPV 以及轻型和中型货车，但不适用于重型货车。

5.5.6 驾驶员手伸及界面与个体伸及能力界面的区别

SAE J287 中定义的驾驶员手伸及界面是反映驾驶员群体中大多数个体伸及能力的界面。考虑到手伸及界面以内的操纵件能够被大多数人伸及到，设计中使用的通常是小百分位的伸及界面。例如，要使 95% 的个体能够伸及到手伸及界面内的操纵件，应该使用 5 百分位的手伸及界面。

SAE 手伸及界面与个体的手伸及界面是有区别的。首先，SAE 手伸及界面反映的是

一定驾驶姿势状态下驾驶员的伸及能力,并受到驾驶操作、安全带和转向盘位置的约束。个体的伸及能力一般取决于人体尺寸(静态尺寸和功能尺寸)和姿势习惯等因素。采用数字人体模型能够方便地将个体的伸及界面作出。用 RAMSIS 和 Safework 作出的个体手伸及界面如图 5.41 所示。汽车内部布置时,应该采用 SAE 手伸及界面。当用数字人体模型对设计方案进行分析时,必须考虑人体姿势习惯和安全带、转向盘等对人体的约束作用。

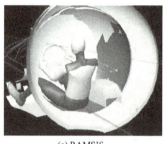
(a) RAMSIS

(b) Safework

图 5.41　个体手伸及界面

5.6　驾驶员膝部包络线

驾驶室仪表板下方的膝部空间设计应以驾驶员膝部包络线为依据。膝部空间的形状和尺寸直接影响到操作方便性以及撞车时驾驶员身体的运动轨迹和伤害程度。

5.6.1　驾驶员膝部包络线的生成

膝部包络线的生成需要具备三个要素:膝部特征点、膝椭圆和二维人体模板的小腿。

膝部特征点 K 定义在胫关节和踝关节连线的垂直线上,该垂直线通过胫关节中心,K 点到胫关节中心的距离为 50.8mm。左右膝部特征点分别表示操作离合器踏板和操作加速踏板的膝部特征点。由摄影法获得的位置数据经过统计分析后得知,两膝部特征点的分布均为椭圆。

由于操作踏板时小腿绕踝点的运动,所以还需将小腿运动时膝部扫过的轨迹求出,方能形成膝部包络线。膝部包络线的生成方法是以左右踵点分别为支承点转动左右小腿。转动过程中,描绘出膝部轮廓的轨迹,便可得到膝部包络线。将膝部包络线数据经过拟合后得知,左右膝部包络线分别为两条圆弧。左膝部包络线(离合器踏板)的圆弧半径为 103.25mm,右膝部包络线(加速踏板)的圆弧半径为 113.25mm 如图 5.42 所示。

图 5.42　驾驶员膝部包络线

5.6.2　驾驶员膝部包络线的定位

1. 驾驶员膝部包络线定位步骤

(1) 确定定位基准线和定位基准点。

(2) 确定驾驶员男女比例。

(3) 利用公式计算出膝部包络线圆心的位置。

2. 左膝部包络线位置

当驾驶员男女比例为 50∶50 时，有

$$\begin{cases} x = 12049.4057 + (CHX)(-15.7837 - 0.0222(CX) + (CZ)(0.0483 - \\ \quad (6.5 \times 10^{-9})(H30)(CX))) + (H30)(-6.7718 - 0.0105(CX) + \\ \quad 0.0201(CZ)) + (CX)(17.9401 - 0.0001(CX) + \\ \quad 0.0030(CZ)) + (CZ)(-37.9352 + 0.0010(CZ)) \\ z = -2210.6823 + (CHX)(3.3278 + 0.0370(CX) + (CZ)(-0.0403 + \\ \quad (2.7 \times 10^{-9})(H30)(CX))) + (H30)(0.4561 + 0.0155(CX) - \\ \quad 0.0167(CZ)) + (CX)(-28.7615 - 0.0009(CX) - \\ \quad 0.0003(CZ)) + (CZ)(32.7120 - 0.0007(CZ)) \end{cases} \quad (5-30)$$

当驾驶员男女比例为 75∶25 时，有

$$\begin{cases} x = 4229.4784 + (CHX)(-5.8753 + 0.0789(CX) + (CZ)(-0.0473 - \\ \quad (3.9 \times 10^{-9})(H30)(CX))) + (H30)(-2.3832 + 0.0351(CX) - \\ \quad 0.0232(CZ)) + (CX)(-64.3385 - 0.0002(CX) + \\ \quad 0.0024(CZ)) + (CZ)(39.6780 + 0.0007(CZ)) \\ z = 12254.3381 + (CHX)(-14.3121 - 0.0450(CX) + (CZ)(0.0692 + \\ \quad (6.6 \times 10^{-9})(H30)(CX))) + (H30)(-7.6863 - \\ \quad 0.0219(CX) + 0.0326(CZ)) + (CX)(37.9286 - 0.0009(CX) - \\ \quad 0.0016(CZ)) + (CZ)(-56.1338 - 0.0006(CZ)) \end{cases} \quad (5-31)$$

当驾驶员男女比例为 90∶10 时，有

$$\begin{cases} x = 14601.7633 + (CHX)(-17.7652 + 0.0081(CX) + (CZ)(0.0506 - \\ \quad (8.6 \times 10^{-9})(H30)(CX))) + (H30)(-8.7461 + \\ \quad 0.0034(CX) + 0.0243(CZ)) + (CX)(-6.6220 + (5.7 \times 10^{-6})(CX) + \\ \quad 0.0035(CZ)) + (CZ)(-42.6080 + 0.0010(CZ)) \\ z = 13459.0413 + (CHX)(-15.2231 - 0.3160(CX) + (CZ)(0.1508 + \\ \quad (3.4 \times 10^{-8})(H30)(CX)) + (H30)(-8.8427 - \\ \quad 0.1641(CX) + 0.0769(CZ)) + (CX)(271.9531 - 0.0013(CX) - \\ \quad 0.0085(CZ)) + (CZ)(-127.735 - 0.0012(CZ)) \end{cases} \quad (5-32)$$

式中，x 为膝部包络线圆心相对于定位基准点的水平偏移量；z 为膝部包络线圆心相对于定位基准点的垂直偏移量；CHX 为定位基准点至踏板踵点的水平距离；CX 为离合器踏板表面中心点至踏板踵点的水平距离；CZ 为离合器踏板表面中心点至踏板踵点的垂直距离；$H30$ 为座椅高度。

3. 右膝部包络线位置

当驾驶员男女比例为 50∶50 时，有

$$\begin{cases} x=(-991.525+0.8658(H30))-2((-991.525+0.8658(H30))-\\ \quad(-718.243+0.4462(H30)))\\ z=334.882-0.637(H30) \end{cases} \quad (5-33)$$

当驾驶员男女比例为 75∶25 时，有

$$\begin{cases} x=(-1036.737+0.9074(H30))-2((-1036.737+0.9074(H30))-\\ \quad(-741.943+0.4595(H30)))\\ z=373.098-0.696(H30) \end{cases} \quad (5-34)$$

当驾驶员男女比例为 90∶10 时，有

$$\begin{cases} x=(-1093.640+0.9932(H30))-2((-1093.640+0.9932(H30))-\\ \quad(-774.852+0.5087(H30)))\\ z=324.916-0.5832(H30) \end{cases} \quad (5-35)$$

5.7 驾驶员胃部包络线

驾驶员胃部包络线对于确定转向盘与驾驶员座椅之间的空间尺寸，以及确定座椅安全带结构方案具有重要参考作用。

5.7.1 驾驶员胃部包络线的生成

驾驶员胃部包络线的生成需要三个要素：两个胃部特征点和一个辅助点。第一个胃部特征点在驾驶员胃部突出处，第二个胃部特征点在驾驶员腰部前下方与安全带贴合处。根据摄影数据统计分析，这两个胃部特征点的分布图形也是呈椭圆形。

驾驶员胃部包络线应该通过这两个特征点。为此，在胃部最突出点的椭圆上边缘作一水平切线，再通过这个椭圆的前端点作一垂直切线。这两条切线相交的点称为辅助点，即第三个要素。然后，通过辅助点、胃部椭圆最前点以及安全带与腰部贴合处上方的点拟合一曲线，使这两个椭圆被包络在其中。这条包络线被拟合为一圆弧，半径为 157.45mm，如图 5.43 所示。

图 5.43 驾驶员胃部包络线

5.7.2 驾驶员胃部包络线的定位

1. 驾驶员胃部包络线定位步骤

(1) 首先确定定位基准线和基准点。
(2) 确定驾驶员男女比例。
(3) 利用下述公式计算胃部包络线圆心相对于定位基准点的水平和垂直偏移量。

2. 胃部包络线位置

当驾驶员男女比例为 50∶50 时，有

$$\begin{cases} x = (-752.657 + 1.0461(H30)) - 2((-752.657 + 1.0461(H30)) - \\ \quad (-368.243 + 0.4462(H30))) \\ z = 249.319 - 0.1127(H30) \end{cases} \quad (5-36)$$

当驾驶员男女比例为 75∶25 时，有

$$\begin{cases} x = (-765.650 + 1.0149(H30)) - 2((-765.650 + 1.0149(H30)) - \\ \quad (-391.943 + 0.4595(H30))) \\ z = 240.182 - 0.0891(H30) \end{cases} \quad (5-37)$$

当驾驶员男女比例为 90∶10 时，有

$$\begin{cases} x = (-788.548 + 1.0541(H30)) - 2((-788.548 + 1.0541(H30)) - \\ \quad (-424.852 + 0.5087(H30))) \\ z = 235.894 - 0.0793(H30) \end{cases} \quad (5-38)$$

式中，$H30$ 为座椅高度；x、z 分别为胃部包络线圆心相对于定位基准点的水平和垂直偏移量。

5.8 数字人体模型

5.8.1 数字人体模型的基本原理

所谓数字人体建模，是在计算机中建立一种能够操纵、控制的虚拟人的描述和人机系统，以实现人机工程的交互和设计问题的求解。它实质上是开发一种数学模型，用于预测人的各种行为，并能够在计算机中实时显示出来。

在计算机中所建立的虚拟人体描述称为数字人体模型。大多数数字人体模型都是一个专家系统，其中集成了许多专业知识，如人体测量学、生物力学、人体运动和动力学、人体感知响应特性、组织应力及限度、工作生理、人工智能、工业设计、计算机仿真等。

阅读材料5-8

数字人体模型的研究背景

当开发与人相关的工作系统和产品时，传统的方法是直接应用人体测量学数据，然后制造实物模型(Mock-up)，对实物模型进行评价，在此基础上提出改进建议。由于此时开发过程一直在向前继续，设计方案的变更会大大增加设计成本，甚至是不可能的，如图 5.44 所示。随着虚拟现实技术的快速发展和并行工程在产品开发中的应用，采用**快速原型技术(Rapid Prototype，RP)** 在设计的早期就能定义产品的概念模型——**数字样机(Digital Mock-up，DMU)**，对设计方案进行设计和虚拟验证。**数字人体模型(Digital Human Model，DHM)** 就专用于人机工程方面的因素分析，不同的方案在很早的设计阶段即可进行比较。

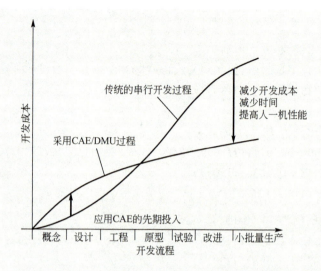

图 5.44　传统方法与现代方法设计变更的成本与进度的关系

在载人航天、核电站维护、大型武器系统设计、多兵种军事训练和演习、汽车碰撞乘员伤害分析等领域，传统的实验验证方法不仅要花费巨额的资金，还需要承担人员伤害风险。利用数字人体模型在虚拟环境中进行仿真分析为解决上述问题提供了新途径。

对于汽车设计，在概念设计阶段，常常借助一些辅助的工具来描述目标群体的空间分布范围。例如，在给定的乘坐高度上确定不同身材的驾驶员的 H 点分布范围、舒适观察范围等，以保证设计方案对于群体的适应度。早期的这些辅助设计工具（如 SAE 眼椭圆、H 点位置曲线等）通常是针对特定群体的，对于不同国家、不同年代的人，其描述能力就有很大的限制。

无论是想要在设计早期对人机系统进行各种分析，还是为了能对各种个体和群体特点进行方便的描述，都需要一种将人体各方面特性在计算机中表现出来的可视化模型，一种能够灵活地适应多种设计和分析内容，能够准确地描述群体特征，能够方便地与 CAD 系统结合的工具。因此，以人体结构和测量学参数为基础，采用运动学、动力学、生物力学方法建立的数字人体模型，作为描述人体形态和力学特征的有效手段应运而生，成为设计、分析、评价人机系统的测量和模拟工具。借助数字人体模型，以往要在现实环境中完成的实验，现在在 CAD 虚拟环境中就能完成，而且能够模拟更多人的特征。例如，人的力量、活动、与物体接触时身体的变形等。应用数字人体模型的优点如下：①在早期更容易发现设计问题；②减少甚至取消物理模型；③与虚拟原型（或数字样机）、虚拟实验结合，减少了实验费用，并节约了时间，降低了成本。

较早的相对成熟的 3D 人体系统是诺丁汉大学 1965 年开发的 SAMMIE，采用了较简单的形状描述人体骨骼系统和体表，能够模拟驾驶员开车门到驾车的过程，以及常见的驾驶操作过程。后来又出现一些人体系统，如 Cyberman(1980)、Ergoman(1982)、Anybody(1985)、Anthropos(1990)。数字人体模型相关技术随着计算机技术的兴起得到快速发展，形成了人机工程设计、计算机动画和教学三个主要应用领域。目前已出现了上百种数字人体模型软件系统，在人机工程设计领域较为成功的商用数字人体模型系统主要有 Transom/Jack、Genicom/Safework 和 Human-solutions/RAMSIS 等，在 UGNX、

CATIA 等主流设计软件中有集成的模块,如图 5.45 所示。随着人机工程学研究的深入和普及,以及计算机模拟技术的发展和应用,数字人体模型在设计中应用的比重越来越大,汽车人机性能分析和优化越来越多地借助数字人体模型完成。相比之下,传统的设计工具图形更适合在初步的方案设计中应用。

(a) RAMSIS　　　　　(b) Jack　　　　　(c) Safework

图 5.45　RAMSIS、Jack 和 Safework 人体模型

随着数字人体模型在设计中应用的推广,许多相关的研究已经成为国际上研究的热点。SAE 每年都举行数字人体建模学术会议(SAE Digital Human Modeling for Design and Engineering Conference and Exhibition),极大地促进了数字人体建模和模拟技术的发展。

5.8.2　数字人体模型的功能

人机工程学领域应用的数字人体模型主要是为产品设计和人机工程分析服务的。数字人体模型是在虚拟世界里对真人的表达,其功能依赖于其模拟真人的程度和人机界面设计的好坏。目前,成熟的数字人体模型都具有一些典型的设计和分析功能。

(1) 人体建模,包括人体运动学、动力学、生物力学建模和身体特征点描述等。

(2) 人体数据管理和应用,包括与常见人体数据库的接口、人体尺寸计算和增长预测等。

(3) 肢体驱动、定位和姿势预测,姿势和运动过程模拟,以及模拟过程的记录和回放等。

(4) 视野分析,包括视野范围、眼睛活动范围、视景显示等。

(5) 通过对肢体和关节活动的模拟,对人的作业空间进行模拟,如计算肢体最大活动范围界面。

(6) 人体出力计算,包括综合考虑年龄、性别、身体状况、操作过程特点的操作力,静态和动态状况下关节力和力矩、脊椎间盘压力等。

(7) 姿势和操作过程的舒适性评价。

(8) 一些典型操作过程的模拟和人机工效分析,如 NIOSH 举升过程分析、快速上肢操作评估 RULA,OWAS 作业姿势分析、快速全身评估 REBA、罗杰斯肌肉疲劳分析(Rodgers Muscle Fatigue Analysis,RMFA)、疲劳和恢复时间分析(Fatigue and Recover Time Analysis)、代谢能量消耗分析(Metabolic Energy Expenditure Analysis)等。

对于在汽车人机工程设计中的应用,通常还需要下述功能。

(1) 容易与流行的 CAD 软件结合,能够方便地导入、导出产品模型,或者将数字人体模型作为子模块集成到 CAD 软件中。

(2) 能够对常见驾驶操作过程进行模拟和分析。

(3) 集成常见的一些行业标准,如 SAE 标准。

数字人体模型的最主要用途是模拟具有不同(尤其是极限)尺寸的人。通过模拟使得设计方案适合大多数人的伸及(间隙)、视野、观察、出力等要求。更大的意义是,通过对数字人体模型软件配以良好的人机操作界面,使得非专业的人员也能够从事人机工程问题。数字人体模型应用的一般步骤如下。

(1) 建立设计与分析的虚拟环境(几何或者数学模型)。

(2) 建立人体模型。

(3) 将人体模型调整至合适的位置和姿态。

(4) 进行工效分析与评价。

数字人体模型在虚拟环境中应用的方式有两种:一种是由真人通过数据手套、立体眼镜、数据衣等外部设备操作数字人体模型进行各种仿真,这种数字人体模型被称为真实人员的替身(Avatar);另一种是在虚拟环境中,通过计算机程序控制数字人体模型,实现人机交互和分析,这种数字人体模型被称为智能体(Agent)。第一种方式具有所见即所得的优点,主要用于科学研究,但目前的人机交互手段还在定位精度、硬件设备时间延迟等方面存在不足,从而影响仿真效果。第二种方式具有成本低、易于实现等优点,不存在硬件设备的精度和耐用性问题。目前成熟的数字人体模型软件的应用主要采用第二种方式。

在汽车设计中,主要根据车辆人机工程学原理进行乘员布置设计、驾驶员视野分析、操纵件伸及性分析、舒适姿势预测及评价、活动空间分析、进出方便性分析、维修保养方便性分析(发动机罩和行李箱盖的开启方便性检查)等。下面以 RAMSIS 的应用为例,具体讲述数字人体模型的应用过程。

(1) 打开驾驶环境设计方案模型文件,如图 5.46 所示。

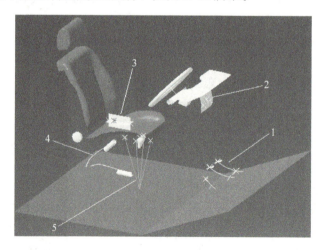

图 5.46 驾驶环境设计方案模型

1—踏板布置方案;2—仪表布置方案;3—座椅布置方案;

4—手制动杆布置方案;5—变速杆布置方案

(2) 建立用于分析的人体模型。这里分析座椅位于最后、最低位置时的驾驶员驾乘舒适性，因此，需要建立大身材（95 百分位身高）的男子人体模型。单击 按钮，弹出"建立人体模型"对话框，如图 5.47 所示。选中"男性""五手指""DIN/SAE 足"单选项，就建立了一个人体模型。再单击 按钮，弹出"人体模型定义"对话框，如图 5.48 所示。在对话框内选中"非常高身材""短躯干""中等腰围""18～70 岁""轿车姿势模型""H 点为基准点"等单选项，就建立好了用于分析的人体模型。

(3) 在人体模型体表上定义体表点。这些体表点用于在任务设置时定义身体部位与座椅、转向盘、踏板、地板等之间的约束关系。本例所选体表点包括背部表面点、腰部表面点、大腿下面点、脚掌点、脚跟点、手心点等。

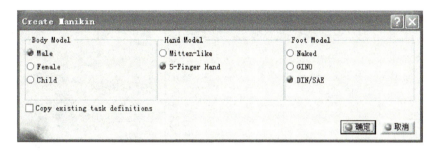

图 5.47　"建立人体模型"对话框

(a)"人体模型定义"对话框

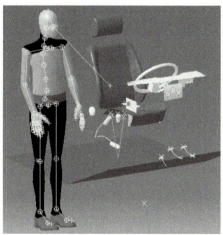

(b) 建立的人体模型

图 5.48　人体模型定义

(4) 定义任务。单击 按钮，弹出"任务编辑"对话框。在"任务编辑"对话框中设置体表点和对应的座椅、转向盘、踏板、地板等的目标点，还可以设置身体部位的限制曲面、固定的关节、手抓握姿势、姿势求解时骨盆自由度状态等。体表点及其目标点、任务定义如图 5.49 所示。

(5) 姿势计算。单击 按钮，弹出"姿势计算"对话框，如图 5.50(a)所示。对话框中显示出了所添加的各项任务数目。单击"开始"按钮计算姿势。几分钟后计算完毕，最终姿势如图 5.50(b)所示。

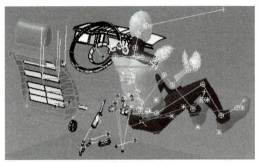
(a) 体表点的目标点

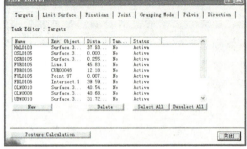
(b) "任务编辑"对话框

图 5.49 定义任务

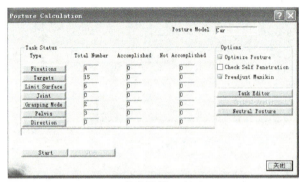
(a) "姿势计算"对话框

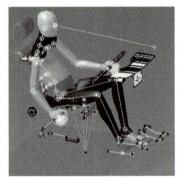
(b) 最终姿势图

图 5.50 驾驶姿势的计算

(6) 进行舒适度评价。单击 按钮，弹出"舒适度评价"对话框，其中以直方图的形式显示了当前姿势的舒适性。还可以事先设置一个参考姿势，并将两者进行对比，对两组方案作出选择，如图 5.51 所示。

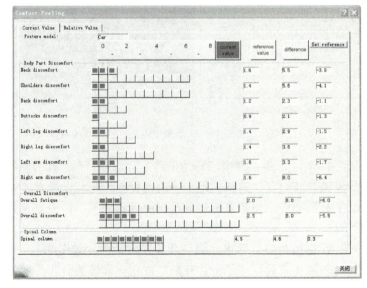

图 5.51 舒适度评价

(7) 进行其他分析。在 RAMSIS 中，还可以进行操作力、视野、伸及性等内容的分析。图 5.52(a) 为内后视镜视野和调节方便性分析，图 5.52(b) 为透过前后风窗玻璃的视野分析。

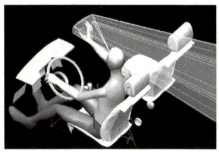
(a) 内后视镜视野和调节方便性分析

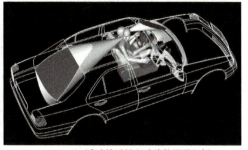
(b) 透过前后风窗玻璃的视野分析

图 5.52　视野分析

本 章 小 结

即使是具备良好的空间想象能力，也很难做到单纯凭借人体尺寸数据和 CAD 软件就能够准确地进行汽车内部空间的布置，并满足大多数人的使用要求。因此，借助一些基于统计学的工具来辅助设计、测量和分析是非常必要的。对于复杂的人机工程分析（如操作力、肌肉负荷、姿势舒适度、视野性能等），更需要借助根据人体基本特性建立的人体模型来实现。本章讲述了目前主流的汽车人机工程设计工具的原理和应用方法。这些工具是建立在对大量乘员的特性进行统计的基础之上的，在应用这些工具的时候，明确它们的统计意义非常重要。

【关键术语】

H 点装置　H 点测量装置　H 点设计工具　乘坐基准点　硬点　眼椭圆　头廓包络　驾驶员手伸及界面　G 因子　驾驶员膝部包络线　驾驶员胃部包络线　数字人体模型

思考题

1. 什么是 H 点？在不同场合 H 点有哪些含义？
2. H 点装置的功能和用途有哪些？
3. H 点装置上面包括哪些重要的硬点？
4. 如何根据 H 点位置曲线来布置驾驶座椅？
5. 眼椭圆尺寸计算的原理是什么？
6. 什么是眼椭圆的视切比？如何利用这个概念来保证设计适应度？
7. 行程固定座椅和行程可调节座椅的眼椭圆有哪些区别？

8. 头廓包络的含义是什么？与眼椭圆有什么关系？
9. 行程固定座椅和行程可调节座椅的头廓包络有哪些区别？
10. 影响驾驶员群体手伸及能力的因素有哪些？
11. 驾驶员手伸及界面如何定位？如何用来检查操纵件的可伸及性？
12. 驾驶员膝部和胃部包络线的含义是什么？
13. 数字人体建模通常涉及哪些方面的问题？可通过哪些方面来描述人体的性能？

第 6 章
汽车人机工程设计

本章教学目标

通过本章的学习，要求掌握汽车的分类及特点，了解汽车产品开发的一般过程，了解汽车总体布置设计和硬点尺寸，掌握汽车人机工程学的方案设计和分析方法，掌握座椅设计的内容和方法。

本章教学要点

知识要点	能力要求	相关知识
常见汽车分类	了解汽车类别和特点	我国汽车的分类，乘用车、商用车的分类及特点，美国汽车的分类及特点
汽车产品开发和概念设计过程	了解汽车产品开发过程 掌握概念设计过程和内容	汽车产品开发过程 汽车概念设计内容 汽车总体布置前期工作、总体布置工作内容、总布置图绘制 硬点和硬点尺寸
汽车人机工程设计	掌握乘员空间布置及其人机界面设计方法 掌握驾驶员人机工程学性能优化方法	踏板、前排 H 点、转向盘、仪表板、手操纵杆、安全带固定点、后排乘员等的布置方法 驾驶员视野设计和分析方法
汽车座椅设计	了解座椅的分类和特点 了解座椅的一般结构 掌握座椅设计中的人机工程学知识	座椅的分类和特点 座椅的功能要求 座椅的结构 座椅的静态参数设计 座椅的动态参数设计

导入案例

图 6.1 为 Benz E55 AMG 的外观尺寸图，在很多汽车制造商的产品宣传手册中都有这样的图。图中标注了布置尺寸，其中很多项都与人的因素有很大关系。例如，座椅到顶盖的高度尺寸与乘员头部活动空间有关；而转向盘轮缘到座椅的距离不仅影响驾驶员的活动空间，还关系到其碰撞后的安全性。究竟汽车内部如何布置才能保证乘员的空间要求？坐垫高度和深度如何确定的？发动机罩、行李箱盖和车门的最大开启角度怎样确定？整车设计中还有哪些与人有关的重要因素？本章主要讲述这些问题。

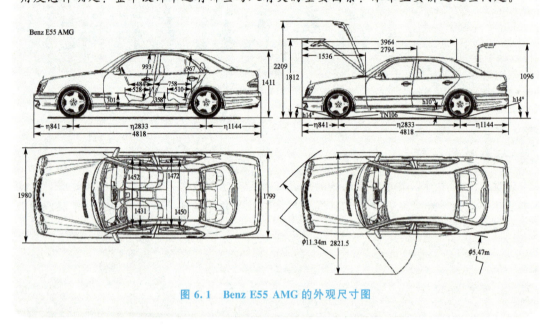

图 6.1　Benz E55 AMG 的外观尺寸图

6.1　汽车产品开发过程概述

6.1.1　汽车分类

1. 我国汽车的分类

我国 GB/T 15089 标准中将汽车主要分为 M、N 和 G 类（挂车和汽车列车等除外），见表 6-1。又可根据用途分为乘用车和商用车两大类。乘用车主要用于载运乘客及其随身行李和临时物品，其座位数最多不超过 9 个（含驾驶员）。商用车主要用于运送人员和货物，又分为客车和货车两大类。

表 6-1　我国汽车的主要类型

分类	定　义
M 类	至少有 4 个车轮，且用于载客的机动车辆
M1	包括驾驶员座位在内，座位数不超过 9 个的载客车辆

(续)

分类	定义
M2	包括驾驶员座位在内座位数超过9个,且最大设计总质量不超过5000kg载客车辆
M3	包括驾驶员座位在内座位数超过9个,且最大设计总质量超过5000kg的载客车辆
N类	至少有4个车轮,且用于载货的机动车辆
N1	最大设计总质量不超过3500kg的载货车辆
N2	最大设计总质量超过3500kg,但不超过12000kg的载货车辆
N3	最大设计总质量超过12000kg的载货车辆
G类	在一定使用条件下,满足某些通过性指标的M类、N类的越野车

2. 美国对汽车的分类

SAE 标准根据驾驶员乘坐空间尺寸的差异将汽车分为 A、B 两大类。A 类汽车主要指乘用车,包括轿车、旅行车、多功能车(Multiple Purpose Vehicle,MPV)和轻型货车。B 类汽车主要是商用车,包括中、重型货车和大客车。A、B 类车乘坐空间尺寸范围见表 6-2。表中尺寸的含义参见 6.2 节。

表 6-2 A、B 类车驾驶员乘坐空间尺寸范围

汽车类别	$H30-1$/mm	$TH17$/mm	$TL23$/mm	$W9$/mm	$A40-1$/(°)
A 类	127~405	0~50	>100	<450	5~40
B 类	405~530	0	>100	450~560	11~18

本教材的内容主要针对一般乘用车和商用车中所涉及的人机工程学问题。除非特别说明,本教材所指的汽车主要是上述两种车。

6.1.2 汽车产品开发的一般过程

现代汽车产品设计过程是一种并行的、协同的、面向全生命周期的设计模式。为保证企业具有持久的竞争力,必须合理安排产品流程,以使市场对一款新车的要求能够尽可能及时地纳入产品开发,进而实现批量生产。

一个完整的产品开发项目流程包括 4 个主要的阶段:项目策划、概念开发、系列开发、批量准备。项目策划是任何一个产品前期必须精心完成的重要工作,对后续的开发工作起着指导性的作用,决定产品开发的胜败。概念开发包括造型和布置设计。造型设计最终要和布置设计相结合。系列开发是具体的平台和车型的开发。系列开发结果确认后进入批量准备阶段,各种市场投放工作也开始展开。当进入批量生产(Start Of Production,SOP)阶段,产品开发过程就随着市场投放而结束。

产品开发流程是一个循序渐进、步步相关的环节链。在整个开发流程中,对每一个阶段的开发进程都设有一个审查、验收的关键里程碑,从项目开始、战略意向,到设计完毕、批量投产,在每个里程碑都必须对新车型的所有指标进行严格考核。

图 6.2 为某国外公司的汽车产品开发流程,一个全新产品(系列)开发约 30 个月就完

成了。整个开发过程中有几个主要的里程碑,包括项目启动(Start of Project)、概念确认(Concept Decision)、生产试验(Production Test Series)、批量生产(SOP)。

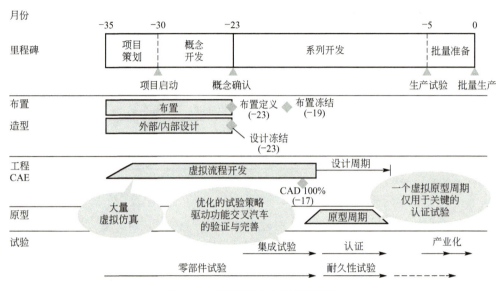

图 6.2 完整的汽车产品开发流程

6.2 汽车概念设计

【概念设计】

【红旗S9概念设计】

【汽车遮阳板开发设计】

6.2.1 汽车概念设计概述

概念设计是创造性思维的体现,其主要工作是确定方案和参数,在设计活动历程中占重要地位。汽车概念设计包括总布置、造型和结构可行性研究三方面,具体包括动力总成布置、整车和车身布置、整车主要硬点尺寸和性能参数确定、人机工程布置、造型效果图制作、CAS数据制作、造型模型制作、测量和线图制作、主要结构断面和分块确定、前期CAE分析、结构和工艺可行性分析等工作。现代设计方法中,在概念阶段就充分考虑新技术、新材料、新工艺的应用,由工艺、制造、采购、营销、财务与技术部门的人一起参与概念设计。

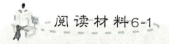

造型设计概述

造型设计是概念阶段的重要工作内容。1927 年 Harly Earl 在通用汽车公司建立了首个专业造型部门,并创立了相应的造型设计流程,如图 6.3 所示。后来的汽车造型流程主要是从 Harly Earl 创立的流程发展而来。汽车造型不仅是造型师思维灵感的结晶,还要综合考虑空气动力学、人机工程学和结构功能要求,并要体现产品特征、企业和地区文化和价值取向，最后通过产品开发活动实现。

图 6.3　Harly Earl 创立的造型设计流程

6.2.2　汽车总体布置

汽车总体布置设计是概念设计的重要内容，是整车开发周期中至关重要的阶段。汽车总体布置设计是否合理，将直接影响着整车的使用性能。汽车总体布置设计的同时，造型设计也在进行。汽车总体布置定型以及造型的确定，标志着概念设计完成。

【总布置图】

1. 总布置的前期工作

在总体布置设计之前，需要对市场信息和产品开发目标进行研究，包括目标市场（销售地区和相关法规），产品面向的用户群体及其特点，价格区间，竞争车型，生命周期和产量，产品级别和豪华程度，整车造型风格等。**通过对竞争车型进行对标分析，确定整车的基本基调、总体布置的基本概念和约束、主要特征和配置、主要参数的水平和重要装备的描述等作为本产品开发的目标**，包括：产品的总体定位，整车装备质量，轴荷分配，基本尺寸（总长、总宽、总高、轴距、轮距、前后悬大小），乘员空间，行李箱和货箱容积，整车基本构造（两厢式还是三厢式，车门数，乘员数，座椅排数，以及动力总成、传动系、制动系、转向系、前后悬挂、前后桥、车轮、水箱等的轮廓尺寸和质量参数），驱动方式和发动机布置形式（发动机前置、中置还是后置，前轮、后轮还是全轮驱动等），以及结构强度、刚度和整车的性能要求等内容。表 6-3 为某轿车的整车基本概念。

表 6-3　整车基本概念

车身类型	4 门 C 级轿车、三厢	蓄电池尺寸	280mm×170mm×170mm
总长	4714mm	乘员数目	5
总宽	1819mm	行李箱容积	490L
轴距	2700mm	前后座头部空间	994mm/932mm
整车整备质量	1350kg	前后座腿部空间	1043mm/894mm
驱动形式	前轮驱动	前后座肩部空间	1512mm/1522mm
发动机类型	3L，V6	变速器	自动、手动
前悬挂	麦弗逊式	前后轮胎尺寸	195/60R15
后悬挂	扭杆弹簧式	燃料箱容积	65L
转向系	齿轮齿条式	备胎	—
排气系统	单回路	发动机悬置系统	3 个单点
散热器面积	0.252m²		

整车总布置与最终产品的动力性、经济性、操纵稳定性、制动性、空气动力学特性、乘坐和驾驶舒适性、安全性等密切相关，需要合理确定基本尺寸、质量和性能参数；需要对各主要的系统、总成进行估算、选型和匹配，并对它们的空间位置进行合理安排；需要对底盘的行驶系进行必要的运动校核；对线束和管路合理排布；需要保证整车的轴荷分配合理、总成布置紧凑以及上述各主要性能优良。

对标分析是获取同级别车型技术指标水平的快捷途径。**对于车身方面，对标分析的主要内容**通常包括：主要尺寸对标，形状和造型风格对标，布置方案对标（发动机舱，行李箱，油箱、备胎和散热器等布置方案），结构形式对标，性能指标（质量及其分配、空气动力学性能、车身低阶振动模态、噪声、排放、动力和经济性指标等）对标，材料和制造工艺对标，功能配置对标，等等。主要尺寸对标，形状和造型风格对标示例参见图6.4。

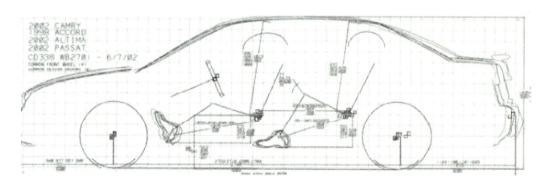

图6.4 外形和关键尺寸对标示例

整车基本定义完成后，即进入总体布置设计阶段。从产品策划到造型冻结是总布置设计的主要工作阶段。本阶段是产品开发过程中最重要、最具创造性的一个阶段。

2. 总布置的内容

汽车总体布置设计是将市场的信息输入，转化为某一具体车型的最前期工作；是对汽车外形和内部形式，发动机舱，底盘系统（动力传动系统，行驶、转向和制动系统，以及其他底盘总成），乘员舱和驾驶员操控系统（仪表板、座椅、操纵机构等），车身结构总体形式（底架、立柱、骨架等承载结构），行李箱和货箱，以及备胎、燃料箱和排气系统等，在满足整车性能和造型要求下进行尺寸控制和布局的过程，通常由整车总布置、车身、底盘、发动机、电器及附属设备等部门的设计人员协同完成。

总体布置除了关注整车需要满足的法规（被动安全、视野、灯具、整车尺寸、内外凸出物、牌照、护轮板等）和性能要求之外，对于人机工程设计方面需要做如下考虑。

(1) 乘员布置（驾驶员、前排乘员、后排乘员）。

(2) 驾驶员视野（前方、后方、侧方、内部视野，风窗刮扫区域，遮阳带、板、帘，盲区的控制，反光与眩目，灯光与照明）。

(3) 显示和操纵件布置（仪表、信号灯布置，操纵件位置及行程，操纵件可及性，操纵空间及间隙）。

(4) 上下车和入座（门洞尺寸与位置、车梯、扶手、车门开启角度、室内布置）。

(5) 乘员乘坐和坐姿舒适性（室内布置、座椅）。

(6) 室内空间（腿部空间、头部空间、肩肘臀空间、操纵件操作空间、安全空间）。

(7) 采暖与通风（空调出风口、暖气位置）。

(8) 开闭件（前舱盖、后舱盖、车门、加油及充电口盖、储物盒盖）和可调节件（座椅调节机构、转向盘、踏板、换挡和驻车制动、中控扶手、头枕、遮阳板或帘、后视镜）。

(9) 装配与拆卸（机舱、仪表板、座椅、车门、中控等），维护及维修（油液的加注、零部件的更换、物品的取放）。

【汽车线束布置的可维修性设计与分析】

发动机和传动系统的布置形式，以及各总成和部件的布置位置、空间尺寸等，决定整车的轴荷分配，影响整车动力性、操纵稳定性、安全性，整车长、宽、高，以及车身布置位置和空间。在基本规划初期就必须决定采用何种形式。在激烈的市场竞争环境下，为了在降低成本、保证质量的同时快速向市场推出适合不同用户的多种车型，现代整车开发多采用基于平台的开发模式，许多车型共享同一个成熟的平台。汽车平台战略是一个大的概念，其中涵盖了整车和零部件开发体系、整车的逻辑分块、设计和制造因素、国家和地区因素等问题。单纯从设计技术上而言，平台主要包括关系整车使用性能和制造性能的底盘系统和车身框架总成，甚至还包括与之相匹配的电气系统和选配功能件等。发达国家的汽车开发工作，很重要的一部分就是进行超前的平台开发。

经过总体布置工作，对整车和主要总成、零部件进行了选型，形成了设计任务书，进行了整车性能的设计计算，编制了整车技术条件、设计说明和整车明细表等技术文件，还要绘制总体布置图。

3. 总体布置图的绘制

总体布置图从布置草图开始。经过布置设计过程，并与整车总布置、底盘、造型等部门的人员对布置方案确认之后，得到所有用于造型和结构设计的硬点和控制尺寸（硬点尺寸），绘出正式的总布置图。总布置图随着设计过程的进行不断丰富和完善。通过对总布置图上各总成、部件装配尺寸链的计算，可进一步校核它们的位置和尺寸。以前，最后定稿的总布置图通常按照1∶1的比例绘制在主图板上，现在则在计算机中完成这项工作。总体布置是一个过程，总体布置图也从最初的布置草图到详尽准确的布置图而不断完善、更新，从而将外廓尺寸、结构、布置型式、连接方式、各总成之间的位置关系、调节件及活动件、操纵机构、座椅、底盘各系统、悬置、管路及线路、人机关系等准确表达出来。对于系列化的车型开发，尽可能减少基础布置的变动。

绘制时应注意以下几方面。

(1) 在绘制布置草图之前，需要根据总成和部件的资料绘出它们的外形轮廓，并依据所执行的标准选择合适的制图基准（即三维坐标系原点，通常由汽车制造厂在最初设计阶段确定）。制图基准的零点由三个正交基准平面来确定。y 基准平面为汽车纵向对称面。x 基准平面是垂直于 y 基准平面的铅垂平面。z 基准平面是同时垂直于 y 基准平面和 x 基准平面的水平面。对于 x、z 基准平面的位置，不同的标准有不同的规定。例如，QC/T 490—2013《汽车车身制图》标准中，建议 z 向坐标系零平面采用沿着车身地板下表面平直且较长的一段所在的平面。

(2) 通常要画出侧视、俯视、前/后视图和必要的断面视图、局部视图，各视图上只需画出要表达的部分。长度和高度方向布置主要借助侧视图表现，宽度方向结构形状和间隙尺寸借助前后视图体现。侧视图按车辆自右向左行驶方向绘制。前后视图中，有时左半部为前视图，右半部为后视图。

（3）对于全新开发的产品，其总布置图上应绘出汽车外形；主要部件（发动机总成、动力传动系统总成、行驶系统、转向系统、后视镜、排气系统、备胎、座椅、仪表板、货箱等）外形和内饰轮廓曲线（乘员R点处和汽车纵向对称面处，不同视图方向）；室内布置工具图形（眼椭圆、头廓包络、人体模板、视线、安全带固定点布置区等）；驾驶员座椅、转向盘、变速杆、驻车制动杆、踏板、遮阳板、天窗在其整个活动范围内的若干主要位置；各种校核图，如后视野、A柱盲区、前风窗刮扫区、仪表板盲区、仪表板反光和眩目等的校核；除了与人机工程相关的设计校核外，还需要绘制有关法规、整车性能的校核，如悬架系统的运动校核，护轮板的法规校核，以及号牌板、拖车钩、千斤顶的校核等；整车整备质量状态、半载和满载状态的轮胎轮廓（通常绘出90°的不同载荷下静力半径的轮胎圆弧），以及各载荷状态对应的整车地面位置，以表示整车的姿态；侧视图要绘出前后保险杠断面和对应的低速碰撞摆锤高度；发动机盖、后背箱盖、车门、背门、滑门等的开启手柄处断面，反映手操作的间隙；最大开度时的车门、发动机罩和行李箱盖，加油口盖，行李箱容积，主要外形和内部关键尺寸，玻璃黑区边界，车辆识别代号（Vehicle Identification Number，VIN）及回复反射器位置等。

（4）为方便查看和量取尺寸，总布置图上常常按一定间隔绘出网格线（坐标线），通常间隔大小取100mm或其整数倍。网格线的一端或两端应标注坐标值，其标注方法因不同标准而有所不同。

（5）标题栏中填写必要的信息，如产品名称、内部代号、制图人信息等。布置图上还常包含尺寸明细栏，其中注明主要尺寸的代号、数值、依据的标准等。

（6）总布置图上还常常注明所参照的标准，以及最后一次更新的日期等。

以两排座轿车为例，总布置图上应表示和标注的内容，以及相互逻辑递推关系总结列于表6-4。

表6-4 总布置图内容和相互逻辑递推关系

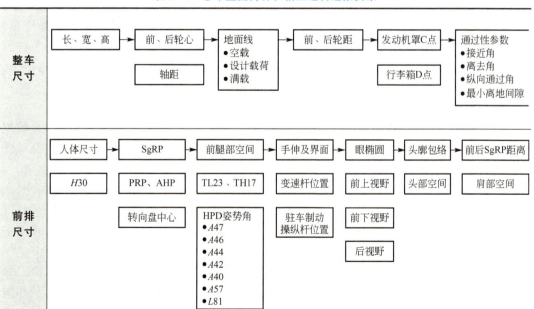

(续)

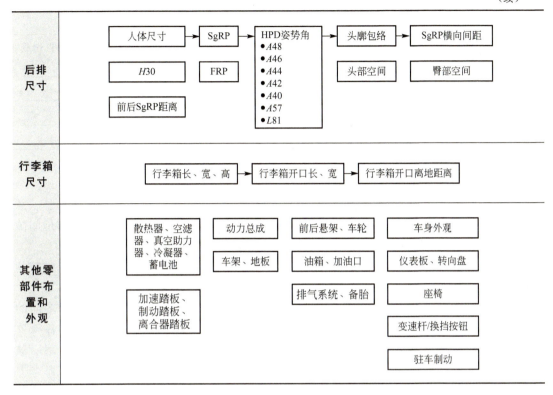

6.2.3 硬点和硬点尺寸

1. 布置硬点

【布置设计基准和尺寸】

硬点是对于整车性能、造型和车内布置具有重要意义的关键基准。 这些基准在总布置方案确定之后就固定下来,不能够随便改动。经过整车、底盘和人机工程学布置之后,就得到了一些作为造型设计输入的硬点,造型设计过程中必须严格遵守硬点所限定的尺寸和形状。部分常用的硬点列于表6-5中。

表6-5 车身布置硬点

硬点名称	含 义
C/LO(Centerline of Occupant)	乘员在指定乘坐位置的 y 向中心线
Cowl Point	即发动机罩 C 点,是汽车中心线处,发动机罩的最高点
DLO(Daylight Opening)	风窗透光区域边界
Deck Point	即行李箱 D 点,是汽车中心线处,行李箱的最高点
Depressed Floor Covering	地板覆盖物(如地毯)上受到载荷之后的表面位置
Undepressed Floor Covering	地板覆盖物上表面没有任何载荷作用时的位置
Designated Seating Position	汽车制造商指定的乘员乘坐位置

(续)

硬点名称	含义
Front of Dash	驾驶员中心线处，前围板（Dash panel）最前端的垂直切线位置
Normal Top of Frame-Truck	货车车架上平面位置
Cargo Floor	承载货物的表面位置
SgRP	乘员乘坐基准点

2. 硬点尺寸

汽车尺寸包括外部尺寸、内部尺寸、行李舱和货厢尺寸等。外部尺寸包括总长、总宽、总高、轴距、前/后悬长、前/后轮距、接近角、离去角、纵向通过角、最小离地间隙等。内部尺寸包括车室内长、宽、高，以及发动机舱和行李箱容积等。

硬点尺寸是指连接硬点之间、控制车身外部轮廓和内部空间，以满足使用要求的空间尺寸。

汽车总体布置主要是确定整车、车身及各总成的位置关系，以及车身各部分之间的尺寸，实质上是确定各部分硬点之间的尺寸关系，这些尺寸关系必须满足汽车各项要求。例如，外部尺寸与造型和空气动力性能密切相关，影响汽车的重量、轴荷分配以及整车性能等。而内部尺寸的确定应能够保证乘员坐姿舒适、操作方便、空间合适、上下车方便等要求。车身与总成之间的间隙应考虑安装空间、运动干涉、维修空间及部件散热等因素。

3. SAE J1100 硬点尺寸

硬点和硬点尺寸是汽车制造商长期产品开发活动总结出来的经验和规范。以前，由于技术保密，各公司的这些规范各有千秋。根据长期的积累，SAE 推荐实施的 **SAE J1100 标准** 专门定义了整车和内部的硬点和硬点尺寸。该文件自 1973 年 9 月颁布开始，经过了数次修订和补充而更加完善，被世界各大汽车公司借鉴和采用。

在 SAE J1100 中列出了硬点、硬点尺寸代号、定义和测量方法。**硬点尺寸代号采用前缀加数字加后缀的形式表示**，部分前缀和数字的含义见表 6-6。后缀用"-1"、"-2"形式表示该尺寸为第一排、第二排等，以此类推。表 6-7 为常见室内硬点尺寸定义，表 6-8 为外部硬点尺寸定义。

表 6-6 硬点尺寸前缀和编号

前缀	L	W	H	A	TL、TH	PL、PW、PH	S、V
含义	长度尺寸	宽度尺寸	高度尺寸	角度尺寸	H 点位置和行程的长度、高度尺寸	踏板布置尺寸	面积和容积尺寸
编号	1~99	100~199	200~299	400~599			
含义	内部尺寸	外部尺寸	行李箱尺寸	货车、厢式货车和运动车尺寸			

表 6-7　室内硬点尺寸定义

代号	含义	代号	含义
L31	SgRP 点 x 坐标	L53	SgRP 到 AHP 的水平距离
W20	SgRP 点 y 坐标	L81	腰部支撑量
H70	SgRP 点 z 坐标	W3	过 SgRP 的 x 平面上，SgRP 上方 254mm 到腰线高度范围内左右车门间的最小距离
L8	AHP 点 x 坐标		
W8	AHP 点 y 坐标	W5	SgRP 下方 25mm 到上方 76mm 高度范围内，SgRP 前后各 76mm 范围内，左右车门内表面的最小距离
H8	AHP 点 z 坐标		
L1	PRP 点 x 坐标		
W1	PRP 点 y 坐标	W9	后视图上转向盘最大直径
H1	PRP 点 z 坐标	W27	过侧视头廓包络线最高点 x 平面内，头廓包络线自其对称线和 $y-y$ 定位线交点斜向上 30°方向移动到遇到障碍物时的距离
L98	FRP 点 x 坐标		
H98	FRP 点 z 坐标		
W7	转向盘中心 y 坐标		
L3	乘员最小乘坐空间。与坐垫相切的水平面内，前后排靠背的水平最小距离	H14	眼椭圆上缘到内后视镜下缘的垂直距离
		H17	转向盘中心到 AHP 的垂直距离
L6	PRP 到转向盘中心的距离	H30	SgRP 到 AHP 或 FRP 的垂直距离
L7	转向盘后边缘到躯干线的最小距离	H35	后视图上，头廓包络线垂直移动到与顶盖零件接触时，头廓包络线中心移动的距离
L11	转向盘中心到 AHP 的水平距离		
L18	前排入口足部间隙	H41	头廓包络线到顶盖的最小距离
L22	转向盘中心 y 平面内转向盘下缘到靠背的最小距离	H56	乘员中心面内，D 点到地板的距离
		H61	SgRP 沿后 8°线到头顶线的距离加上 102mm
L34	加速踏板自由状态时，踝关节点到 SgRP 的距离加上 254mm		
		H74	转向盘中心 y 平面内，转向盘到未受压坐垫的距离
L38	驾驶员头部（头廓包络线）到前风窗及其附件的最小距离		
		A18	转向盘倾角
L39	最后排乘客头部（头廓包络线）到后窗内饰的最小距离	A19	H 点调节轨迹倾角
		A27	坐垫倾角
L48	后排膝关节 K 点到前座椅靠背的最小距离	A40	H 点装置躯干角，用以表示座椅靠背角
L50	相邻前后 SgRP 间水平距离	A42	H 点装置躯干线与大腿线的夹角
L51	乘客踵点位于 FRP 时，其踝关节到 SgRP 的距离加上 254mm	A44	H 点装置大腿线与小腿线的夹角
		A46	H 点装置小腿线与裸足底线的夹角

(续)

代号	含 义	代号	含 义
A47	踏板平面倾角	PH30	PRP 到 AHP 的垂直距离
A48	地板平面与水平面的夹角	TL23	正常驾驶时 H 点的水平调节行程
A57	H 点装置大腿线与水平面的夹角	TH17	H 点垂直调节行程
A60	乘员中心面内,95 百分位眼椭圆最高点到风窗开口最高点连线与水平面的夹角	H11	车门入口高度
		H13	转向盘下边缘到大腿线的最小距离
A61	乘员中心面内,95 百分位眼椭圆最低点到风窗开口最低点连线与水平面的夹角	W31	过 SgRP 的 x 平面上,肘靠上方 30mm 处左右车门间的最小距离
PW7	PRP 到驾驶员中心面 y 方向的距离	W35	过侧视头廓包络线最高点的 x 平面内,头廓包络线后视图的最小水平向外方向移动量
PW8	PRP 到制动踏板中心面 y 方向的距离		
PW9	PRP 到离合器踏板中心面 y 方向的距离		

表 6-8 外部硬点尺寸定义

L101	轴距	L128	前轮心 x 坐标
L103	车长	H114	发动机罩 C 点 z 坐标
L104	前悬	H138	行李箱 D 点 z 坐标
L105	后悬	H101	车高
L114	前轮中心线到 SgRP 的水平距离	H156	最小离地间隙
W101	轮距	A106	接近角(A106-1)或离去角(A106-2)
W103	车宽	A121	前、后风窗倾角
L125	发动机罩 C 点 x 坐标	A122	侧窗倾角
L127	后轮心 x 坐标	A147	纵向通过角

汽车公司设计的车型要用一系列硬点尺寸来体现。由于硬点之间的约束数目繁多、关系复杂,很多硬点之间的关系是依靠大量的统计资料和设计者的经验来推敲、确定的。表6-9 为几个车型的部分硬点尺寸对比,图 6.5 示例了部分常用的空间布置尺寸。

表 6-9 轿车布置硬点尺寸

	TL23/mm	TH17/mm	L50/mm	L53/mm	H30/mm	W3-1/mm	W3-2/mm	A18/(°)
奥迪 A6	193	36	940	833	267	1427	1415	22
奥迪 100	216	36	838	837	289	1442	1406	21.4
捷达	223	49	735	833	228	1365	1342	27.5
	H61-1/mm	H61-2/mm	L101/mm	L103/mm	W101-1/mm	W101-2/mm	W103/mm	H101/mm
奥迪 A6	999	960	2850	4886	1540	1569	1810	1451
奥迪 100	962	954	2687	4792	1476	1483	1814	1421
捷达	967	946	2471	4385	1464	1446	1695	1424

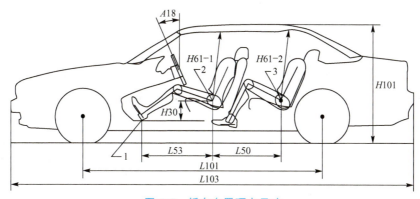

图 6.5　轿车布置硬点尺寸
1—AHP；2—SgRP-1；3—SgRP-2

6.3　汽车人机工程设计

【人机工程设计】

对于全新开发车型，车身布置设计在概念设计初期就开始了。在整车和底盘系统的一些硬点初步确定之后，即开始进行相关的人机工程学布置设计。由于很多的设计内容与乘员的驾驶操作、舒适、安全，乃至健康密切相关，因而人机工程学是首先要考虑的因素。车室内部作为乘员的主要活动空间，是人机工程学设计的主要内容，其布置应以乘员为中心，满足操纵方便、乘坐舒适、安全可靠等要求，具体有如下要求。

（1）乘员坐姿和座椅布置符合目标乘员群体舒适乘坐要求。

（2）保证车内必须的空间（如腿部空间、头部空间、转向盘与驾驶员躯干之间的空间等），以保证驾驶员操作灵活准确，后排乘员能够自如地调整身体姿态，以增强舒适性和安全性。

（3）操纵装置的布置位置和作用力大小应符合人体操纵范围和操纵力特点，使驾驶员操纵自然、迅速、准确、轻便，以降低操纵疲劳。

（4）驾驶员视觉信息系统适合人眼视觉特性和驾驶员视野要求，且能及时获得正确的驾驶信息。

（5）具有被动安全措施，这些措施要符合人体运动特点和车内环境，如正确地设置安全带铰接点位置和对人体的约束力可以降低车辆正碰时二次碰撞的伤害程度。

（6）具有良好的使用性能，包括驾驶和乘坐性、操纵方便性和舒适性、良好的驾驶视野、上下车及入座方便性、良好的维护维修性、足够的使用空间等。

人机工程学设计是确定乘员在车内的位置和姿态，以及为保证乘员对于汽车良好的使用性能所必须的条件。所确定的用于造型和结构设计的硬点对于整车和后续设计起决定性的作用，确定了今后设计的基调，因此，要求设计方案必须科学、准确、可靠，否则引起的修改成本很高。为了有效利用空间，结构设计师要同时考虑结构的最佳优化设计方案和结构零件的紧凑性问题。后续的一些设计、分析和优化，如座椅设计、仪表结构设计、视野分析与优化等，时间上滞后，修改相对灵活。

6.3.1 乘员空间布置和人机界面设计

乘员空间布置最主要的依据是人体尺寸。对于驾驶空间,由于目标驾驶员群体中个体尺寸的差异,要求乘坐和操纵件必须具有一定的调节范围,才能适应群体中的大多数驾驶员驾驶和乘坐要求。常见的有 4 种调节方式,如图 6.6 所示。对应的调节功能要求见表 6-10。在乘员空间布置基础上,根据驾驶员群体人体特征点在舒适姿势状态下的空间分布来布置相关的座椅和操纵件,并设计视野范围。BMW 公司研究人员曾利用 RAMSIS 软件建立了 30 个德国驾驶员个体,根据 4 种调节方式和肢体舒适姿势范围进行模拟,得出手心、足跟(踵点)、H 点和眼点的分布范围,如图 6.7 所示。人体的描述和肢体舒适范围如图 6.8(a)所示。经过对设计成本、整车尺寸、驾驶室空间尺寸等因素进行分析,得出最合适的调节方式,如图 6.8(b)所示,这种调节方式是令驾驶员眼点的分布位于前方视线上,这样整车和驾驶室高度最低,而且仅需要在手心(转向盘位置)和 H 点(座椅位置)处进行调节,实现起来非常容易。现代汽车驾驶空间大多数采用固定踏板的调节方案,本节主要讲述这种类型驾驶空间的布置设计方法。

【汽车设计中的人机工程学应用】

【智能座舱内饰设计】

【智能座舱设计分享】

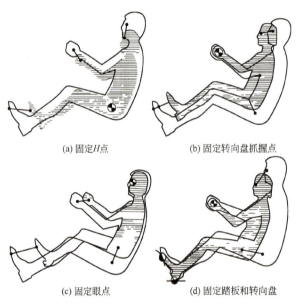

(a) 固定 H 点　　　　(b) 固定转向盘抓握点

(c) 固定眼点　　　　(d) 固定踏板和转向盘

图 6.6　驾驶员布置常见的 4 种调节方式

表 6-10　乘员布置的调节要求　　　　　　　　　　（单位：mm）

乘员布置方式	所需的调节量			
	方向	座椅	转向盘	踏板
固定踏板	水平	190	120	—
	垂直	10	—	—

(续)

乘员布置方式	所需的调节量			
	方向	座椅	转向盘	踏板
固定 H 点	水平	—	70	190
	垂直	—	80	—
固定转向盘	水平	70	—	120
	垂直	80	—	95
固定眼点	水平	20	80	210
	垂直	120	30	130
固定踏板和转向盘	水平	190	—	—
	垂直	10	—	—

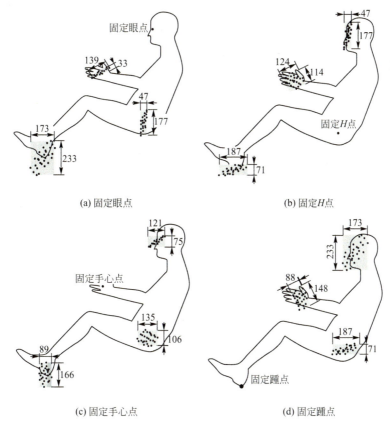

(a) 固定眼点　　(b) 固定H点
(c) 固定手心点　(d) 固定踵点

图 6.7　驾驶员人体特征点分布图

1. 踏板布置

(1) 加速踏板与人体操纵姿势

由于踩踏频繁，加速踏板的布置必须考虑长时间操作的舒适性。加速踏板未踩下时，应保证踝关节角度 $A46$ 不小于 $87°$，踩到底后 $A46$ 不大于 $105°$。踏板中心高度应该使驾驶

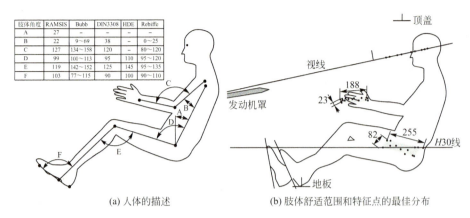

(a) 人体的描述　　　　(b) 肢体舒适范围和特征点的最佳分布

图 6.8　人体的描述、肢体舒适范围和特征点的最佳分布图

员脚部的拇趾点(BOF)踩在踏板中心位置。因此需要计算踏平面角度，并根据脚底长度计算出踏板中心高度。SAE J1516 推荐了根据座椅高度($H30$)计算踏平面角的方法。其公式如下。

$$A47 = 78.96 - 0.15(H30) - 0.0173(H30)^2 \qquad (6-1)$$

式中，$A47$ 为踏平面角度(°)。$H30$ 的单位为 cm。假设 AHP 到 BOF 的距离为 L(SAE 推荐 L 取 200mm)，则踏板中心高度 $Z_{AP} = L\sin(A47)$，如图 6.9 所示。加速踏板前后位置在考虑踩踏行程所需的空间后应尽量靠前，以节省空间。当踏平面角 $A47$ 和踝关节角 $A46$ 确定之后，HPD 下肢的姿势就确定了。因此，加速踏板布置对于操纵舒适性具有重要影响。踏板表面的倾斜角度参照踏平面角来确定，保证在踏板踩踏过程中，尤其是经常使用的位置，使驾驶员鞋底脚掌处能很好地与踏板表面贴合。当踏板和座椅都布置完毕后，必须分析不同百分位驾驶员下肢的舒适性，尤其要考虑女性驾驶员穿高跟鞋驾驶的情况。

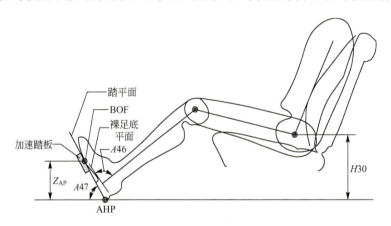

图 6.9　确定加速踏板中心高度

对于 B 类车的加速踏板，通常将其摆动轴布置在下端，上端适当向外倾斜以适应人脚掌外张的特点。

(2) 制动和离合踏板布置

从侧视图上看，制动和离合踏板的位置可参照加速踏板位置进行布置。为保证紧急制动时，驾驶员不会误踩到加速踏板，通常制动踏板和加速踏板表面错开一定距离。

确定所有踏板高度和前后位置之后，还要确定侧向的位置，包括离合踏板与驾驶员中心线的距离、制动踏板与驾驶员中心线的距离，以及制动踏板与加速踏板之间的间距。对于轿车，这些参数的选取应保证踏板中心线之间的距离为 100～150mm。对于商用车，由于转向柱布置在左右脚的中间位置，因此，还应使制动和离合踏板到转向柱外壳之间有足够的间隙，以保证驾驶员的鞋距离转向柱外壳仍有少许空间。图 6.10 为 SAE 定义的踏板布置尺寸。

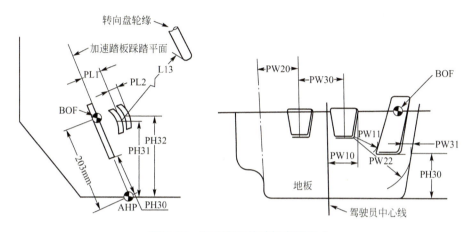

图 6.10　SAE 定义的踏板布置尺寸

（3）踏板行程和踏板力

踏板行程的确定应该保证在踏板踩下后，踝关节角始终处于 78°～105°的舒适范围内，根据这个要求来确定踏板的角度行程或位移行程。

行车过程中由于频繁踩踏，加速踏板要求操纵轻便。第 2 章中的图 2.20 给出了踏板力随踏板相对于座椅高度和宽度方向位置的变化关系。最舒适的踏板布置应该是使驾驶员可以施加最大作用力的位置。在保证操纵轻便的同时，也要保持一定的力反馈，使驾驶员对操纵量有一个主观判断，这要求随着踩踏操纵量的增加，操纵力也随着增加，以保持合适的操纵力梯度。人的手或脚在分辨用力大小时，所用力大小差别必须达到一定数值才能分辨出来，此可分辨的力的最小差值称为差别阈值。图 6.11 为差别阈值随操纵力的变化关系曲线。在此基础上，当操纵量较小时，用力级差应取偏大些；反之，则应取较小的用力级差。

2. 驾驶员 H 点布置

乘员座椅布置通过确定不同百分位乘员设计 H 点位置来实现。对于驾驶员座椅，不仅要确定设计 H 点的位置和行程，还需确定合理的设计 H 点调节方式和调节轨迹，为座椅调节机构设计提供参考。所确定的 H 点位置是驾驶员下肢舒适的乘坐位置，它与驾驶员坐姿密切相关。

（1）适宜乘坐姿势

人体乘坐的舒适程度与坐姿关节角度有关。舒适关节角度通常因车型而异。图 6.12 为轿车驾驶员舒适关节角度范围，部分关节角度也适用于其他类型汽车，仅供参考。不同类型汽车，其驾驶室地板高度和驾驶室高度不同，驾驶员乘坐姿态也要与之相适应。硬点

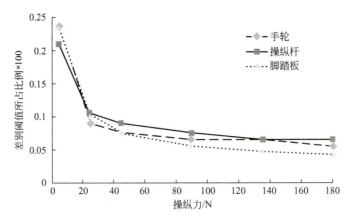

图 6.11 操纵力的用力级差

尺寸 $H30$ 是与座椅高度密切相关的重要尺寸。统计分析表明，不同类型的汽车，$H30$ 的取值不同，驾驶员姿势随着 $H30$ 的增大呈一定的变化规律，如图 6.13 所示。对于 A 类车，$H30$ 通常为 127～405mm；对于 B 类车，$H30$ 为 405～530mm。

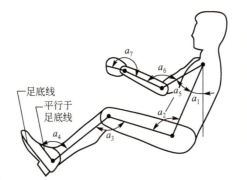

a_1	20°～30°
a_2	95°～120°
a_3	95°～135°
a_4	78°～105°
a_5	0°～50°
a_6	80°～170°
a_7	170°～190°

图 6.12 舒适姿势下的人体关节角度范围

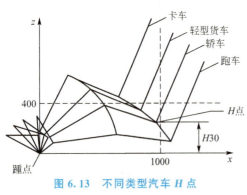

图 6.13 不同类型汽车 H 点高度($H30$)和乘坐姿势

(2) 驾驶员设计 H 点布置

由于驾驶员乘坐位置必须与整车尺寸相适应，以保证驾驶员良好的前方视野，在概念设计初期就需要将驾驶员乘坐方案确定下来。

驾驶员乘坐位置设计的原理是在保证前方视野的条件下，确定具有极限人体尺寸驾驶员的乘坐极限位置，据此来确定驾驶员群体的乘坐位置分布范围。驾驶员乘坐位置设计不能脱离整车的外形、尺寸约束和性能要求。驾驶员 H 点布置方案应该包括驾驶员群体的乘坐位置分布范围。

座椅调节行程主要包括三种：两向调节行程、四向调节行程和六向调节行程，如图 6.14 所示。

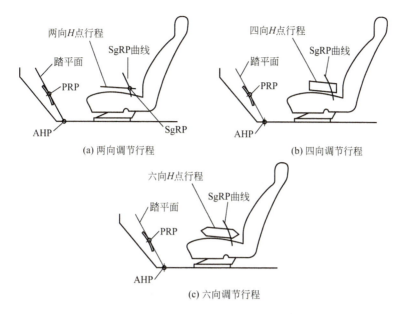

图 6.14　座椅调节行程的分类

对于具有两向 H 点调节行程的座椅，正常驾驶时有两个重要的设计 H 点位置：最前位置和最后位置。对于轿车，身材高大的驾驶员乘坐位置通常偏后、偏下，以便于获得良好的前方上视野、降低顶盖高度和避免进出时腿部与转向盘干涉；身材矮小的驾驶员乘坐位置则偏前、偏上，以满足其前方下视野和操作转向盘要求。为保证驾驶员乘坐区域能容纳 90% 的驾驶员乘坐，应以 95 百分位男子设计 H 点作为正常驾驶时的最后 H 点，以 5 百分位女子设计 H 点作为正常驾驶时的最前 H 点，如图 6.15(a)所示。H 点调节范围（包括水平调节量 TL23 和 TL18，以及垂直调节量 TH17）根据 5 百分位女子和 95 百分位男子设计确定。如果调节轨迹为曲线，还要根据其他百分位驾驶员设计 H 点位置确定调节轨迹形状。座椅调节机构设计需参照设计 H 点调节轨迹，其调节范围应大于正常驾驶时设计 H 点调节范围。例如，座椅调节机构前调极限位置可参照 1 百分位女子设计 H 点确定，后调极限位置参照 99 百分位男子设计 H 点确定，如图 6.15(b)所示。根据上述方法建立的 H 点调节范围基本上能够满足工程上的应用要求。

对于具有四向 H 点调节行程的座椅，正常驾驶的设计 H 点调节行程需要根据四个设计 H 点位置确定，即最前最高位置、最前最低位置、最后最高位置和最后最低位置。六向调节行程座椅主要用于一些高级轿车上，其调节行程需要根据 6 个设计 H 点位置确定。

3．转向盘布置

转向盘布置包括确定中心位置、倾角和轮缘直径。合理地布置转向盘对于改善驾驶员操纵姿势、减小操舵力，从而降低疲劳程度具有重要意义。

（1）转向盘位置

确定转向盘位置要考虑与仪表板和驾驶员之间的距离合适。研究发现，转向盘轮缘到驾驶员躯干的最小距离不宜小于 250mm（约 10 英寸）。尤其是对于小个子女性驾驶员，其乘坐位置更加靠前，足够的转向盘与躯干间隙是安全的重要保证。转向盘前后位置在保证与驾驶员之间安全距离的情况下，还要保证驾驶员打转向时的伸及性。转向盘高度的确定

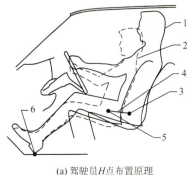
(a) 驾驶员 H 点布置原理

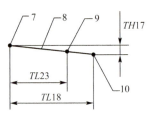
(b) H 点位置及其调节范围

图 6.15　两向调节行程的 H 点布置

1—95 百分位男子；2—5 百分位女子；3—95 百分位 H 点；4—H 点调节轨迹；
5—5 百分位 H 点；6—AHP；7—最前 H 点；8—H 点调节轨迹；
9—SgRP；10—最后 H 点

要考虑驾驶员上肢的舒适性，太高会造成"端胳膊"的感觉，容易加快疲劳；太低则容易与腿干涉（尤其是操作制动或离合踏板时）。由于不同身材驾驶员乘坐位置和肢体尺寸的离散性，上述要求不容易使大多数人都满足。因此，转向盘位置一般设计成可调节的，使得大多数人都能够通过调节获得舒适的转向盘操作位置。

（2）转向盘倾角

转向盘倾角（A18）的选定应该能使转向盘轮缘所在平面尽量与驾驶员观察仪表时的接近视线垂直，以获得最佳的仪表视野，同时，还要与手部抓握轴线的方向相适应。图 6.16 为操作转向盘的最大操作力与转向盘倾角和转速的关系。为获得较大的操作力，一般转向盘倾角取较大的值，这种情况常见于城市公交车。但由于最大转速减小了，应该根据汽车的使用情况合理选择转向盘倾角。对于不同类型的车，其转向盘倾斜角度规律如图 6.17 所示。

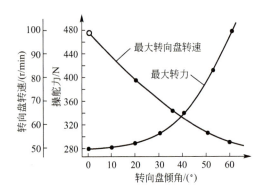

图 6.16　操作转向盘的最大操作力与转向盘倾角和转速的关系

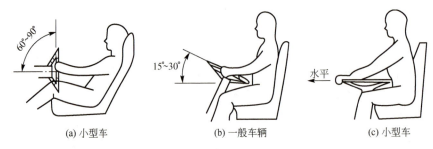

图 6.17　转向盘方位与操作姿势

(3) 转向盘尺寸

轿车转向盘直径通常小于 450mm，太小则操纵不稳定，而且影响仪表视野；太大则会浪费布置空间。现代轿车和很多商用车都装有转向助力装置，不必采用加大直径的办法来减小操舵力。

转向盘轮缘截面应尽量采用圆形，其直径取 19～28mm 为宜。

最终所确定的转向盘中心位置、倾角和转向盘直径是通过反复进行驾驶员人体、座椅、转向盘布置和位置校核后得到的。

4. 仪表板布置

仪表板是汽车操纵控制与显示的集中部位，是汽车的操纵中心和信息传递中心，随时反映汽车的运行状态，并接受驾驶员的操控。它还是车室内部最引人注目的装饰部件。仪表板布置必须以驾驶员为中心，满足驾驶员对视野、操纵和空间的要求。设计得好的仪表板会使驾驶员感到方便、舒适，反之则可能影响行车的安全。

【仪表板设计的10条规则】

(1) 仪表板主断面设计

仪表板主断面位于驾驶员中心对称面处，是驾驶员乘坐环境概念设计的重要内容。

【车载中控设计与体验】

主断面高度不仅受高个驾驶员腿部空间要求制约，还受矮小驾驶员前方下视野要求制约，设计时要综合考虑。如图 6.18 所示，根据驾驶员前方地面盲区大小要求作前方下视野线 L_d，同时与发动机罩和眼椭圆下方相切，则 L_d 与水平面所成的角度即为驾驶员前方下视野角 α。为保证前方下视野的要求，应该使仪表板上方最高点和转向盘轮缘都低于下视野线 L_d。

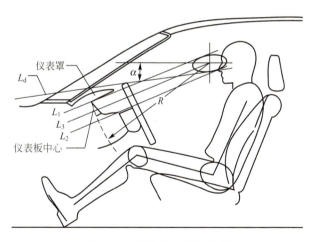

图 6.18 仪表板主断面设计

应保证大多数驾驶员通过转向盘上半轮缘和轮毂、轮辐之间的空隙观察到仪表。因此，作转向盘轮缘最高处截面下方和眼椭圆上方的公切线 L_1，作转向盘轮毂上方和眼椭圆下方的公切线 L_2，则仪表应该布置在 L_1 和 L_2 之间，如图 6.17 所示。连接仪表中心和眼椭圆中心的直线 L_3 应平分 L_1、L_2 之间的空间。

考虑到**人眼在垂直方向的自然转动角度范围为上下各 15°**，头部在垂直方向的自然转动角度范围为上下各 30°。为使驾驶员能够轻松自然地观察仪表,仪表中心和眼椭圆中心连线 L_3 与水平面的夹角应该在 30°左右。仪表板平面到眼椭圆中心的距离称为视距 R,它应该在 650~760mm 选取,对于普通家庭轿车,建议取 710mm 左右。为保证仪表数字的正确读识,仪表板平面要有恰当的倾角,仪表板平面与直线 L_3 的夹角一般控制在 90°±10°范围内。

(2) 显示装置布置

仪表板和仪表在宽度方向的位置应布置在可视区域内。为此,应该作出不受转向盘阻挡的可视区域,如图 6.19 所示。在可视区中心附近应该布置最常用、最主要的仪表,如车速表、发动机转速表。在最重要的仪表周围布置一般性仪表,如燃油表、发动机冷却液温度表、里程表等。图 6.20 为某福特轿车的仪表布置,该布置方案简洁、清晰,认读方便、准确。

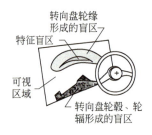

图 6.19 仪表板可视区

图 6.20 某福特轿车的仪表板

车速表、里程表、燃油表、机油压力表、冷却液温度表、蓄电池充电状况显示表、安装在仪表板上或转向柱上的自动变速挡位显示、制动显示信号、前照灯远光信号、转向指示器、驻车制动显示器、安全气囊故障报警器和紧急报警器等显示装置,要求驾驶员不转动头部就能直接看到。

有些汽车仪表板上还集成了发电机状态、灯光、变速挡位、环境温度、路面倾斜度、轮胎气压等仪表。这些仪表排列顺序应与其认读顺序相一致,同时考虑它们彼此之间逻辑上的联系。相互联系越多的仪表应布置得越靠近。当仪表很多时,应按照它们的功能区分排列,区与区之间颜色搭配应有明显的区别。性质重要的仪表区在仪表板上要有引人注目的背景。

常见仪表板上的显示信号灯图例列于表 6-11 中。

表 6-11 仪表板上的显示信号灯

(续)

驻车制动指示灯	冷却液温度指示灯	发动机指示灯	转向灯指示灯	远光指示灯	VSC指示灯	玻璃清洁液指示灯

(3) 仪表罩布置

仪表罩(遮光罩)的功能是防止光线对驾驶员造成眩目。仪表罩要有足够的深度,以遮住射向仪表玻璃的光线。设计时应进行眩目检查,如图 6.21 所示。**如果入射光经过仪表面反射后不会与眼椭圆相交,就不会产生眩目现象。**

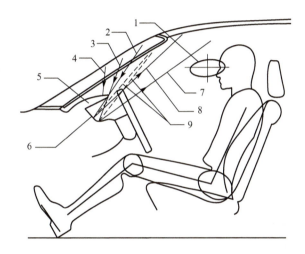

图 6.21 仪表防眩目检查

1—眼椭圆;2—入射光线;3—入射光线(射到仪表玻璃下边界);4—被仪表罩遮挡的入射光线;5—仪表罩;6—仪表玻璃;7—入射光线 3 的反射线;8—入射光线 2 的反射线;9—法线

仪表罩的布置不能影响前方下视野,并且其厚度要适中,以少占用布置仪表板的空间,因此,仪表罩断面应该布置在前方下视野线 L_d 以下、公切线 L_1 的上方,如图 6.18 所示。仪表罩最前端与转向盘要保持一定的距离,通常大于 80mm,以免发生干涉。

(4) 仪表板的空间布置

考虑到驾驶员操作仪表按钮、开关等的伸及性和方便性,仪表板操作界面应该环绕驾驶员布置,尤其是商用车仪表板。现代汽车在使用中,常在仪表板上面额外装备一些电子装置,如导航设备、各种车载显示装置、防撞预警、倒车雷达等,但要注意不能对驾驶员前方视野造成太大影响。

(5) 操纵件布置

① 操纵件布置的分区。操纵件有多种操纵形式,如旋转选位开关、肘节式开关、手推式开关、翘板式开关、指拨动开关等。常见操纵件及其操纵形式见表 6-12,布置区域如图 6.22 所示。A 区为驾驶员与副驾驶共用区域,主要布置收音机、暖风机等与附件相关的操纵件,而不宜布置与驾驶直接相关的操纵件。B 和 C 区的操纵件主要是由驾驶员操作,宜布置与驾驶和汽车状态相关的操纵件,如发动机点火开关、信号灯开关、电动后视

镜开关、刮水器开关等。其中，行车过程中操作频繁的操纵件应布置在 B 区。D 区一般布置玻璃升降器开关。

表 6-12　常见操纵件及其操纵形式

功能	操纵件	布置区域	操纵形式	功能	操纵件	布置区域	操纵形式
警报	转向信号	C	扳	照明	照明	C	旋转
	喇叭	C/B	按		调光	C	扳
	超车	C	扳		雾灯	C	按、扳
	危险警报	B/A	扳、按		照度控制	C	旋转
附件	暖风开关	A	旋转、扳	视野 刮水除霜除雾	刮水器	B	旋转、扳
	空调开关	A	按		除雾	B	扳
	送风模式转换	A	按、旋转		后部刮水器	B	旋转、扳
	电动天线	A/B	扳、按		洗涤器	B	扳
	电动门锁	D	扳、按		后风窗除霜	B/C	扳、按
	电动举窗	D	扳		后视镜控制	C	按
	燃料箱加油盖	A/D	扳、按	驾驶	点火	B	旋转
	电动天窗	C/D	扳、按		巡航	C	按、扳
	点烟器	A	按				

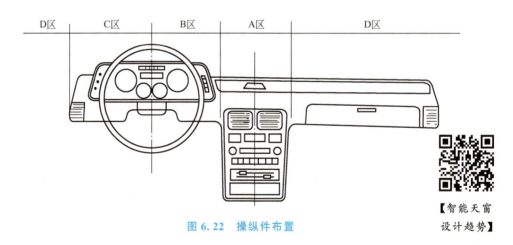

图 6.22　操纵件布置

【智能天窗设计趋势】

对于乘用车，GB/T 17867 标准给出了推荐的显示和操纵装置布置要求。对于操纵件，以基准平面为依据，将布置区域划分为 3 个，如图 6.23 所示。基准平面为与汽车纵向对称面平行，并与 SgRP 左右相距 50mm 的两平面。

a. 区域 I 位于基准平面左侧，下列各面相接围成的区域。

● 平行于转向盘平面且距其上 20mm 处的平面。
● 平行于转向盘平面且距其下 170mm 处的平面。

● 沿转向盘轮圈外边缘向外延伸 100mm 的圆柱面，其轴线与转向盘轴线重合。

● 沿转向盘轮圈内边缘向内延伸 130mm 的圆柱面，其轴线与转向盘轴线重合。

● 过转向盘轴线的两个平面，并且两平面与转向盘平面的交线和基准平面成 40°和 130°。

b. 区域Ⅱ由下列各面相接围成。

● 平行于转向盘平面且距其上 20mm 处的平面。

● 平行于转向盘平面且距其下 170mm 处的平面。

● 其轴线与转向盘轴线重合，半径为 50mm 的圆柱面。

c. 区域Ⅲ为与区域Ⅰ关于基准平面对称的右侧区域。

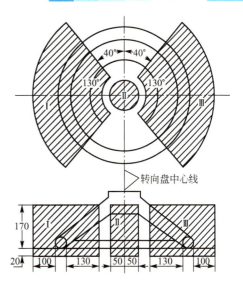

图 6.23　乘用车显示和操纵装置布置分区

乘用车操纵件的布置要求：前照灯开关、前照灯警告开关和转向灯开关应布置在Ⅰ区；喇叭开关应布置在Ⅱ区；布置在Ⅲ区的装置有电源总开关、启动开关、风窗玻璃刮水器开关和洗涤器开关。在Ⅲ区内，如果除变速杆之外仅有一个操作杆，则其功能应该包括风窗玻璃洗涤器和刮水器；如果除变速杆之外还有两个或两个以上操作杆，则风窗玻璃洗涤器和刮水器开关由最近的操作杆控制。灯光总开关应设置在基准平面的左侧，驻车制动手操纵件、发动机点火开关和危急报警开关应安装在基准平面的右侧。

② 操纵件的分布和布置。操纵件应根据具体情况，或者布置在仪表板上，或者布置在转向盘上，见表 6-13。

表 6-13　常见的操纵件分布

转向盘上的操纵件	仪表板上的操纵件
刮水器开关，风窗玻璃洗涤器开关，前照灯、转向灯、小灯开关，喇叭按钮，换挡手柄	电源总开关、灯光总开关、紧急灯开关、雾灯开关、音响控制按钮、巡航控制开关、危急报警开关、喇叭转换开关、轴间差速锁开关、轮间差速锁开关、取力器开关、发动机诊断开关、怠速控制开关、ASR 开关、ABS 诊断开关、ESP 开关、辅助远光开关、ECU 诊断开关、泊车系统、照明灯开关、除霜开关、空调系统开关及其调节装置、前照灯清洗开关、油箱开启开关、倒车雷达开关、中控锁开关、散热器百叶窗操纵柄

对于仪表板上的操纵件，仪表板造型必须保证驾驶员在不需要大动身体躯干部位的情况下就能方便有效地操作，从而满足驾驶员的生理要求和减缓疲劳，确保操作方便、迅速、有效。对于商用车，由于仪表和操纵件较多，为了改善仪表板上操纵件的手伸及性能，通常将仪表板靠近驾驶员处的表面造型做成围绕驾驶员的形式。此外，还要对这些操纵件进行编排，并考虑使用顺序、频率、重要性和逻辑性等方面进行合理的布置。

对于集成在转向盘上的操纵件，布置时要考虑手指操作的伸及性和舒适性，并适当选择操纵件的形式和操作顺序，以保证操作方便性，如图 6.24 所示。应注意：风窗玻璃刮水器和洗涤器开关、前照灯警告开关和变光开关应该各自由同一操纵件完成；灯光总开关

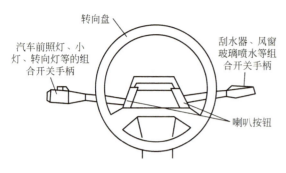

图 6.24 转向盘上的操纵件

不能与喇叭开关、风窗玻璃刮水器和洗涤器、转向指示开关混同操纵。

③ 操纵件的操纵力。仪表板上和转向盘附近的操纵件大致可以分为启动钥匙、旋钮、按钮、推杆等类别。启动钥匙的操纵力矩通常为 0.25～0.8N·m。旋钮的操纵力矩为 0.1～0.5N·m。按钮的操纵力矩为 15～41.5N。对于推杆，当用手指操纵时，操纵力为 18～55N；当用手掌操纵时，操纵力为 20～67.5N。

5. 手操纵杆布置

变速杆和手制动杆的操纵手柄布置合理与否对于操纵方便性和舒适性有很大影响。操纵过程通常是肩部不动而通过手臂的运动来实现。图 6.25 所示为手臂操纵力与操纵姿势和操纵位置的关系。图中可见，上臂角在 130°～170°有较大的操纵力，是舒适的手操纵施力姿势。上臂角在 150°时，操纵手柄最佳位置在距座椅靠背面 490～660mm。根据上述关系能够确定合理的变速杆或手制动杆手柄位置和行程。手柄行程不宜小于 50mm，否则手感不明显，并且不易识别所在挡位。

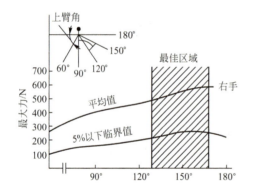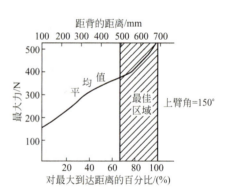

图 6.25 手臂操纵力与操纵姿势和操纵位置的关系

对于装在地板上的操纵杆，其手柄向后移动时驾驶员右臂肘部不得超出通过驾驶员左右肩部的铅垂平面，否则作用在手柄上的力将明显减小。

6. 驾驶员视野设计

【汽车驾驶的视野设计原则】

驾驶员视野是指驾驶员处于正常驾驶位置，并且当其眼睛和头部在正常活动范围内时，能直接或借助于辅助设备看到的范围，可分为直接视野和间接视野。驾驶员直接视野是指驾驶员直接看到的范围；驾驶员间接视野是指驾驶员借助后视镜等辅助设备看到的范围。

阻碍驾驶员视线的物体称为视野障碍。被视野障碍挡住而驾驶员看不见的区域称为盲区。按照眼的使用情况，盲区有单眼盲区和双眼盲区之分。所谓单眼盲区是指左眼或右眼单独观察时，由于视野障碍的阻挡而看不见的区域。双眼盲区是由于视野障碍的阻挡而两眼都不能看见的区域。以驾驶员环绕视野为例，驾驶员在驾驶位置向周围地面观察时，由于立柱、车门、发动机罩、行李箱盖等的阻挡，会形成盲区，如图 6.26 所示，盲区之外的地方就是可见区域。

视野设计主要包括前方视野、仪表视野、内后视野、侧视野等内容。

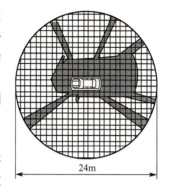

图 6.26 环绕视野和盲区

（1）前方视野

前风窗开口上沿应该具有足够高度，以使驾驶员在十字路口停车线处能够方便地观察车头前方 12m 远、5m 高的交通信号灯。前风窗开口下沿高度与前方下视野有关，其高度的选取应保证地面盲区长度在许可范围内。对于轿车和微型车，前方上、下视野必须给予重视，不合理的前方上、下视野会影响驾驶员颈部的舒适性。对于商用车，前方地面盲区需要进行控制，必要时可借助前下视镜来改善。

设计时，需要做出各种条件下的上、下视野线，以方便前风窗布置，如图 6.27 所示。其中，V_1、V_2 的定义见阅读材料 6-2。按照最苛刻的情况确定风窗玻璃透光边界。

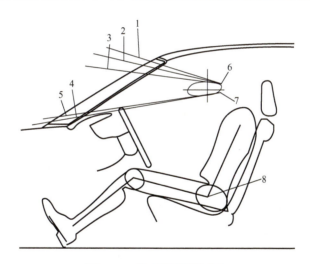

图 6.27 前方视野线及视角

1—观察交通灯的眼椭圆视切线，最小 14°；2—过前风窗玻璃刮扫区域上边界的眼椭圆视切线，通常 10°；3—过 V_1 点的前风窗玻璃透明区上边界视线，7°；4—过 V_2 点的前风窗玻璃透明区下边界视线，5°；5—过 V_2 点的转向盘轮缘上切线；6—V_1 点；7—V_2 点；8—SgRP

为了保证良好的前方视野，还要求前风窗玻璃具有良好的透光性能。前风窗玻璃上透光率（当光线与表面成直角测量时）不小于 70% 的区域称为前风窗玻璃透明区（图 6.28），通过前风窗玻璃基准点定义如下。

① V_1 点水平向前偏左 17°的基准点 a。
② V_1 点向前沿铅垂面偏上 7°的基准点 b。
③ V_2 点向前沿铅垂面偏下 5°的基准点 c。
④ 在汽车纵向对称平面的另一侧，增加三个辅助基准点 a'、b'、c'，它们与 a、b、c 三个基准点相对称。

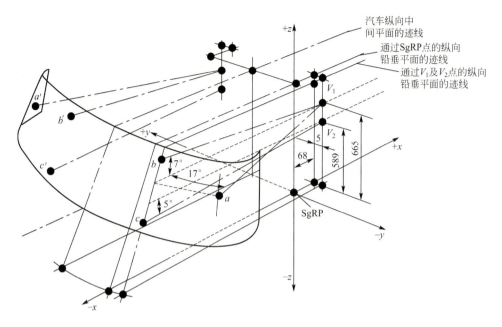

图 6.28 前风窗玻璃透明区及基准点

在驾驶员前视野 180°范围内，在通过 V_1 的水平面下方和通过 V_2 的三个平面上方范围内，除了 A 柱、三角窗分隔条、车外无线电天线、后视镜和风窗玻璃刮水器等造成的障碍外，不得有其他障碍，如图 6.29 所示。但是以下情况除外：①直径小于 0.5mm 的嵌入式天线，或小于 1.0mm 的印制天线，不认为是视野障碍；②无线电天线的导线一般不得进入除霜区域规定的 A 区，但是导线直径小于 0.5mm 时，可允许三根导线进入，此种情况不认为是视野障碍；③最大直径为 0.03mm，导线是竖直的，最小间距 1.25mm，或导线是水平的，最小间距 2.0mm 的除霜及除雾导线，不认为是视野障碍；④通过 V_2 垂直于 y 基准平面且与转向盘上边缘相切的平面，如该平面相对水平面至少向下倾斜 1°时，则转向盘上边缘及其以下的仪表板所构成的障碍是允许的。

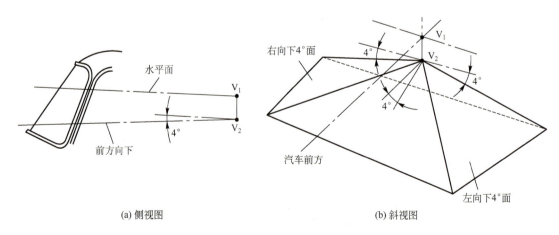

(a) 侧视图　　　　　　　　　(b) 斜视图

图 6.29 驾驶员前方视野 180°内视野评价

阅读材料6-2

GB 11562 对 V 点的定义

V 点是表征驾驶员眼睛位置的点,与通过驾驶员乘坐位置中心线的纵向铅垂平面、SgRP 点及设计座椅靠背角有关,用于检查汽车视野是否符合要求。通常用 V_1、V_2 两点表示 V 点的不同位置。

V 点相对 SgRP 点的位置见表 6-14。表 6-14 给出的是设计座椅靠背角($A40$)为 25°时的基本坐标;若设计座椅靠背角不是 25°,则按表 6-15 对 x、z 坐标进行修正。

表 6-14 V 点相对 SgRP 点的位置 (单位:mm)

V 点	x	y	z
V_1	68	-5	665
V_2	68	-5	589

表 6-15 V 点相对座椅靠背角的坐标修正值

靠背角/(°)	水平坐标 (Δx)/mm	垂直坐标 (Δz)/mm	靠背角/(°)	水平坐标 (Δx)/mm	垂直坐标 (Δz)/mm
5	-186	28	23	-18	5
6	-177	27	24	-9	3
7	-167	27	2	0	0
8	-157	27	26	9	-3
9	-147	26	27	17	-5
10	-137	25	28	26	-8
11	-128	24	29	34	-11
12	-118	23	30	43	-14
13	-109	22	31	51	-18
14	-99	21	32	59	-21
15	-90	20	33	67	-24
16	-81	18	34	76	-28
17	-72	17	35	84	-32
18	-62	15	36	92	-35
19	-53	13	37	100	-39
20	-44	11	38	108	-43
21	-35	9	39	115	-48
22	-26	7	40	123	-52

汽车风窗玻璃上面常常具有黑边（起到美观的作用）或者遮阳带，它们的分布对于视野也会产生一定的影响。黑边和遮阳带的分布会影响到驾驶员前后方上视野，因此其分布不应该低于一定的界限。SAE给出的前后风窗玻璃和侧窗玻璃黑边和遮阳带边界定义如下：

【会传递驾驶员行动的显示屏设计】

① 对于前风窗玻璃，作过眼椭圆的上水平切平面 A，切平面 A 与左右 A 柱相交于点 a_1、a_2；作左眼椭圆的左视切平面 B，切平面 B 与汽车纵向对称面 F 成 $10°$ 夹角；作眼椭圆的上视切平面 C，切平面 C 与水平面成 $5°$ 夹角。切平面 B 与切平面 C 的交线与前风窗交于点 b_1，切平面 C 与平面 F 的交线与前风窗交于点 c，将 b_1 关于平面 F 对称得到点 b_2。将 a_1、b_1、c、b_2、a_2 依次连接，得到前风窗玻璃的黑边和遮阳带下边界线。

② 对于侧窗和后窗，作眼椭圆的上水平切平面 A，将平面 A 向上平移 25.4mm 得到平面 D，平面 D 与侧窗的交线为玻璃黑边和遮阳带边界。

（2）内后视野

对于乘用车，驾驶员经常要通过后风窗向后观看，以获得车后的环境状况信息，如清楚周围车辆的情况（尤其是侧向盲区内车辆情况）有利于安全换道；泊车时，驾驶员一方面要知道车后方障碍物位置，另一方面还要控制倒车量。因此，要求透过后风窗也要看到一定范围的视野。在设计阶段主要关注垂直方向看到的范围，因此，当总布置方案中后风窗和驾驶员布置方案确定后，即可利用眼椭圆或眼点作出内后视野范围，如图 6.30(a) 所示。

（3）侧视野

侧视野反映的是靠近车窗一侧的乘员向侧方上下观察时能看到的最大范围，取决于侧窗的垂直高度及其布置。当总布置方案中侧窗和乘员布置方案确定后，即可利用眼椭圆或眼点作出侧视野范围，如图 6.30(b)、图 6.30(c) 所示。

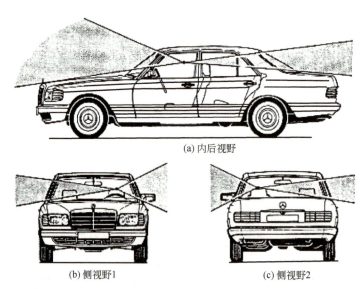

(a) 内后视野

(b) 侧视野1　　　　　　　　(c) 侧视野2

图 6.30　内后视野和侧视野

7. 后排乘员乘坐空间布置

不同类型的车,对乘坐空间要求不同,应选用合适的人体模板。 例如,有些紧凑型家庭用车,前排用于夫妇乘坐,而后排则专门为儿童设计,此时可选用小尺寸的人体模板;而有些商务车,后排座专为贵宾设计,需要将空间设计得宽敞些,则选择大尺寸的人体模板。

(1) 空间紧凑的乘用车后排乘员布置

乘员座椅多为行程不可调节座椅。布置紧凑型轿车时,必须考虑座椅尺寸、乘员尺寸和姿势的因素,采用合理的方法来布置。一般情况下,后排乘员 H 点布置需将选定的人体模板根据地板线(考虑压塌量)和前排座椅来定位。以轿车第二排乘员 H 点布置为例,过程如下:

① **将前排座椅定于最后最低位置**,并选定合适的人体模板。

② 根据乘坐时的 D 点高度画出 D 点高度线。后排乘员座位常常是三个,如果整车发动机布置形式和驱动方式采用 FR 型方案,则地板中间的凸包会影响中间乘员座椅高度。为保证舒适性,必须将中间乘员和两旁乘员 D 点高度差控制在一定范围内。

③ 保持踝关节角 **A46 不大于 130°** 的条件下,将人体模板脚沿地板线前移,并保证 D 点始终位于 D 点线上的同时躯干也相应前移,直至脚或小腿与前排座椅接触。此时的 H 点作为 SgRP,如图 6.31 所示。

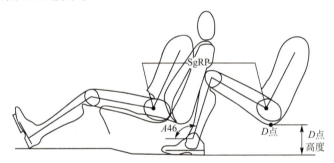

图 6.31 第二排乘员 H 点布置

乘员搁脚位置和脚的姿势对前后座椅间距影响很大。 考虑到舒适性和腿部空间要求,一般将**乘员的脚布置在前座下面**,并使乘员的膝盖与前排靠背后面保持必要的间隙。采用**阶梯地板布置可保证前排座椅下部留有足够的搁脚空间**,且前后座椅间距变小,有利于小型轿车布置。**座椅靠背厚度对乘坐空间影响很大**,应根据车的级别合理选择。

(2) 其他车辆的后排乘员布置

对于公交车,应安排适当数量的座位于合适的位置,以方便老人、儿童、孕妇和残疾人乘坐。若同向布置(均朝前),这些座椅的前后间距不宜太大,否则在紧急刹车情况下不能很好地约束乘员。

对于长途大客车,一般不设立站位,同样要求座椅的前后间距既要保证必要的乘员活动空间,又不能太大,否则不仅不利于约束乘员,还不方便乘员利用前排座椅上的杯架、脚蹬、扶手等装置。

对于一些小型客车、商务车,布置后排座椅还尤其要考虑乘员上下车和入座的方便性。

8. 乘员头部空间和顶盖布置

前后座 SgRP 位置确定后,可将头廓包络面定位。根据有效头部空间尺寸 $H61-1$、$H61-2$ 的经验值,考虑头部间隙尺寸 $L38$、$H41-1$、$L39$、$H41-2$ 可确定顶盖高度,如

图 6.32 所示。由于头廓包络面是考虑到正常人头发空间后统计出来的,在确定头部空间尺寸时需要**考虑戴帽子、汽车颠簸、乘员头饰和正常活动等所需的空间来确定。**

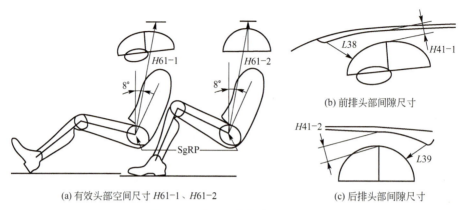

图 6.32　确定顶盖高度(侧视图)

9. 汽车宽度方向乘员布置

对于小型乘用车,乘员在宽度方向的布置要考虑乘员之间,以及外侧乘员头部与侧窗和顶盖、肩部与车门、肘部与车门之间的间隙,如图 6.33 所示。一般每名乘员宽度方向**最大需要占据 450～470mm 的空间**。对于前排(或后排)具有两名乘员的情况,考虑乘员头部空间要求(受限于顶盖宽度和侧窗)和布置操纵杆(变速杆、手制动杆),以及踏板横向布置的要求,通常将**乘员 SgRP 到汽车纵向对称面的距离(W20)控制在 310～360mm**。对于驾驶员,其宽度方向位置还会影响其视野(如 A 柱盲区和观察外后视镜的视野)。当后排具有三名乘员的时候,考虑到外侧乘员头部空间要求,以及提高侧碰安全性,会将外侧乘员布置得略微靠近内侧一些。例如,两名外侧乘员 SgRP 的横向距离控制在 630mm 左右,基本上能够满足舒适乘坐要求,多余的空间就能够用来布置车门内板上的一些结构。另

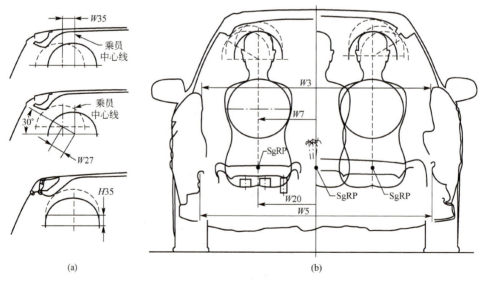

图 6.33　小型乘用车宽度方向乘员布置

外,将乘员布置得尽量靠近车门方向,对于提高整车侧倾稳定性是有利的。

对于较大型的车辆,宽度方向尺度较大,乘员宽度方向布置更多地考虑进出和入座,以及与底盘零部件布置相关的操纵件(转向盘、踏板和操纵杆)的布置方便性。

10. 后视镜布置

驾驶员后方视野是驾驶员借助后视镜间接观察到的范围,一般分为两种:**驾驶员借助车外后视镜看到的外后视野和借助车内后视镜看到的内后视野**,它与后视镜的尺寸、形式以及安装位置有关。**内视镜通常为平面镜,外视镜有平面镜和曲面镜两种形式。**

汽车后视镜布置应充分考虑人眼的视觉特性,以尽量靠近驾驶员直前视线为宜,这样使驾驶员不用经常转动眼睛和头部就能获得足够的信息。人机工程学推荐:后视镜水平方向的位置位于驾驶员直前视线左右各60°(45°头部自然转动角与15°眼睛自然转动角之和)范围内,垂直方向位置位于驾驶员直前视线上下各45°(30°头部自然转动角与15°眼睛自然转动角之和)范围内。对于驾驶员侧后视镜,一般推荐镜中心与靠近视镜一侧眼点连线(或眼椭圆切线)与驾驶员直前视线的夹角不大于55°。**观察后视镜的视线不应被立柱阻挡。若通过前风窗观察后视镜,后视镜应布置在通过前风窗刮扫区域看到的范围内。**对于副驾驶员侧后视镜,应安装在驾驶员直前视线75°范围内,如图6.34所示。

我国强制标准 **GB 15084 规定:M 和 N 类汽车必须在左、右两侧各装一个外后视镜。M1 和 N1 类汽车上必须安装一个内后视镜。当汽车满载,外后视镜的底边离地面高度小于 1800mm 时,其单侧外伸量不得超出汽车最大宽度以外 200mm。**

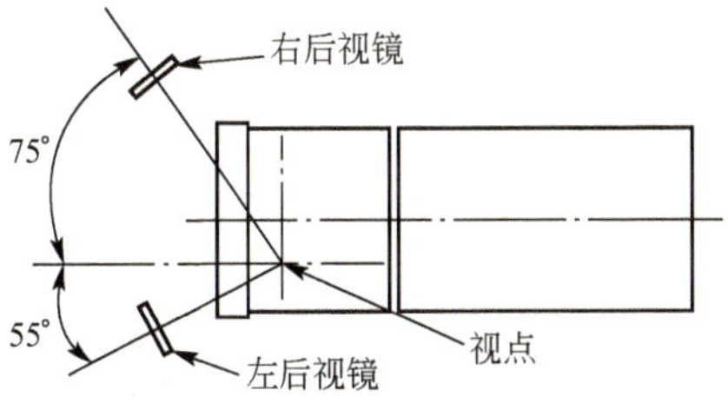

11. 汽车安全带固定点布置

汽车安全带是重要的乘员约束装置,能够有效地减轻碰撞事故后的乘员伤害程度。**安全带固定点位置的选取必须保证安全带能有效地发挥作用,并且不失效。**现在汽车的驾驶员座位上一般都装有三点式安全带,很多副驾驶和后排乘员位置也都配备了三点式安全带。这里主要介绍 GB 14167《汽车安全带安装固定点、ISOFIX 固定点系统及上拉带固定点》标准中对三点式安全带固定点的布置要求。

对于安全带固定点位置,在无中间导向件时,是指安装固定点螺孔的中心点位置;在有中间导向件时,是指织带中心线与中间导向件的切点位置。中间导向件是指能改变安全带织带方向的零部件,如卷收器、导向件、固定件或座椅部件。对于三点式安全带,若下部固定点位置选择不当,汽车前碰撞时乘员下半身容易向前下方滑移,产生下潜现象;若肩部固定点位置选择不当,容易出现上半身脱出安全带的现象。

安全带固定位置如图6.35所示。对于上部固定点,应该布置在 $D-E-F-G$ 各点围成的区域内,并且上部安装固定点位置与座椅中心面的距离 S 不小于140mm。其中,D、E、F、G 点由 ED、EF 和 FG 平面确定。ED 平面为通过 H 点装置躯干线上 A 点的水平面,且 $AR=315+1.8S$。EF 平面为通过 H 点装置躯干线上的 B 点,并与躯干线成120°角的平面,且 $BR=260+S$。FG 平面为通过 R 点铅垂上方450mm 处的 C 点,并与水平面成20°角的平面。这里,R 点即为 SgRP。有时,由于汽车结构所限,上部安装固定点位置允许在 $H-I-D$ 平面围成的范围内。H、I 和 D 点由 HI 和 ID 平面确定。HI 平面为通过

图 6.34 汽车后视镜的布置

B 点的铅垂平面，ID 平面即为 ED 平面。若上部安装固定点在通过 C 点的水平面 CY 下方，则座椅靠背上端与织带的切点应在 CY 平面的上方，并且必须装导向件，使安全带不会从乘员肩部滑落。对于下部固定点，要求在座椅的所有调节位置，a_1 和 a_2 角始终在 $20°\sim 75°$；$L1$ 和 $L2$ 点的 y 向距离不小于 $350\mathrm{mm}$，但若由于汽车结构所限，可在 $300\mathrm{mm}$ 以上；$L1$ 和 $L2$ 点应在座椅中心面两侧，且与座椅中心面的距离不小于 $120\mathrm{mm}$。

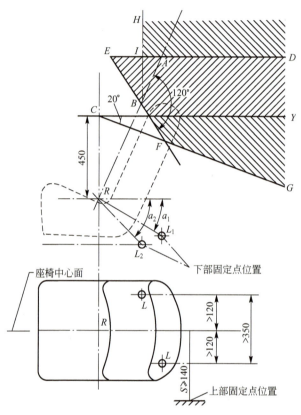

图 6.35 安全带固定点位置

阅读材料 6-3

驾驶员驾乘空间人机工程设计和汽车主动安全性

世界卫生组织在 2004 年的研究报告中指出，全世界每天大约有 3000 人死于交通事故。对 1990—2020 年每隔 10 年的道路交通事故死亡人数进行的统计和预测见表 6-16。在我国，随着道路交通的迅速发展和汽车保有量的增多，交通事故和伤亡人数也大幅上升，给人民生命和财产安全造成了巨大损失。美国高速公路交通安全局 (National Highway Traffic Safety Administration, NHTSA) 和国家交通安全委员会 (National Transportation Safety Board, NTSB) 通过研究发现：很多公路交通事故主要是由于驾驶员人为因素和驾驶员身体状况所导致，而驾驶员人为因素的比重占 75.4%。其中，由于驾驶员分神和视野不佳而未能及时发现危险状况导致判断错误的交通事故占 43.6%；由于视野不佳使驾驶员对距离、相对速度判断不准而导致决策失误的占 23.3%；由于操作失败导致的事故占 8.5%。很多交通事故的主要诱因是驾驶员疲劳。我国 2000 年进行的道路交通事故原因分析表明：人是造成交通事故的关键因素。其中，与人有关的因素占总因素的 89.95%，人为因素导致死亡的占 78.54%，车辆因素在事故和死亡的因素中分别占 4.94% 和 5.06%，环境和信息等因素在事故和死亡的因素中分别占 4.97% 和 16.44%。以往人们认为交通事故是不可预测的偶然因素引起的随机事件，而国外众多权威机构几十年的研究证明：大部分公路交通事故都是人为因素导致的，是完全可避免的。他们通过对交通事故进行统计分析后认为，疲劳、困倦、职业病、视野不佳、操纵失败、反应滞后、操作错误、酒后驾车等驾驶员自身因素是许多公路交通事故的罪魁祸首。

表 6-16 世界卫生组织对道路交通事故死亡人数的预测

地区	国家数	1990 年	2000 年	2010 年	2020 年
东亚和太平洋	15	112	188	278	337
东欧和中亚	9	30	32	36	38
拉美和加勒比海	31	90	122	154	180
中东和北非	13	41	56	73	94
南亚	7	87	135	212	330
撒哈拉沙漠以南非洲	46	59	80	109	144
小计	121	419	613	862	1124
高收入国家	35	123	110	95	80
总计	156	542	723	957	1204

良好的驾驶员驾乘空间设计对于避免和延缓驾驶疲劳、改善操纵和信息感知性能、避免误操作具有重要的意义。此外，驾驶员驾乘空间设计对驾驶员健康影响也很大。研究发现，大多数职业驾驶员都存在脊背和颈部疾病，主要与驾驶员工作环境人机关系不良有关。下背部疼痛(Low Back Pain，LBP)是以下背部、腰部等疼痛为主要表现的一种典型外科职业病。大量研究表明，驾驶员患该病的比率很高。

随着人类文明程度的提高，人们对工作环境质量提出了更高的要求。今后汽车研究重点不只是安全、节能和环保，还更注重舒适和健康。从设计上为驾驶员提供一个舒适、方便的操作平台是改善汽车主动安全性能的最关键、最直接的途径。"人-车"系统作为典型的人机系统，其安全性首先取决于人、车的协调，如果忽略这一因素，则其他一切都无从谈起。

6.3.2 驾驶员人机工程学性能优化

1. 驾驶员视野校核原理

安全性是汽车设计需要考虑的重要内容。驾驶员在行车过程中有 80% 的交通信息通过视觉获得，良好的驾驶员视野是保证主动安全性的必要条件。仪表板可视性、操纵杆件和按钮伸及性也是与主动安全性密切相关的内容。本节主要讲述这些人机关系的校核方法。

(1) 人的视觉特性

眼睛是人们认识世界、获取外界信息的重要感觉器官。通过它人类能辨别物体的大小、形状和颜色，这就是通常所说的视觉，而眼睛所看到的空间范围就称为视野。工程上为解决问题的方便，将视野进行如下划分：①单眼视区，为一只眼睛所能看到的范围；②双眼视区，为两只眼睛同时能看到的范围；③左右单眼总视区，为左右两只眼睛的单眼视区总和。

人观察物体时通常要转动眼睛或头部来获得更大的视野范围。眼睛或头部的转动按照感觉是否舒服可分为自然转动和勉强转动。在自然转动时，眼睛和头部均无不适感，而勉强转动则相反。眼睛自然转动范围为水平方向左右各 15°，垂直方向上下各 15°。眼睛勉强转动范围为水平方向左右各 30°，垂直方向向上 45°、向下 65°。头部自然转动范围为水平方向左右各 45°，垂直方向上下各 30°；勉强转动范围为水平方向左右各 60°，垂直方向上下各 50°。眼睛和头部转动范围如图 6.36 所示。

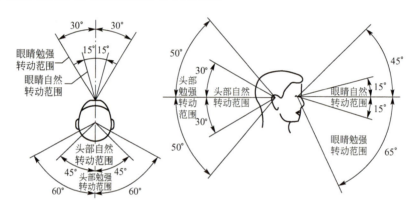

图 6.36 眼睛和头部转动范围

(2) 视野校核中眼点的选取方法

校核视野时选定合适的眼点至关重要，而眼点的选定又要以眼椭圆为根据。眼点的选取原则是选取眼椭圆轮廓上，视野性能最差的眼点。例如，计算可视区要选择使视野最小的眼点；而计算盲区则应选择使盲区最大的眼点。

以计算驾驶员右侧后方视野为例说明眼点的选取，如图 6.37 所示。首先在视镜上选择距 95 百分位眼椭圆最远的一点 M；然后在距点 M 较远的左侧驾驶员眼椭圆轮廓上，选取距离点 M 最远的点 E_L 作为眼点来计算后视野。作 E_L 处的左眼椭圆切线 L，则左眼睛落在切线 L 包含左眼椭圆一侧的概率是 95%。因为 E_L 是眼椭圆上距离后视镜最远的眼点，以它计算出的视野最小，如果此时视野满足要求，则能以足够的概率保证其他眼点的视野也满足要求。

2. 前方视野校核

(1) A 立柱盲区校核

A 柱指的是驾驶员眼点前方任何支撑车身顶盖的结构总成（包括所有能够阻挡驾驶员视线的附件、门框、玻璃密封条、支撑附件等）。驾驶员一侧的 A 立柱盲区是驾驶员前方视野盲区中最主要的部分。由于 A 立柱对驾驶员视线的阻挡，驾驶员常常需要转动眼睛和

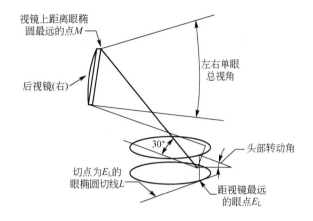

图 6.37 右侧后方视野求作眼点的选取

头部观察前方驾驶员一侧的交通状况,这样容易引起疲劳,对安全行车不利。A 立柱盲区用双目障碍角表示,其大小与 A 立柱本身结构尺寸和驾驶员眼睛到 A 立柱的距离有关。在 GB 11562《汽车驾驶员前方视野要求及测量方法》标准中规定,每根 A 立柱的双目障碍角不能超过 6°。这里以 SAE J1050 推荐标准为例讲述 A 立柱盲区校核方法。

SAE J1050 标准评价 A 立柱盲区只使用眼点高度上的 A 立柱截面尺寸。以计算左侧 A 立柱盲区为例,如图 6.38 所示,求作过程如下:

① 计算头部转动点 P。因为是驾驶员左侧 A 立柱,应使用 P_1 的公式计算 P 点,反之,则根据 P_2 的公式计算 P 点。

② 按照头部转动角为零时计算两个眼点的坐标。

③ 在眼点高度上作一水平面,截左 A 立柱得到左 A 立柱断面。

④ 计算最小头部水平转角。通常左眼点转动到极限位置(30°)仍不能看到左 A 立柱断面外侧,因此需要向左转动头部。最小头部水平转角是保持左眼点向左转动 30°的状态下,再向左转动头部至左眼完全看见 A 立柱断面时的头部水平转角。

⑤ 计算 A 立柱双目障碍角。在眼点高度上的水平面内,从左眼点 E'_L 向 A 立柱断面的左侧作切线,再从右眼点 E'_R 向 A 立柱断面的右侧作切线,左右切线的夹角就是 A 立柱双目障碍角。有可能出现左右切线平行或在 A 立柱截面前方相交的情况,这时认为 A 立柱盲区不存在。

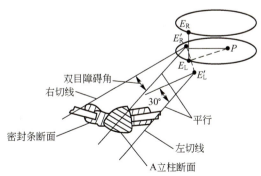

图 6.38 SAE J1050 推荐的 A 立柱盲区求作方法

阅读材料6-4

GB 11562 对 A 柱盲区的要求

GB 11562《汽车驾驶员前方视野要求及测量方法》标准对于 A 立柱盲区的求取采用另外一套视野原点,其定义如下。

P点:驾驶员眼点高度上的头部转动中心点,包括P_1和P_2点。通过R点(驾驶员 SgRP)的纵向铅垂面与P_1、P_2连线的交点称为P_m点。P点的位置见表6-17。表6-17给出的是设计座椅靠背角($A40$)为25°时P点相对于 SgRP 点的基本坐标,当座椅水平行程范围(TL23)超出108mm时,应该按照表6-18进行修正。当设计座椅靠背角不是25°时,还应该按照表6-19进一步修正。

表6-17 P点的位置 (单位:mm)

P点	x	y	z
P_1	35	−20	627
P_2	63	47	627
P_m	43.36	0	627

表6-18 P点相对座椅水平行程的修正 (单位:mm)

Δx	TL23
0	<108
−13	∈[108,120]
−22	∈[121,132]
−32	∈[133,145]
−42	∈[146,158]
−48	>158

表6-19 P点相对座椅靠背角的修正

A40/(°)	Δx/mm	Δz/mm	A40/(°)	Δx/mm	Δz/mm
15	−90	20	23	−18	5
16	−81	18	24	−9	3
17	−72	17	25	0	0
18	−62	15	26	9	−3
19	−53	13	27	17	−5
20	−44	11	28	26	−8
21	−35	9	29	34	−11
22	−26	7	30	43	−14

E 点：驾驶员眼点，E_1、E_2（或 E_3、E_4）分别为驾驶员头部中心点在 P_1（或者 P_2）位置时的左右眼点，用于评价 A 柱形成的盲区。E 点和 P 点位于同一水平面内，E_1 和 E_2（或 E_3、E_4）与 P 点距离各为 104mm，E_1、E_2（或 E_3、E_4）相距 65mm。

汽车一侧不能有两根以上的 A 柱。每根 A 柱的双目视野障碍角不能超过 6°。如果左右立柱相对于汽车纵向对称面是对称的，则只需要检验左侧的 A 柱视野障碍角。以左侧 A 柱视野障碍角求取为例，其方法如下（图 6.39）。

（1）利用自 P_m 出发与水平面向上 2° 和向下 5° 方向的两个平面切 A 柱得到两个截面，再依次过这两个截面的最前端作两个水平面与 A 柱相交，得到两个水平截面 S_1 和 S_2，将它们向 P 点所在的平面投影，投影后的截面曲线仍称为 S_1 和 S_2。

（2）将 E_1 与 E_2 的连线绕 P_1 点转动，使得 E_1 与 A 立柱截面线 S_2 外侧的切线与 E_1、E_2 连线成直角。在此基础上，从 E_1 向 A 柱的 S_2 截面曲线外侧作切线，从 E_2 向 A 柱 S_1 截面曲线的内侧作切线，这两个切线所成的角度即为左侧 A 柱的双目视野障碍角。有可能出现这两条切线平行或者在 A 柱前方相交的情况，此时认为盲区不存在。

对于右侧 A 柱盲区，使用 E_3、E_4 和 P_2 来求取，要求旋转 E_3、E_4 连线使得 E_4 至右 A 立柱的 S_2 截面线外侧的切线与 E_3、E_4 连线成直角，此时从 E_3 向右侧 A 立柱的 S_1 截面线内侧作切线和从 E_4 向右侧 A 立柱的 S_2 截面线外侧作切线，两切线的夹角就是 A 立柱双目障碍角。

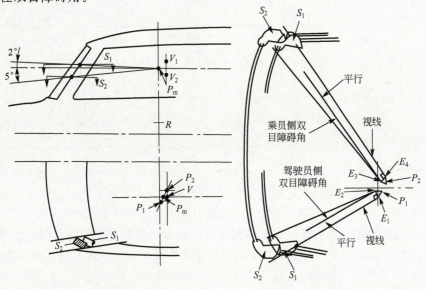

图 6.39 GB 11562 规定的 A 柱盲区求作方法

（2）前风窗刮扫器刮扫区域校核

刮扫器的功能是刮除风窗玻璃上的雨、雪和其他污物，以保持风窗玻璃有良好的视野性。**刮刷面积是指刮扫器在风窗玻璃上能刮到的有效面积。**保证该区域满足驾驶员视野要求是布置刮扫器的依据。**刮刷面积与刮扫器布置位置、刮刷摆角和刮片尺寸有关。**在布置刮扫系统时，不仅应保证有足够的刮刷面积，而且还要有正确的刮扫部位。

为了在布置刮扫系统时能够对刮刷区域进行评价，人们通过研究定义了**理论刮扫区**，它是重点要刮刷的部位。图 6.40 为 SAE 标准定义的理论刮扫区,它是由眼椭圆上下左右四个切平面与前风窗玻璃的交线围成的区域。各眼椭圆切平面角度、各区刮扫面积要求和适用车型见表 6-20。

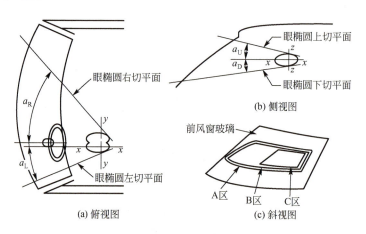

图 6.40　SAE 标准定义的理论刮扫区

表 6-20　汽车刮扫器的刮扫部位和要求

标准/适用车型	区域	刮净率/%	角度 /(°)			
			a_L	a_R	a_U	a_D
SAE J903c/乘用车	A	80	18	56	10	5
	B	95	14	53	5	3
	C	100	10	15	5	1
SAE J198/商用车	A	80	18	56	6	9
	B	94	14	53	1	7
	C	99	10	15	1	5

由于刮扫器的空间运动特性、刮扫轴线空间布置、前风窗玻璃空间形状为曲面等因素,刮扫器实际刮到的区域常常不能完全覆盖理论刮扫区。为评定刮扫器刮扫的有效性,需要计算刮净率,它定义为实际刮扫区和理论刮扫区重合部分面积与对应的理论刮扫区面积之比。不同理论刮扫区的清晰度要求不同,在驾驶员经常观察的前风窗玻璃区域,清晰度要求要高一些。为求实际刮扫区,应该对刮扫器进行运动分析,建立刮扫器的运动学模型,设定刮片的起始角和终止角等运动参数来模拟刮扫器的工作过程,将刮片在前风窗玻璃上扫过的实际刮扫区求出来。图 6.41 所示为根据 SAE 推荐方法作出的各理论刮扫区、实际刮扫区以及实际刮扫区和理论刮扫区 A 重合部分的面积。在布置刮扫器时,应该合理地确定刮扫中心轴的方向,保证刮片均匀地扫过玻璃表面,以确保刮扫器具有足够的刮扫能力。

3. 仪表视野校核

驾驶员在观察仪表等显示装置时,其视线会受到转向盘轮缘、轮毂或轮辐阻挡,在仪表板上会形成盲区。如果仪表和控制件布置在盲区内,就会影响驾驶员对仪表的读识和控制件的操作，不利于安全行车。因此，必须确定仪表板上盲区和可视区范围，**将仪表布置在驾驶员无需转动头部和躯干就能看到的地方。**

转向盘在仪表板上形成的盲区包括转向盘轮缘形成的盲区和轮毂及轮辐形成的盲区两部分。在计算盲区之前先要建立**仪表板工作面**，它应该位于仪表显示面处，且与之平行。

(1) 转向盘轮缘盲区求作

① 计算**特征盲区**。所谓特征盲区，就是选取左右眼椭圆中心点为左右眼点时计

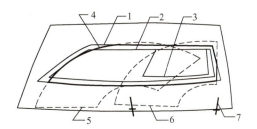

图 6.41 理论刮扫区、实际刮扫区及其重合区域
1—理论刮扫区 A 边界；2—理论刮扫区 B 边界；
3—理论刮扫区 C 边界；4—实际刮扫区与理论刮扫区 A 重合部分边界；5—右实际刮扫区边界；
6—左实际刮扫区边界；7—刮扫器旋转轴线

算出来的双眼盲区，它是左右眼点单眼盲区的公共部分，如图 6.42(a)所示。某眼点的单眼盲区是仪表板上被转向盘轮缘阻挡而该眼点看不见的部分，以左眼点为例，其求取方法如下：过左眼点作一系列转向盘上半轮缘的内外切线，这些切线与仪表板工作平面相交得一系列交点，交点围成的区域就是左眼点的单眼盲区。

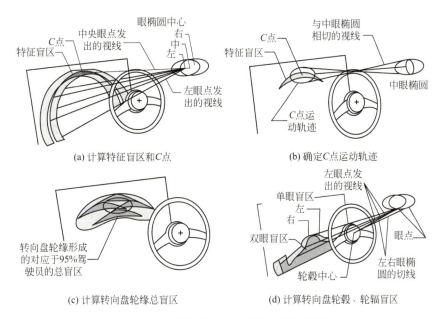

图 6.42 计算转向盘形成的仪表板盲区

② 计算**最严重障碍点**。在特征盲区中，最不容易被眼睛看到(考虑头部转动等因素)的点称为最严重障碍点(C 点)，它是由左右眼点连线中点出发向转向盘轮缘上中心点所作射线与仪表板工作平面的交点。

③ 确定 C 点运动轨迹椭圆。过转向盘轮缘上中心点作一系列中央眼椭圆的切线，与仪表板工作平面相交得一系列交点，交点围成的椭圆就是 C 点运动轨迹，如图 6.42(b)所示。所谓中央眼椭圆就是大小与眼椭圆相同，中心位于左右眼点中点的椭圆。

④ 计算对应 95% 驾驶员的转向盘轮缘总盲区。将 C 点沿其运动轨迹椭圆移动一周，特征盲区随之平动，在仪表板工作平面上扫过的区域便是双眼总盲区，如图 6.42(c) 所示。

(2) 转向盘轮毂、轮辐盲区求作

① 确定眼点。自转向盘轮毂中心点分别作左右眼椭圆最下端的切线，分别取左右切点作为左右眼点。根据眼椭圆视切比定义可知，用上述眼点计算出来的盲区具有统计意义。

② 计算盲区。过左眼点作一系列转向盘轮毂和轮辐的上切线，与仪表板工作平面相交得一系列交点，交点连线下方区域就是左单眼盲区。同理可得右单眼盲区，如图 6.42(d) 所示。左右单眼盲区公共部分即为对应 95% 驾驶员的总盲区。

4. 后视野校核

(1) 后视野的法规要求

很多国家都制定了法规和标准来规范驾驶员后视野。GB 15084 要求汽车在整车整备质量状态，并且前排具有一名乘客的条件下，达到下述视野要求。对于内后视镜，要求驾驶员借助它能在水平路面上看见一段宽度至少为 20m 的视野区域，其中心平面为汽车纵向基准面，并从驾驶员的眼点后 60m 处延伸至地平线。对于驾驶员侧外后视镜，要求驾驶员借助它能在水平路面上看见一段宽度至少为 2.5m 的视野区域，其右边与汽车纵向基准面平行，且与汽车左边最外侧点相切，并从驾驶员眼点后 10m 处延伸至地平线。对于总质量小于 2000kg 的 M1 和 N1 类汽车乘客侧外后视镜，要求驾驶员借助它能在水平路面上看见一段宽度至少为 4m 的视野区域，其左边与汽车纵向基准面平行，且与汽车右边最外侧点相切，并从驾驶员的眼点后 20m 处延伸至地平线。对于总质量大于 2000kg 的 M 和 N 类汽车乘客侧外后视镜，要求驾驶员借助它能在水平路面上看见一段宽度至少为 3.5m 的视野区域，其左边与汽车纵向基准面平行，且与汽车右边最外侧点相切，并从驾驶员的眼点后 30m 处延伸至地平线。此外，还要能看见宽度大于 0.75m，并从驾驶员的眼点后 4m 处至上述区域相接的视野区域。图 6.43 为 GB 15084 对汽车后视野的要求。

(2) 后视野计算

在确定驾驶员后视野之前，首先要明确基本布置参数，包括驾驶员乘坐基准点 SgRP，驾驶员座椅水平调节行程 TL23 和靠背角 A40，后视镜镜面中心位置、类型、尺寸、曲率半径，地平面位置等参数。后视野的求取根据光线追踪原理实现，其过程如下。

① 根据镜面转动中心、尺寸和曲率半径等参数建立镜面周边的空间描述。

② 计算头部水平转动点（P 点），并根据头部水平转动角 β 计算左右眼点位置。采用 SAE 标准时可根据 P_3、P_4 的公式计算 P 点。GB 15084 标准则规定了初始眼点位置。

驾驶员观察后视镜时，有时在眼睛转动范围内不能完全看到后视镜，必须转动头部，因此需要计算头部转动角，并根据头部转动角来计算眼点位置。以左侧后视镜为例，计算公式参见式 (6-2)，计算原理如图 6.44 所示。其中 M 点为距离眼点最远的视镜周边点，G 点为 P 点向直线 $E'_R M$ 所作垂线的垂足。

$$\beta = \alpha - \gamma = \alpha - (30° - \varphi) = \alpha + \varphi - 30°$$

$$= \tan^{-1}\left(\frac{Y_P - Y_M}{X_P - X_M}\right) + \sin^{-1}\frac{PG}{PM} - 30°$$

$$= \tan^{-1}\left(\frac{Y_P - Y_M}{X_P - X_M}\right) + \sin^{-1}\left(\frac{E'_R P \times \sin(30° + \delta)}{PM}\right) - 30°$$

$$= \tan^{-1}\left(\frac{Y_P - Y_M}{X_P - X_M}\right) + \sin^{-1}\left(\frac{77.4}{PM}\right) - 30° \tag{6-2}$$

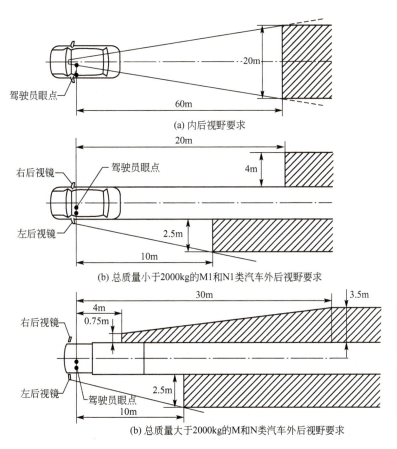

图 6.43 汽车后视野要求

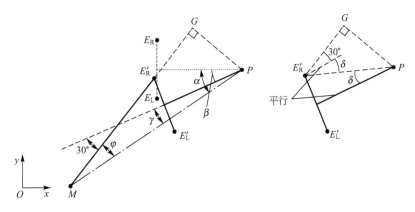

图 6.44 头部转动角计算原理

③ 根据镜面成像规律计算左右眼点和头部转动点在镜中的成像点，以及从眼发出射向镜面周边点射线的反射线。

④ 计算镜面周边的反射射线与地面的交点（交线），进而计算出视距。视距是指从视点（GB 15084）或驾驶员 SgRP 点（SAE）到地面交线的水平距离。

⑤ 计算水平和垂直视角。水平视角为驾驶员借助后视镜在水平方向两只眼睛所看到的范围总和，因此要计算左右单眼总视角。图 6.45 为内后视镜（平面镜）单眼视角、双眼视角和左右单眼总视角的计算原理示意图。

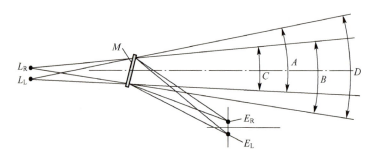

图 6.45　左右单眼总视角计算原理图

M—内后视镜；E_L、E_R—驾驶员眼点；I_L、I_R—眼点虚像；
A—左眼视角；B—右眼视角；C—双眼视角；D—左右单眼总视角

（3）后视野校核

为了判定后视野是否能够达到法规规定的要求，需要将后视镜能够看到的最佳视野区域与法规或标准要求的区域进行对比。若视野区域能够将法规区域包括在内，则认为满足视野要求。基本步骤如下。

① 根据布置参数按照前述方法计算后视野区域。

② 判断当前后视野区域是否与法规区域对齐。其标准是，在水平方向，对于内视镜，其水平左右单眼总视角被 Y 零平面平分；对于外视镜，则水平左右单眼总视角靠近车身一侧的边与 Y 零平面平行。在垂直方向，垂直视角最上边与 Z 零平面平行。对齐时的镜面倾角称为设计倾角。设计倾角位置是保证后视野满足法规要求的最基本位置。如果此时后视野不满足法规要求，则其他镜面位置的后视野也必然不满足法规要求。

③ 如果后视野区域没有与法规要求区域对齐，则需要在水平和垂直方向调节镜面，以调整后视野方向，直至对齐为止。每次调整镜面位置后，必须重新计算头部转动角和眼点位置，然后根据新的眼点位置计算视野。

④ 计算对齐后的视野参数（后视角和视距），并将它们与法规要求对比。

（4）后视野内的盲区

对于内后视镜，在其视野范围内也存在障碍物遮挡的情况，最典型的就是 B 立柱或 C 立柱。对它们的盲区进行评估是进一步衡量内后视野的重要内容。下面介绍一种方法。

① 选择与内视镜上边缘等高的水平面作为工作面，用工作面截 B 立柱或 C 立柱，得其截面（线）。

② 计算内后视镜的视野。

③ 在工作平面内判定立柱截面的可见性，有以下几种情况（图 6.46）。

a. 立柱截面在内后视野内完全看不见，此时盲区不存在。
b. 立柱截面只能被一只眼睛间接看见，求得的盲区角为单目障碍角。
c. 立柱截面能同时被两只眼睛间接看见，求得的盲区角为双目障碍角。

下面以右侧 B 立柱为例进行说明：图 6.46(a) 中 B 立柱不在内后视野的可视范围内，因此不存在盲区的问题；图 6.46(b) 中 B 立柱处于两眼总视区范围内，但却不在右眼视区范围内，只有左眼借助后视镜能看见 B 立柱，因此，求出的盲区角只能是左眼盲区角；图 6.46(c) 中 B 立柱完全在双眼视区范围内，因此，求出的盲区角是双眼盲区角。

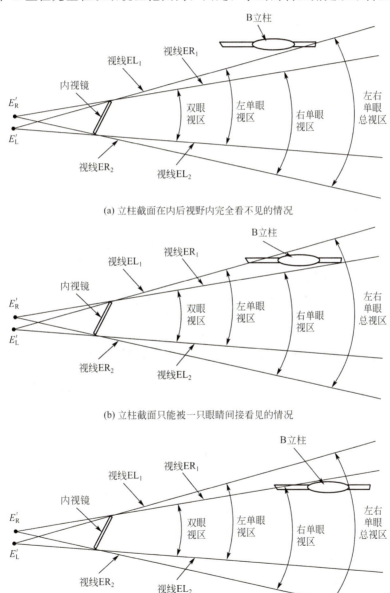

图 6.46　后视野内的盲区（以 B、C 立柱盲区为例）

d. 如果盲区存在，则根据盲区分布的具体情况计算盲区角。如果 B 立柱完全在双眼视区范围内，则从左右两个眼点成像点分别向立柱的相应一侧作切线，两条切线夹角就是双眼盲区角；如果只存在单眼盲区，则从能看见立柱的那个眼点成像点分别向立柱的两侧作切线，两条切线夹角就是单眼盲区角。

5. 操纵件伸及性校核

仪表板上手操纵件或按钮的布置，以及仪表板断面形状和位置应该考虑驾驶员的手伸及能力，以确保驾驶员在不需要大动身体躯干部位的情况下，就能方便有效地操作仪表板上的操纵钮件，从而满足驾驶员的生理要求并减缓疲劳，确保操作有效、迅速、方便。

作出驾驶员手伸及界面后，即可检验操纵件布置，如图 6.47 所示。当操纵件在手伸及界面的内侧（靠近驾驶员一侧）时，认为其满足手伸及性的要求。设待检测钮件为点 T，检测方法如下。

（1）定位手伸及界面。

（2）将待检测点 T 沿 x 方向向手伸及界面投影，得到投影点 P。

（3）比较待检测点的 x 坐标 x_T 和投影点的 x 坐标 x_P，得出结论。若 $x_T > x_P + \Delta$，则待检测点是可伸及的；反之，则待检测点不可伸及。其中，Δ 为考虑不同操作类型时的功能修正量。当用三指抓捏时，$\Delta = 0$；当用手指推时，$\Delta = -25\text{mm}$。

图 6.47 操纵件布置的手伸及性检验

在满足手操作伸及性的基础上，还可利用数字人体模型软件分析操作的舒适性和方便性，检查在操作过程中是否容易与转向盘发生干涉；操纵件是否位于视野观察范围内，并且不为转向盘及其操纵件所阻挡；分析操作力的大小是否处于合适的范围内。

6. 罩盖校核

在设计罩盖（发动机罩、行李箱盖）开启机构的时候，需要充分考虑人的能力极限，包括伸及性和操作力两方面，还要考虑开启后的罩盖不要影响零部件维修和行李取放的方便性。当这些罩盖未开启时，应能够轻松地开启，要求开启力不能太大。当开启到最大位置的时候，必须能够容易地伸及，并且开启后的罩盖所包容的空间适合安全、舒适地进行各种操作。可以借助人体设计模板或数字人体模型对开启后罩盖位置的伸及性和空间进行分析。伸及性分析所采用的人体数据等级应为与适应度对应的致信区间的下限。例如，适应度为 95%，则选取 5 百分位人体数据；而空间分析应采用与适应度对应的致信区间的上限，如 95 百分位人体数据。图 6.48(a)、图 6.48(b)为在布置设计时，对罩盖开启空间进行校核的实例。图 6.48(c)、图 6.48(d)为在 Ramsis 软件中建立 95 百分位男子和 5 百分位女子人体模型时对最大开度的行李箱盖进行操作空间和行李箱盖伸及性分析的实例。对于带有助力装置的行李箱盖，如大客车侧面的行李箱盖，助力机构应合理设计，以避免开启速度和助力过大，容易碰伤人，或者易造成关闭困难。

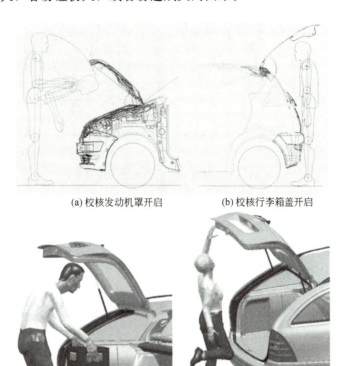

(a) 校核发动机罩开启　　　　(b) 校核行李箱盖开启

(c) 男子人体模型对行李箱操作　　(d) 女子人体模型对行李箱操作

图 6.48　罩盖的校核

7. 进出方便性分析

乘员(尤其是驾驶员)进出方便性(或称上下车方便性)也是衡量人性化设计好坏的重要因素。影响进出方便性的因素有室内地板与地面的距离、门洞尺寸和形状、侧围立柱和车门布置、车内座椅与侧围立柱的相对位置、车门上下框的侧向位置、车门开度、车门和立柱上的扶手位置、车梯踏板布置等。

室内地板与地面的距离直接影响乘员进入室内时的难易。对轿车而言，虽然存在级别的差异，但这个尺寸的差异并不大。对于 SUV(Sport Utility Vehicle，运动车)、货车等，这个尺寸一般较大，可设计车梯和扶手来帮助上下车。

门洞尺寸和形状(尤其是门洞前缘相对于旁边乘员的 SgRP 的尺寸)对紧凑型轿车进出方便性影响很大。以驾驶员为例，如图 6.49 所示，驾驶员常常要坐下后再将躯干和头部向室内方向摆动进入，这时门框 A 柱区域相对于 SgRP 的距离太小就容易干涉头部的进入，门洞前缘距离 SgRP 太近还会影响下肢的进出，门槛相对于 SgRP 沿着 y 方向的距离太大也会使驾驶员入座距离变长，门槛相对于室内地板的高度太大也不利于进出。

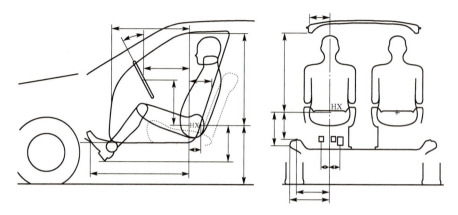

图 6.49　影响驾驶员进出和入座的布置参数

侧围立柱、车门和座椅的相对位置对乘员进出时的横向空间影响较大，如图 6.50 所示。对于四门车身，车门立柱保持适当斜度可大大改善入座方便性，而立柱后端下移将会减小坐垫前部到立柱的距离，使乘员进出困难。车门开度，以及打开后的车门内饰到坐垫的距离影响乘员进出时的腿部空间，如图 6.51 所示。门洞上下框相对位置对乘员进出方便性也有较大影响。例如，门洞上框的宽度位置比下框设计得小些，乘员上车时身体略微倾斜即可，如图 6.52(a) 所示，并且在同样车门开度情况下能增大开启后的入口宽度，如图 6.52(b) 所示。

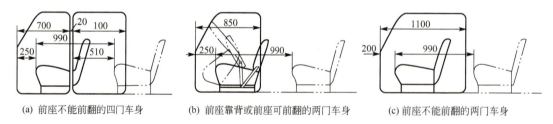

(a) 前座不能前翻的四门车身　　(b) 前座靠背或前座可前翻的两门车身　　(c) 前座不能前翻的两门车身

图 6.50　侧围立柱、车门和座椅的相对位置

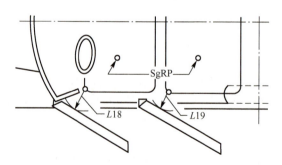

图 6.51　影响乘员进出的腿部空间尺寸

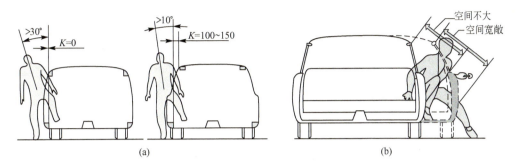

图 6.52　门框布置与进出方便性的关系

对于 COE(Cab Over Engine)型重型商用货车或者长途客运汽车，驾驶室地板相对于地面较高，乘员进出车内必须借助车梯和扶手，合理选择车梯设计参数(各级踏板高度、宽度、深度)和扶手的空间排列非常重要。除了门洞和车梯尺寸等因素，车梯与门洞的相对位置也影响进出方便性。图 6.53 所示为车梯与门洞(及车轮)相对位置不同的两款同级别重型商用货车。图 6.53(a)所示的方案驾驶员经车梯可较方便地直接进入驾驶室，而对于图 6.53(b)所示的方案，驾驶员爬上车梯顶端后，还要艰难地水平移动一段距离再进入驾驶室，为改善这种状况，可将车梯设计成外摆式，如图 6.53(c)所示。

(a)方案一　　　(b)方案二　　　(c)方案三

图 6.53　车梯与门洞相对位置与进出方便性的关系

对于驾驶员而言，除了进出驾驶室方便之外，还要考虑入座的方便性。参见图 6.49，这些参数中，有些对于入座的影响较明显，如门洞的高度、转向盘与座椅的相对位置等；而有些参数的影响需要进行复杂的分析(如入座过程的生物力学分析，如图 6.54 所示)才能清楚。

作为现代人性化设计的一部分，关注残疾人上下车方便性的无障碍设计理念在设计中得到越来越多的应用，主要通过一些特殊设计方案(如超低入口地板)方便进出，并采用一些特殊装置(如轮椅固定装置)来增强安全性。

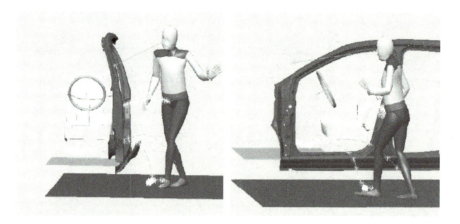

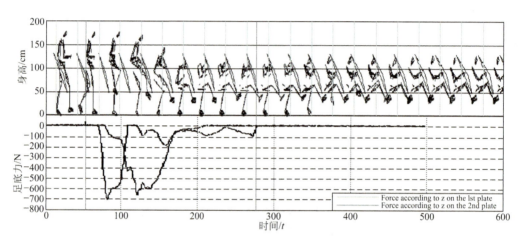

图 6.54 驾驶员入座运动过程生物力学分析

8. 驾乘姿势舒适性分析

驾驶员座椅、操纵件和显示装置的布置对于驾驶员驾乘姿势舒适性影响很大。因此，应该按照驾驶员驾驶操作和乘坐的姿势来分析其姿势的舒适性。**姿势舒适性分析的关键包括 3 部分内容：①准确的乘坐位置；②真实自然的姿势；③客观准确的姿势评价模型**。这 3 点即使是熟悉人机工程学和汽车布置设计的专业人员也很难做到，因此，通常借助一些专用软件来完成，如 Ramsis、Jack 等。

9. 动态视野分析

前风窗玻璃下缘高度低些有利于扩大前视野。但下缘高度过低，汽车高速行驶时驾驶员会产生恐慌和发晕的感觉，主要是由于视角速度过大的缘故。如图 6.55(a)所示，驾驶员观察车头前方地面某一点的视角速度根据式(6-3)计算。

$$\omega = \sqrt{\left(\frac{\mathrm{d}\theta}{\mathrm{d}t}\right)^2 + \left(\frac{\mathrm{d}\phi}{\mathrm{d}t}\right)^2} \qquad (6-3)$$

式中，ω 为视角速度；θ 为视线与水平面的夹角；ϕ 为视线所在铅垂平面与汽车纵向基准面的夹角。**容易引起恐慌的主要是视角速度在汽车行驶方向的分量，与驾驶员眼点到地面的高度 h、地面观察点到眼点的纵向水平距离 x 以及车速 v 有关**，如图 6.55(b) 所示，此时视角速度为

$$\omega' = \frac{hv}{x^2 + h^2} \qquad (6-4)$$

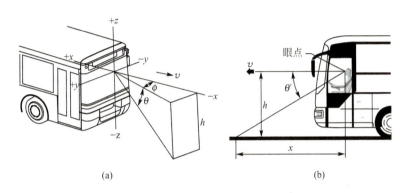

图 6.55 驾驶员前方动态视野

由式(6-4)可见，车速 v 越高，视角速度越大。其他条件不变时，若观察车头最近的地面，前风窗玻璃下缘越低，则距离 x 越小，视角速度越大。因此，对于底盘较高的汽车，前风窗玻璃下缘不能太低，否则会造成视角速度过大。**一般而言，视角速度 $\omega' < 2\text{rad/s}$ 时较舒适；当 $2\text{rad/s} < \omega' < 4\text{rad/s}$ 时会感到不适；当 $\omega' > 4\text{rad/s}$ 时就会引起恐慌。**

10. 其他分析

在详细设计阶段，还能够进行其他与乘员舒适和安全相关的分析，如振动和噪声、碰撞安全性、安全带适应性等。鉴于这些问题专业性强，已经形成专门的研究领域，本书不做详细介绍。

人机工程学不仅在汽车设计中需要考虑乘员的各项要求，还要考虑汽车生产、装配和使用中的人机工程学因素，以保证操作工人舒适、健康、高效地从事生产和维修作业。

6.3.3 汽车人机工程学性能的主观评价

主观评价法无论是在前期的对标分析过程中，还是在设计后期对产品物理模型或样车的评审过程中都是重要的工作内容。主观评价法的一般过程参见第 3 章。主观评价内容可根据需要确定，常见的一些内容见表 6-21。根据评价内容来设计评价问卷。与表 6-21 对应的问卷示例见表 6-22。除了表 6-21 中内容之外，还可以进行更多方面内容的评价，如灯光、色彩、内饰造型等。

【模型测试】

为了节省反复制造物理模型和样车的费用，一些公司和大学采用**可变参数的物理模型**来再现不同产品的设计方案，于是对以往的物理模型或者样车的评价就转化为对这个可变参数物理模型的评价，并且能够立即进行方案修改和再评价。图 6.56 就是利用可变参数物理模型进行主观评价的实例。

表 6-21 评价内容及因素

评价内容	考虑因素
加速踏板	高度、表面角度、行程、操作力
制动踏板	高度、表面角度、行程、操作力
离合器踏板	高度、表面角度、行程、操作力
踏板横向空间	加速-右侧、加速-制动、制动-左侧
座椅	前后、上下、坐垫角、靠背角
转向盘	前后、上下、角度、操作力
仪表板按钮	伸及性、操作力
乘坐空间	腿部与转向盘、腿部仪表板、躯干与转向盘
视野	前方地面盲区长度、下视镜效果、后视镜可见性、仪表观察的距离、仪表板盲区、立柱盲区、刮水器刮刷位置
车梯	一级高度、级间高度、深度、宽度
扶手	最低高度、垂直高度排列
人体舒适性	踝关节、膝关节、大腿前下部、上臂、前臂、手、胸腹角度、腰部和背部支撑

表 6-22 驾驶室主观评价问卷

内容	因素	得分(1~10)	内容	因素		得分(1~10)
加速踏板	高度		仪表板按钮	危急报警开关	伸及性	
	表面角度				操纵力	
	行程			喇叭转换开关	伸及性	
	操纵力				操纵力	
制动踏板	高度			灯光旋钮	伸及性	
	表面角度				操纵力	
	行程		变速杆	设计位置-前后		
	操纵力			前极限		
离合器踏板	高度			后极限		
	表面角度			操纵力		
	行程		乘坐空间	腿部与转向盘		
	操纵力			腿部仪表板		
踏板横向空间	加速-右侧			躯干与转向盘		
	加速-制动		视野	前方地面盲区		
	制动-左侧			仪表观察距离		
座椅	前后			仪表板盲区		
	上下			立柱盲区		
	坐垫角			刮水器刮刷位置		
	靠背角			后视镜视野		
转向盘	前后		车梯	一级高度		
	上下			级间高度		
	角度			深度		
	操纵力			宽度		
拨动开关	伸及性		扶手	最低高度		
	操纵力			垂直高度排列		

汽车人机工程设计 第6章

(a) 克莱斯勒公司

(b) 梅赛德斯-奔驰公司

图 6.56 利用可变参数物理模型进行主观评价的实例

【基于物理台架的汽车人机工程虚拟现实应用】

6.4 汽车座椅设计

6.4.1 汽车座椅概述

汽车座椅作为车身附件，是人和汽车接触得最多的部件，用于支承乘员的质量，缓和、衰减由车身传来的冲击和振动，给驾驶员提供良好的工作条件，为乘客创造舒适和安全的乘坐条件。座椅设计的好坏，将对乘坐舒适性、安全性和操纵方便性等产生很大的影响。本节从人机工程学角度来阐述相关的设计内容和要求。

【座椅】

1. 座椅的功能和要求

座椅的坐垫、靠背对人体形成支撑，使人体保持一定的驾驶和乘坐姿势。这种静态姿势的好坏，直接影响人体不同部位肌肉群的紧张度。良好的静态驾乘姿势能够使人体重量合理地分布于坐垫和靠背上，使血液循环保持良好；减小脊椎的椎间盘压力，腰背肌肉松弛；人体上肢能够灵活地完成驾驶和其他活动。对于驾驶员来说，安全、舒适的座椅给他提供了一个良好的工作环境，使他集中精力进行操作，并长时间保持良好的工作状态，从而避免事故的发生。

汽车行驶过程中，座椅会将车身传来的载荷（加速度）通过坐垫、靠背、扶手等传递给乘员，这就要求座椅能够对传递过来的载荷进行有效地阻隔、衰减和过滤，以减小传递给乘员的载荷。此外，人—座椅—车身—底盘组成了一个复杂的振动系统，设计中要求临近或相互连接的各子系统振动的固有频率分布必须错开，以避免引起共振，而且要求人体界面上的子系统（座椅、转向盘）的固有频率要与人体敏感频率范围分开。

座椅对于安全性具有重要意义。当发生正面碰撞事故后，座椅首先能够对乘员起到保护作用，防止其他乘员和物品侵入乘员的生存空间。而且，座椅能使乘员保持一定的姿态，以保证乘员约束系统（安全带和安全气囊）有效地发挥作用，防止乘员与车内其他零件发生二次碰撞而受到伤害或被甩出车外。另外，座椅要能够吸收乘员与其碰撞时的动能，使乘员的伤害减轻到最低，但还要有效约束后排乘员。当汽车发生尾部碰撞时，如果头枕设计位置过低或头枕失效，则容易使乘员头颈部产生"鞭梢效应"，使乘员头部后摆，产生作用在乘员颈部上的扭矩，当扭矩过大时会对乘员造成致命的伤害。若前

241

排座椅靠背的强度设计不足，也容易因乘员惯性力作用发生较大变形，甚至失去对乘员的支撑和保护作用。

汽车座椅的设计应满足如下要求。

（1）应有良好的静态特性。座椅的尺寸、形状和调节功能应使人体具有合适的坐姿和良好的体压分布，保证乘坐稳定、舒适、触感良好。对于驾驶员座椅，要求具有与整车相适应的尺寸和位置，以保证驾驶员操作方便、视野良好。

（2）具有良好的动态特性。一方面，座椅要能缓和、衰减由车身传来的冲击和振动，保证驾驶员长时间工作而不感到疲劳，乘员能感到乘坐舒适愉快；另一方面，座椅系统要与周围系统的振动频率匹配良好，避免共振。

（3）有足够的结构强度和寿命以及合适的刚度，能在发生交通事故时将乘员约束在座椅上，减轻乘员的伤害程度。

（4）结构紧凑，外形与色彩美观、大方，与车身内饰相协调，并尽可能减轻质量、降低成本，有良好的结构工艺性。

（5）采用绿色环保材料，有利于材料的回收利用和环保。

2. 座椅的分类和特点

汽车座椅按结构形式可分为整体式、分开式、长凳式、可调式、折叠式、可翻式（整体可翻和靠背可翻）、旋转式、电控式等；按乘员数可分为单人式、双人式、多人式等；按照乘坐者可分为成人座椅和儿童座椅；按功能可分为驾驶员座椅、乘员座椅、乘务员座椅和附加座椅等；按照减振形式可分为单纯坐垫减振式、悬挂—坐垫双级减振式，其中悬挂又有线性和非线性两种；按照有无控制装置又分为一般座椅和电控座椅。

对于不同类型的汽车，其座椅的设计要求各有不同的侧重。例如，高级客车的座椅，要保证各项设计性能良好；对于城市客车，则要求座椅的质量轻、结构紧凑、结实耐用、价格低廉。对于驾驶员座椅，应保证驾驶员视野良好、操作方便、乘坐舒适、长时间工作不易疲劳；而乘员座椅则以追求乘客的舒适和安全为主。

3. 座椅的结构

汽车座椅一般由骨架、坐垫和靠背海绵、蒙皮、衬垫、调节装置、减振装置、附属装置等组成，如图 6.57 所示。

（1）骨架

骨架固定在车身地板上，用以支撑整个座椅和人体质量。骨架可分为坐垫骨架和靠背骨架两大部分。将两者做成一个整体的，或用螺栓或靠背角调节装置等连在一起的，均称为整体式骨架。两者可以完全分开的称为分开式骨架，如轿车后座。可以铰接的称为可翻式骨架，常见于双门小轿车或微型轿车的驾驶员座椅及旅行车上的附加座椅。骨架可用钢管弯曲制成，也可采用冲压结构，材料可用钢管、钢板、铝板、镁合金、树脂板、木材等。图 6.58 为常见的轿车驾驶员座椅骨架。骨架应有足够的强度和合适的刚度，才能承载和保证安全。

（2）坐垫和靠背海绵

海绵是座椅的关键部件，它使得座椅具有一定形状和轮廓。海绵发泡的特性决定了海绵的软硬，从而在一定程度上影响乘坐舒适性和减振性能，并影响人体入座后的压缩量（H 点相对于座椅结构的位置）。

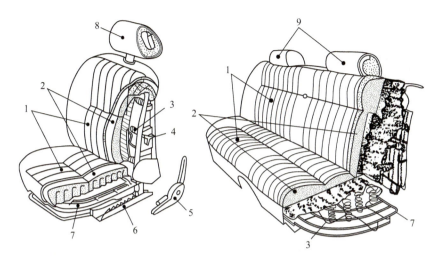

图 6.57 汽车座椅的结构

1—蒙皮(面料)总成；2—海绵；3—弹性元件；4—腰部支撑调节机构；5—调角机构；
6—行程调节机构；7—骨架；8—头枕(可调节式)；9—头枕(固定式)

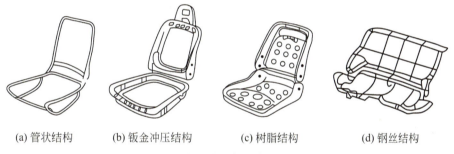

(a) 管状结构　　(b) 钣金冲压结构　　(c) 树脂结构　　(d) 钢丝结构

图 6.58 常见的轿车驾驶员座椅骨架

（3）蒙皮

蒙皮是包在坐垫和靠背总成外表面的一层材料，常用棉毛织品、皮革、人造革、塑料和粘胶织品等制成。由于蒙皮直接与人体接触，其品质特性将直接影响到乘坐者的感觉，因而要求其面料有足够的强度和耐磨性，并具有一定的质感。面料还应耐脏，并有良好的透气性、去湿性、尺寸稳定性和阻燃性。面料常有一定的花纹和纹理，以增加摩擦系数。摩擦系数应选得适当，过大会使人背部肌肉很快疲劳，过小又会造成乘客在座位上滑动。

（4）衬垫

衬垫类型有聚氨酯泡沫塑料软垫、乳胶棕丝软垫和安全软垫(为防止乘员受到二次冲击而采用橡胶合成泡沫材料制成的软垫)等。

（5）调节装置

调节装置通常包括靠背角调节装置、坐垫角调节装置、座椅行程调节装置、腰部支撑调节装置，以及头枕高度和角度调节装置等，典型调节功能见表 6-23，主要用来适应不同身材乘员对乘坐和操作以及改换姿势等要求。

表 6-23 典型的座椅调节方式

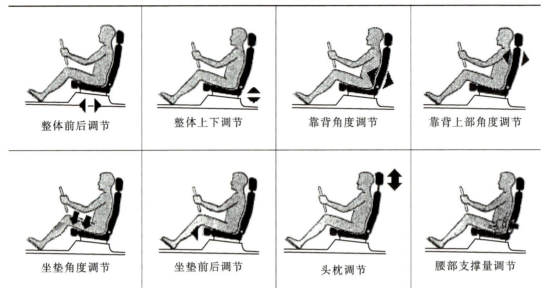

(6) 减振装置

减振装置主要包括弹性元件和减振器。弹性元件用以缓和由车身传来的冲击和振动，通常用直径 1.2～4mm 的弹簧钢丝加工而成，现代减振座椅也有采用空气弹簧作弹性元件的，能够获得更为理想的非线性减振效果。通过匹配弹性元件刚度和减振器阻尼，达到衰减振动和避免共振的目的。有些座椅（如长途客车乘客座椅）主要依靠坐垫来衰减振动。

(7) 附属装置

附属装置通常包括头枕、肘靠、膝托、杯架、杂物袋、扶手、脚蹬等。现代轿车为增强后面碰撞时的乘员保护，通常要求安装头枕。头枕可分为固定式和可调节式，可调节式又有手动调节和电动调节两种。高档轿车还有座椅加热、空调、按摩电动、记忆等功能装置。

6.4.2 汽车座椅设计的参数设计

1. 座椅的静态参数设计

(1) 座椅几何参数设计

确定座椅几何参数最主要的依据是目标群体的人体测量数据。但由于汽车座椅有其特定的使用环境，其许多几何参数的确定还需要考虑座椅在汽车内的布置和使用情况。一般能够直接根据人体测量学数据确定的座椅几何参数以及相关的人体测量数据应用准则见表 6-24。座椅几何参数的含义如图 6.59 所示，部分参数需要用 H 点装置来定义。图 6.59 中，R 点即为 SgRP。R' 点为 R 点沿铅垂方向在坐垫表面的投影点。G 点为在座椅中心平面上，同靠背表面相切的垂线与坐垫上表面的交点，有些文献中称该点为座椅基准点（Seat Reference Point，SRP）。

表 6-24 座椅几何参数及相关人体测量数据应用准则

参数	含义	人体测量数据应用准则
座高 H_1/mm	在座椅中心平面上，坐垫上表面最高点到脚底平面的垂直距离	驾驶员座椅采用可调准则，乘客座椅采用个体准则
靠背高度 A_1/mm	在座椅中心平面上，沿 H 点装置躯干线方向，靠背顶端至 G 点的距离	个体准则
肘靠高 H_4/mm	肘靠上表面至 R' 点的高度	平均准则
腰部支撑量 $L81$/mm	利用 H 点测量装置测得的腰部支撑量	驾驶员座椅采用可调准则，乘客座椅采用平均准则
坐垫宽 W_1/mm	在通过 R' 点且与座椅中心平面垂直的垂直面上，坐垫的最大宽度	个体准则
靠背宽 W_2/mm	在座椅中心平面上，沿 H 点装置躯干线方向距离 G 点 270mm 处的靠背宽度	个体准则
座深 L_1/mm	在座椅中心平面上，坐垫前缘的垂直切线至 G 点的距离	个体准则

坐垫深度不应该超过人的大腿长度（臀膝距），否则难以充分利用靠背，腰部和臀部得不到合理的支撑，还容易造成大腿下部和小腿血流不畅，引起不适。

坐姿状态下大腿与躯干的夹角称为体腿夹角。该角度过小，则腰椎就会由正常生理弯曲状态变直，使腰部很快疲劳；反之，则身体后倾过大，容易使臀肌压迫兴奋组织而造成疼痛。因此，**坐垫与靠背的夹角应控制在一定范围内**。

对于专门供乘客休息的座椅，如长途客车乘客座椅，应对头部形成支撑，以方便休息。头枕在汽车后面碰撞时能限制人头部和躯干的相对运动，防止颈部受到严重伤害。头枕应位于头部枕骨处。为保证不同身材的乘员能够有效利用头枕，头枕高度应可调节，以便使头部有效部位与头枕接触良好。

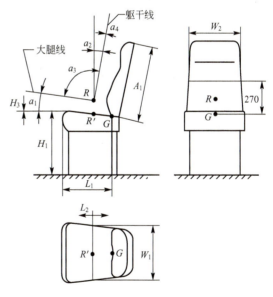

图 6.59 座椅尺寸

(2) 座椅造型

座椅造型除考虑美观的外形之外，还要**考虑受载表面与人体良好的贴合和支撑特性，保证良好的乘坐姿势和体压分布**。为保持良好的乘坐姿势，必须注意座椅支撑部位的设计。

坐姿舒适性与座椅表面支撑部位的位置有很大关系。只要把握与坐姿舒适性密切相关的人体特征点和座椅特征部位，以人体特征点来确定座椅特征部位，就能在很大程度上保

证舒适坐姿。人体特征点和座椅特征部位如图 6.60 所示。臀部表面上与坐骨结节位置对应的点为坐骨点。腰部支撑点位于人体背部表面上，高度相当于腰部第 4~5 腰椎中间。肩部支撑点位于人体背部表面上高度相当于第 5~6 胸椎中间处。研究表明：为肩胛骨提供凭靠能有效减轻胸部变形。座椅特征部位分别与上述人体特征点对应。

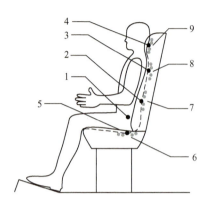

图 6.60　人体特征点和座椅特征部位
1—H 点；2—腰部支撑点；3—肩部支撑点；
4—头枕；5—坐骨点；6—坐骨区；
7—腰部支撑区；8—肩部支撑区；
9—头枕区

汽车座椅靠背的外形要能够保持人体正常的腰曲弧度，使腰背部肌肉处于松弛状态，保持背部正常的血液循环。人体脊柱位于人体背部中央，其上端承托颅骨，中间与胸骨、肋骨组成胸廓，下部与尾骨、髋骨组成骨盆。成人脊柱由 26 块椎骨组成，椎骨之间由椎间盘和韧带连接。由于脊柱从上到下所受载荷逐渐增加，因此，脊柱截面也逐渐增大。从侧面看，脊柱呈现"S"形，这种弯曲状态使椎间盘间压力分布合适。当脊柱形状由于座椅支撑原因偏离自然弯曲状态时，就会引起脊椎间压力分布失衡，使人感到不舒适。长时间如此，就会引起腰部疼痛、腰肌劳损和椎间盘突出。因此，必须使脊柱保持正确的姿势。

为了给乘员腰部提供良好的支撑，很多汽车的座椅靠背上都装有可调节的腰部支撑装置或结构，使腰部获得合理的支撑，能够有效地保护腰椎，缓和腰曲拉伸，减轻腰部负担。具备靠背角度调节功能的座椅也应该同时具备坐垫角度调节功能。当靠背角度调大之后，坐垫上压力分布会向臀部集中，长时间容易使臀肌压迫兴奋组织而造成局部肌肉紧张，从而导致疲劳，甚至疼痛；若同时将坐垫角度加大，既能使臀部和大腿下方的压力分布趋于合理，还会在大腿姿势随坐垫上翘的同时防止体腿角度过大造成大腿上部和腹部的肌肉紧张，改善了坐姿舒适性。汽车座椅靠背还应能够提供侧向支撑，以抑制人体与座椅靠背之间的滑动，使乘员身体有稳定的支撑。

人体重量作用在坐垫和靠背上的压力分布称为**体压分布**，如图 6.61 所示，它**与坐姿和座椅支撑密切相关**。有研究表明，在主要的压力分布满足大的原则前提下，压力分布对于改善乘坐舒适性效果并不明显；但却可以用来检验座椅支撑部位的设计效果。较理想的体压分布模式为如下模式。

（1）人体大部分质量以较大的支撑面积、较小的压强合理分布到坐垫和靠背上。
（2）压力分布应平滑过渡，避免突然变化。
（3）坐垫体压分布应使坐骨部分压力最高，向周围逐渐降低。
（4）靠背上的体压分布应以腰靠部位的压力最高，以对腰部提供良好支撑。

为了辅助座椅的支撑部位和外观造型设计和检验，北美的 ERL 公司根据人体测量数据（关键尺寸和体表外形轮廓）设计了三维设计样板，如图 6.62 所示。借助这样的简单工具，能够有效地帮助设计师快速、准确地完成靠背和坐垫的造型和支撑部位设计，并确定主要的外观尺寸。

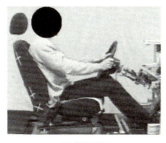
(a) 侧视图

(b) 正视图的俯视图

图 6.61　座椅体压分布

2. 座椅的动态参数设计

汽车行驶过程中，对于路面不平引起的振动，主要有轮胎、悬架和座椅 3 个减振环节。降低轮胎气压，减少轮胎垂直刚度，有利于汽车行驶平顺性，但会影响轮胎使用寿命。对悬架系统来说，适当降低悬架刚度，增加阻尼，虽有利于提高汽车行驶平顺性，却会影响操纵和制动稳定性。相比之下，座椅动态参数的改变对汽车整车的使用性能没有影响，且方便易行。因此，座椅动态性能的改善对于提高汽车的乘坐舒适性有着重要的意义。

座椅的动态特性是指座椅缓冲和衰减外界传递过来的振动和冲击的能力。一方面，座椅要能够有效衰减车身传来的冲击和振动；

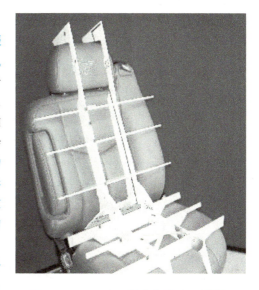

图 6.62　ERL 公司的座椅外形设计样板

另一方面，人—座椅—环境组成的系统应避免发生共振。这些都是通过合理匹配座椅的动态参数来实现的。人体对垂直振动最敏感的频率范围为 4~8Hz，对水平振动最敏感的频率范围为 1~2Hz。所谓人体最敏感范围，是指人体在此范围内所能承受的加速度值最小、最容易疲劳。座椅动态参数设计就是合理选择动态参数，力图减小传至人体的振动加速度，并避免传递人体最敏感的频率。

对汽车而言，垂直振动对舒适性影响最大。为简化讨论，这里只考虑垂直方向振动对舒适性的影响来设计座椅的动态特性，其他方向原理相同。

座椅减振系统主要包括坐垫和减振装置。人—座椅—车身组成的垂直振动模型如图 6.63 所示。将人体等效为一个集中质量 m_h，座椅质量为 m_s。当座椅具有减振机构时（如货车驾驶员座椅），人—座椅—车身系统三自由度振动模型如图 6.63（a）所示。如果座椅不带减振机构（如很多中低档轿车的驾驶员座椅），座椅与车身可以视为刚性连接，则坐垫为主要的减振环节。此时的人—座椅系统两自由度振动模型如图 6.63（b）所示。后一种情况可以视为前一种情况当减振机构刚度无限大时的特例。因此，研究具有减振机构座椅的动态特性更具有一般性。

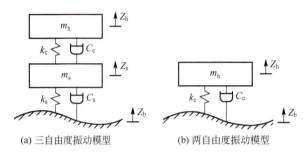

(a) 三自由度振动模型　　(b) 两自由度振动模型

图 6.63　人—座椅—车身的垂直振动模型

(1) 人—座椅—车身系统振动方程

假设系统阻尼力大小与速度成正比。应用拉格朗日法，建立系统振动的微分方程为

$$\begin{cases} m_h \ddot{Z}_h + C_c \dot{Z}_h - C_c \dot{Z}_s + k_c Z_h - k_c Z_s = 0 \\ m_s \ddot{Z}_s - C_c \dot{Z}_h + (C_c + C_s) \dot{Z}_s - k_c Z_h + (k_c + k_s) Z_s = C_s \dot{Z}_b + k_s Z_b \end{cases} \quad (6-5)$$

将式(6-5)写成矩阵形式，即

$$\begin{bmatrix} m_h & 0 \\ 0 & m_s \end{bmatrix} \begin{Bmatrix} \ddot{Z}_h \\ \ddot{Z}_s \end{Bmatrix} + \begin{bmatrix} C_c & -C_c \\ -C_c & (C_c+C_s) \end{bmatrix} \begin{Bmatrix} \dot{Z}_h \\ \dot{Z}_s \end{Bmatrix} + \begin{bmatrix} k_c & -k_c \\ -k_c & (k_c+k_s) \end{bmatrix} \begin{Bmatrix} Z_h \\ Z_s \end{Bmatrix} = \begin{Bmatrix} 0 \\ C_s \dot{Z}_b + k_s Z_b \end{Bmatrix} \quad (6-6)$$

(2) 人—座椅—车身系统固有频率

系统无阻尼自由振动微分方程为

$$\begin{bmatrix} m_h & 0 \\ 0 & m_s \end{bmatrix} \begin{Bmatrix} \ddot{Z}_h \\ \ddot{Z}_s \end{Bmatrix} + \begin{bmatrix} k_c & -k_c \\ -k_c & (k_c+k_s) \end{bmatrix} \begin{Bmatrix} Z_h \\ Z_s \end{Bmatrix} = \begin{Bmatrix} 0 \\ 0 \end{Bmatrix} \quad (6-7)$$

求得系统固有频率为

$$\omega_{1,2} = \frac{m_h(k_s+k_c)+m_s k_c}{2 m_h m_s} \mp \sqrt{\left(\frac{m_h(k_s+k_c)+m_s k_c}{2 m_h m_s}\right)^2 - \frac{k_s k_c}{m_h m_s}} \quad (6-8)$$

从系统无阻尼自由振动固有频率表达式中可见，随着坐垫和减振机构弹簧刚度的增加，固有频率也增大；而座椅质量的增加会使固有频率降低。**系统低阶固有频率与人体、周围结构和部件的固有频率接近，设计时应保证系统无阻尼自由振动固有频率与人体敏感频率和车身振动频率错开，保证人体的舒适性，并避免与车身共振。**

(3) 人—座椅—车身系统幅频特性

系统的阻抗矩阵为

$$[Z_D(\omega)] = [K - \omega^2 M - i\omega C] = \begin{bmatrix} k_c - \omega^2 m_h + i\omega C_c & -k_c - i\omega C_c \\ -k_c - i\omega C_c & (k_c+k_s) - \omega^2 m_s + i\omega(C_c+C_s) \end{bmatrix}$$

$$= \begin{bmatrix} z_{11} & z_{12} \\ z_{21} & z_{22} \end{bmatrix} \quad (6-9)$$

设系统所受激励为 $\{F(t)\} = \begin{Bmatrix} F_1(t) \\ F_2(t) \end{Bmatrix}$。考虑谐波激励 $\begin{Bmatrix} F_1(t) \\ F_2(t) \end{Bmatrix} = \begin{Bmatrix} F_1 \\ F_2 \end{Bmatrix} e^{i\omega t}$，系统的响应包括瞬态响应和稳态响应两部分。瞬态响应很快被衰减掉。系统的稳态响应为 $\begin{Bmatrix} Z_h(t) \\ Z_s(t) \end{Bmatrix} =$

$\begin{Bmatrix} Z_1 \\ Z_2 \end{Bmatrix} e^{i\omega t}$，代入系统微分方程，得到

$$\begin{bmatrix} z_{11} & z_{12} \\ z_{21} & z_{22} \end{bmatrix} \begin{Bmatrix} Z_1 \\ Z_2 \end{Bmatrix} = \begin{Bmatrix} F_1 \\ F_2 \end{Bmatrix}$$

则有

$$Z_1 = \frac{z_{22}F_1 - z_{12}F_2}{z_{11}z_{12} - z_{12}^2}, \quad Z_2 = \frac{-z_{21}F_1 + z_{11}F_2}{z_{11}z_{12} - z_{12}^2} \tag{6-10}$$

因为原系统所受的激励为 $\begin{Bmatrix} F_1(t) \\ F_2(t) \end{Bmatrix} = \begin{Bmatrix} 0 \\ C_s \dot{Z}_b + k_s Z_b \end{Bmatrix}$，并且 $Z_b(t) = Z_b e^{i\omega t}$，$\dot{Z}_b(t) = i\omega Z_b e^{i\omega t}$，$\ddot{Z}_b(t) = -\omega^2 Z_b e^{i\omega t}$，则有

$$\begin{Bmatrix} F_1(t) \\ F_2(t) \end{Bmatrix} = \begin{Bmatrix} 0 \\ C_s \dot{Z}_b(t) + k_s Z_b(t) \end{Bmatrix} = \begin{Bmatrix} 0 \\ (i\omega C_s + k_s) Z_b \end{Bmatrix} e^{i\omega t} \tag{6-11}$$

即 $F_1 = 0$，$F_2 = (i\omega C_s + k_s) Z_b$，则可求得人体的响应振幅 Z_1。

$$\begin{aligned}
Z_1 &= \frac{z_{22}F_1 - z_{12}F_2}{z_{11}z_{12} - z_{12}^2} = -\frac{z_{12}F_2}{z_{11}z_{12} - z_{12}^2} \\
&= \frac{(k_c + i\omega C_c)F_2}{(k_c - \omega^2 m_h + i\omega C_c)[(k_c + k_s) - \omega^2 m_s + i\omega(C_c + C_s)] - (k_c + i\omega C_c)^2} \\
&= \frac{(k_c + i\omega C_c)(i\omega C_s + k_s)Z_b}{(k_c - \omega^2 m_h + i\omega C_c)[(k_c + k_s) - \omega^2 m_s + i\omega(C_c + C_s)] - (k_c + i\omega C_c)^2}
\end{aligned} \tag{6-12}$$

所以，系统的频率特性 $\dfrac{Z_1}{Z_b}$ 可求得，即

$$\begin{aligned}
\frac{Z_1}{Z_b} &= \frac{(k_c + i\omega C_c)(k_s + i\omega C_s)}{(k_c - \omega^2 m_h + i\omega C_c)[(k_c + k_s) - \omega^2 m_s + i\omega(C_c + C_s)] - (k_c + i\omega C_c)^2} \\
&= \frac{A + Bi}{C + Di} = \frac{(AC - BD) + (AD + BC)i}{C^2 + D^2} = \left(\frac{AC - BD}{C^2 + D^2}\right) + \left(\frac{AD + BC}{C^2 + D^2}\right)i
\end{aligned} \tag{6-13}$$

式中，

$A = k_c k_s - \omega^2 C_c C_s$；
$B = \omega(k_c C_s + k_s C_c)$；
$C = k_c k_s - \omega^2 (k_c m_s + k_c m_h + k_s m_h + C_c C_s) + \omega^4 m_h m_s$；
$D = \omega(k_c C_s + k_s C_c) - \omega^3 (m_h C_c + m_h C_s + m_s C_c)$。

则系统幅频特性为

$$\left| \frac{Z_1}{Z_b} \right| = \left[\left(\frac{AC - BD}{C^2 + D^2}\right)^2 + \left(\frac{AD + BC}{C^2 + D^2}\right)^2 \right]^{1/2} \tag{6-14}$$

系统幅频特性描述的是系统稳态响应的幅值与输入信号幅值之比，表示系统对不同频率输入信号在稳态时的放大特性，即位移传递率，**是输入信号频率的函数**。对于本系统，其幅频特性受到坐垫和减振装置的刚度和阻尼，以及座椅质量的影响，如图 6.64～图 6.67 所示。由图中可见，增大坐垫和减振机构阻尼，能够有效衰减来自车身地板的振动，但过大的阻尼对于稍高频率的作用却相反，对振动的衰减性能变差。增加减振机构刚度会略微降低振动的传递，并使幅频特性曲线峰值向高频方向移动，但减振机构弹簧刚度

的取值还要保证对人体重量的支撑。减小坐垫刚度会减小振动的传递，但同时幅频特性曲线峰值会向低频方向移动。由于悬架特性、车轮特性不同，座椅承受的地板谱输入也不同，座椅参数匹配应该根据具体的汽车参数和使用情况合理选择。当悬架固有频率较高时，地板谱的高频成分较多，座椅的阻尼比或固有频率应较低，以便有效衰减高频成分；反之，当悬架固有频率较低时，地板谱的低频成分较多，座椅的阻尼比或固有频率应较高，避免过多地放大低频成分。

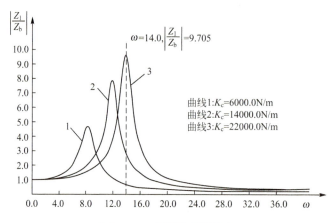

图 6.64　坐垫刚度的影响

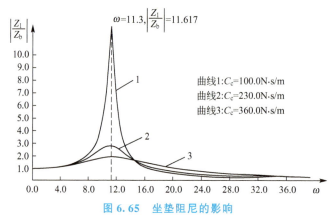

图 6.65　坐垫阻尼的影响

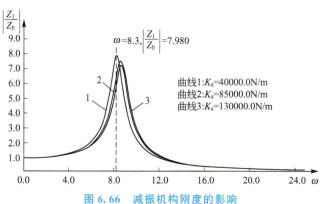

图 6.66　减振机构刚度的影响

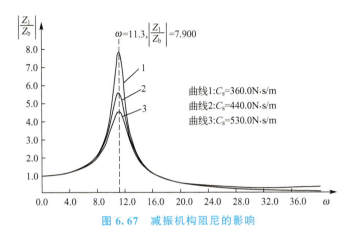

图 6.67　减振机构阻尼的影响

本 章 小 结

本章简要介绍了汽车产品的一般开发过程和概念设计内容，讲述了汽车人机工程设计的原理和一般步骤，包括驾驶员和后排乘员空间布置方案设计，以及后续的人机工程设计方案的分析两大部分，各自又包括一些详细的内容和步骤。鉴于座椅对于良好的驾驶和乘坐性能具有重要意义，在本章最后讲述了汽车座椅设计中需要考虑的尺寸、支撑和乘员坐姿以及振动舒适性等问题。

【关键术语】

乘用车　商用车　概念设计　总体布置　对标分析　硬点　硬点尺寸　H 点　布置　视野　盲区　座椅

思考题

1. A、B 类车的划分依据是什么？
2. 汽车产品开发的一般过程是什么？
3. 汽车概念设计通常包括哪些工作内容？
4. 对标分析的目的是什么，通常对哪些指标进行分析对比？
5. 硬点和硬点尺寸的含义是什么？
6. 汽车室内布置设计要求是什么？
7. 乘员空间布置主要的依据是什么？如何保证驾驶员乘坐空间能够适合目标群体的大多数个体？
8. 驾驶员乘坐位置设计的原理是什么？
9. 分析在仪表板主断面设计中是如何应用了眼椭圆视切比概念的？
10. 如何设计驾驶员视野？
11. 如何布置后排乘员乘坐空间？

12. 后视镜如何布置？
13. 驾驶员视野校核如何选取眼点？
14. 如何校核驾驶员前、后视野？
15. 车身罩盖校核考虑哪些问题，如何校核？
16. 进出方便性与哪些因素有关，如何保证良好的进出方便性？
17. 汽车座椅的功能和要求有哪些？
18. 座椅典型的调节方式有哪些？
19. 座椅的动态参数如何设计才能保证乘员良好的舒适性？

第 7 章
汽车人机工程虚拟仿真

本章教学目标

通过本章的学习，要求掌握在 CATIA 环境下进行人机工程学仿真的基本方法，包括添加和选择合适的人体数据源、建立所需的人体模型、设置人体模型的属性、进行人体模型的定位和姿势评估等。

本章教学要点

知识要点	能力要求	相关知识
CATIA 人机工程模块	了解 CATIA 人机工程模块的功能	人体建模 人体模型尺度编辑 人体姿势分析 人体活动分析
人体模型的建立和设置	了解如何选择和添加人体数据，如何建立人体模型，如何设置人体模型的属性	描述人体数据的文件格式 人体体型的划分 CATIA 人体模型的属性
人体模型的定位方法	了解自动定位的参数设置和定位方法 了解手动定位的正向和反向运动学方法	乘员布置硬点尺寸 手动正向运动学定位操作过程 手动反向运动学定位操作过程
姿势评估方法	了解姿势评估的原理和方法	首选角度的定义 姿势评估操作过程

导入案例

图 7.1 为应用 RAMSIS 软件对某轿车驾乘布置方案进行分析的例子，分析内容包括坐姿舒适性，左手操纵转向盘、右手操纵变速杆及手制动杆的舒适性和方便性，观察仪表的视野，前方视野等。鉴于 CATIA 在汽车行业内的地位和影响，本节以 CATIA 软件中的人机工程模块为主讲述汽车人机工程虚拟仿真方法。

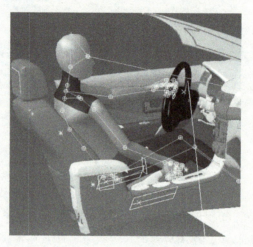

图 7.1　利用 RAMSIS 软件对轿车驾乘布置方案进行分析的例子

7.1　CATIA 人机工程模块简介

【MakeReal3D SoErgo 人机工程仿真分析 工作流程——装甲车 人机分析案例】

CATIA(Computer Aided Tri-dimensional Interface Application)是法国 Dassault System 公司开发的世界主流的产品 CAX/PDM/PLM 一体化软件系统，其集成解决方案覆盖几乎所有的产品设计与制造领域。CATIA V5 版本是 IBM 和 Dassault System 在为数字化企业服务过程中不断探索的结晶，对产品概念设计、详细设计、工程分析、工艺和制造，以及产品整个生命周期中的使用和维护提供了一整套解决方案。CATIA V5 中的人机工程模块是商业人机工程软件 Safework 的简化版本。根据一般应用要求，分成以下四部分。

(1) 人体建模(Human Builder)。在虚拟环境中建立和管理数字人体模型，并对产品进行简单的人机工程分析。

(2) 人体模型尺度编辑(Human Measurements Editor)。通过对人体测量学参数进行编辑，使人体模型的尺度(群体、性别、人体尺寸、质量)符合用户使用要求。

(3) 人体姿势分析(Human Posture Analysis)。对关节自由度范围和当前姿势进行编辑，设置首选角度及其得分，并对姿势进行分析和优化。

(4) 人体活动分析(Human Activity Analysis)。对人从事某种工作的特定活动行为进行分析。

7.2 人体模型的建立

建立能够用于人机工程学分析的人体模型,包括建立和选择目标群体、建立用于分析的人体模型和设置人体模型的属性3方面内容。

7.2.1 建立目标群体人体数据

在默认情况下,CATIA 人机工程模块中包含美国、加拿大、法国、日本和韩国的人体数据。如果产品面向的目标群体是其他的国家和地区,并且目标群体与上述国家的人体数据有明显差别,则应该**根据目标群体的人体数据建立人体数据文件,并将其加入到 CATIA 系统中**,方法如下。

(1) 创建一个扩展名为 .sws 的文件,如 Chinese.sws。在其中输入目标群体人体数据特征。输入的数据要按照一定的数据格式。每一个人群数据文件最多包含 "MEAN_STDEV M" "MEAN_STDEV F" "CORR M" "CORR F" 4个字段,分别表示其后的数据行为男子数据均值和标准差、女子数据均值和标准差、男子数据相关系数、女子数据相关系数。字段后面的数据行格式为

<人体尺度变量> <均值> <标准差>
<人体尺度变量1> <人体尺度变量2> <相关系数>

表7-1示例了一个简单的人体数据文件,其中定义了群体身高(us100)分布的均值和标准差,以及坐姿状态腹部厚度(us2)和体重(us125)的相关系数。注意,表中人体尺寸数据的单位是厘米(cm)。

表7-1 人体数据文件

MEAN_STDEV M		
us100	177.0	6.1
MEAN_STDEV F		
us100	165.0	5.9
CORR M		
us2	us125	0.772
CORR F		
us2	us125	0.773
END		

(2) 当人体数据文件已经建立之后,在 CATIA 主菜单中选择"工具"→"选项"菜单,弹出"选项"对话框。单击 Safework/Human Measurements Editor 选项,出现 Anthropometry 属性页,右侧有 Add 和 Remove 按钮,如图7.2所示。单击 Add 按钮,则弹出"文件选择"对话框,选择要添加的人体数据文件后(如前面创建的 Chinese.sws),单击"确定"按钮,就将该人体数据添加到系统中。Remove 按钮则用于将已经添加的用户自定义人体数据文件从列表中去除。

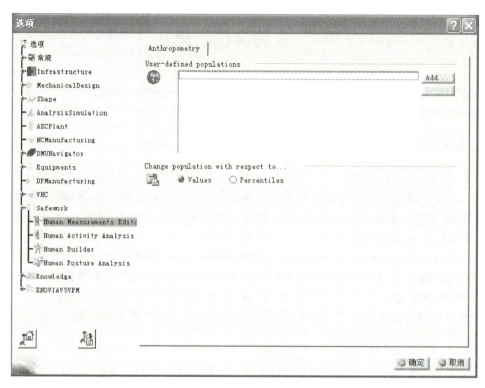

图 7.2 "选项"对话框

7.2.2 建立用于分析的人体模型

在进行产品的人机工程分析时，建立合适的人体模型至关重要。考虑一般应用情况，通常将群体分为男子和女子两部分。对于每种性别，则根据身高的百分位、坐高和腰围划分为不同的类型，据此建立一组用于分析的人体模型。例如，典型情况下，RAMSIS 将每种性别的人分为 5 百分位、50 百分位和 95 百分位三种(甚至是五种)身高，将坐高(躯干长度)分为高、中等、矮三种，将腰围分为大、中、小三种，单一性别的群体总共生成 27 个(或 45 个)人体模型。但当分析内容和目的明确的条件下，从中能够进一步选出用于分析的人体模型，以减少分析工作量。例如，分析轿车前方视野和头部空间，所采用的人体模型见表 7-2。

表 7-2　分析轿车前方视野和头部空间时采用的人体模型

分析内容		人体模型		
		性别	身高等级	坐高
前方视野	上视野	男	95 百分位	高
	下视野	女	5 百分位	矮
头部空间		男	95 百分位	高

7.2.3 设置人体模型的属性

为了应用方便以及功能上的需要,通常要设置人体模型的属性。在CATIA图形界面内,鼠标右键单击产品树上的某个人体模型,弹出右键菜单,选择"属性"命令,弹出"属性"对话框。该对话框中的人体模型属性包括名称、外观颜色、显示、视野、人体测量学、基准点、IK特性、关节角度极限、首选关节角度、绑定等。主要的属性设置内容见表7-3。

表7-3 人体模型的属性

属性		内容和选项
显示	渲染	杆状肢体段、椭圆断面线、曲面、分辨率
	视野显示	视线、视野、视锥
	其他	显示重心、显示基准点
视野	视野类型	双眼、左右单眼总视野、左单眼、右单眼、立体
	视野极限	水平双眼、水平左右单眼总视野、垂直上极限、垂直下极限、视锥
	视野距离	焦距
人体测量学	人群	美国、加拿大、法国、日本、韩国
	性别	男、女
	身高百分位	—
	体重百分位	—
IK特性	视线和头部	保持视线方向
	脊椎	胸椎、腰椎
	骨盆	水平移动、垂直移动、横向转动、纵向转动
	优化	姿势得分、RULA得分
	注视	手
	平衡	骨盆运动

"显示"命令用于控制屏幕上的人体模型外观显示效果,如可以将骨骼系统显示出来,也可以将每段肢体断面母线(椭圆断面线)显示出来。通过调节显示分辨率,可以控制人体模型外观显示的精细度。可以打开/关闭视野范围显示,可以将定位的基准点和人体质心显示出来。

在人体建模模块环境中,用鼠标单击人体模型工具栏(Manikin Tools)中的打开视野窗口(Open Vision Window)按钮,就将视野显示窗口打开了。该窗口可以显示的视野类型包括:左右单眼总视野、双眼视野、单眼视野、立体视野(同时显示左、右单眼视野)。在视野类型选项中,可以选择要显示的视野类型。各种视野类型示例如图7.3所示。在视野极限选项中,可以根据不同群体的视觉特点来设置相应的视野参数,包括双眼水平视野范围、水平左右单眼总视野范围、垂直上视野范围、垂直下视野范围和视锥角度。

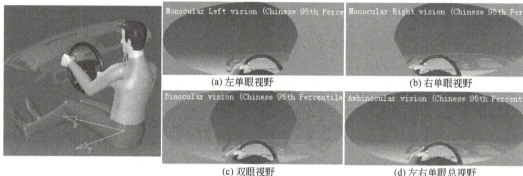

(a) 左单眼视野　　　　　　　　(b) 右单眼视野

(c) 双眼视野　　　　　　　　(d) 左右单眼总视野

图 7.3　视野显示类型

　　IK 的含义是**反向运动学(Inverse Kinematics)**，是人体姿势的主要解算方法之一。设定末端肢体(手、脚)的位姿后，通过反向运动学方法能够将其他部位肢体的位姿计算出来。由于末端肢体位姿等约束条件的数目远小于肢体运动链上的自由度数目，反向运动学求解的结果不唯一，即存在自由度冗余问题。解决自由度冗余问题的办法通常是添加一些约束条件，或者采用一些优化算法来实现。在 CATIA 人机工程模块中，利用 IK 求解姿势时同样可以指定一些边界条件来获得满意的求解结果。例如，保持眼睛的注视点或观察方向、胸椎或腰椎参与姿势计算、骨盆可以平移或转动、优化姿势的得分、优化 RULA 得分、考虑全身的平衡等。

7.3　典型汽车人机工程虚拟仿真

7.3.1　人体模型的定位

　　人体模型的位置和姿势是影响工效分析结果的重要因素。一方面，位置和姿势要根据设计参数来定位，并与设计要求和意图相符，不合适的人体位置和姿势描述的作业空间会与设计意图不符；另一方面，姿势的差异导致分析结果可能大相径庭，不准确的姿势会使视野、操作力等分析结果和优化方向偏离正确的方向。此外，姿势还必须与真人的姿势和习惯接近。

1. 自动定位

　　在 CATIA V5R18 版本中集成了 UMTRI 在 ASPECT 项目中进行的乘用车姿势研究结果，主要包括驾乘环境定义、姿势预测和驾驶操纵模拟三部分。这三部分功能按钮在人体建模模块的 **Vehicle Occupants Accommodation 工具栏**中，如图 7.4 所示。

图 7.4　汽车乘员布置工具栏

　　单击 按钮，弹出驾乘环境定义对话框，如图 7.5 所示。对话框中布置参数输入界面有三个选项卡，分别为驾驶员(第一排乘员)、第二排乘员和第三排乘员的布置参数。驾驶员布置参数包括座椅、转向盘、加速踏板和脚定位参数。各排乘员布置参数见表 7-4。

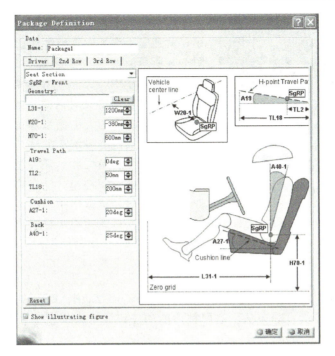

图 7.5　驾乘环境定义对话框

表 7-4　各排乘员布置参数

驾驶员布置参数	座椅布置参数	SgRP	L31-1、W20-1、H70-1
		调节行程	A19、TL2、TL18
		坐垫角	A27
		躯干角	A40-1
	转向盘布置参数	布置参数	L11、H17、W7、W9、A18
		抓握处尺寸	轮缘手握处直径
	加速踏板布置参数	旋转轴中心	x、y、z
		PRP 位置	L1、W1、H1
		AHP 位置	L8、W8、H8
	脚定位参数	FRP	L98-1、W98-1、H98-1
		FPA	A48-1
第二排乘员布置参数		SgRP	L31-2、W20-2、H70-2
		FRP	L98-2、W98-2、H98-2
		FPA	A48-2
		躯干角	A40-2
第三排乘员布置参数		SgRP	L31-3、W20-3、H70-3
		FRP	L98-3、W98-3、H98-3
		FPA	A48-3
		躯干角	A40-3

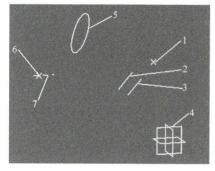

图 7.6 驾驶员驾乘环境

1—加速踏板转动轴心；2—左脚底平面；
3—加速踏板平面；4—汽车坐标系基准面；
5—转向盘；6—SgRP；7—座椅行程线

将实际的布置参数输入之后，单击"确定"按钮，就建立了汽车的驾乘环境。驾驶员驾乘环境如图 7.6 所示。

单击 按钮，建立一个姿势预测实例。之后弹出姿势预测实例定义对话框，如图 7.7 所示。在屏幕上选择要定位的人体模型和驾乘环境模型，然后在对话框中选定姿势解算方法、乘员位置（驾驶员、前排副驾驶员、第二排、第三排）和乘员左右侧方位，单击"确定"按钮，完成乘员的定位。利用这种方法能够将一般乘用车的乘员进行定位。对于后排乘员定位，目前该模块只适用于每排只有两名乘员的情况。

2. 手动定位

手动定位可以采用两种方法：**正向运动学(Forward Kinematics，FK)** 方法和反向运动学(Inverse Kinematics，IK)方法。这两种功能的按钮位于人体模型姿势工具栏(Manikin Posture)上，如图 7.8 所示。

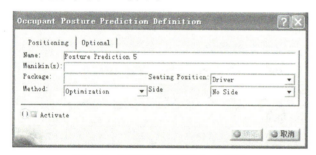

图 7.7 姿势预测实例定义对话框

图 7.8 人体模型姿势工具栏

（1）正向运动学方法

正向运动学方法中，最简单的方式是利用姿势编辑对话框。单击 按钮，然后单击要调节的人体模型肢体，打开姿势编辑对话框，如图 7.9 所示，拖动滑块即可改变选定肢体的姿势。要调节其他自由度，可单击 Degree of Freedom 下拉列表选择该自由度。在上面的列表框中，可以直接选定要调节的肢体，亦可直接用鼠标在屏幕上选择。当选中 Angular Limitations 复选框后，屏幕上还显示出该关节自由度的范围和当前位置。

另一种正向运动学方式是单击 按钮进入到正向运动学状态，然后单击要调节的肢体。此时，鼠标移近肢体时，肢体附近会显示出箭头，表示当前要调节的关节自由度和肢体活动形式。用鼠标直接在箭头附近沿箭头的指向左键拖动即可改变肢体姿势。要调节肢体的其他自由度，在右击该肢体后，弹出浮动菜单，在菜单上选择要调节的肢体自由度即可，如图 7.10 所示。再次单击该功能按钮，就退出正向运动学状态。

（2）反向运动学方法

在运用正向运动学方法调节姿势时，如果初始姿势和目标姿势差别较大，则需要不断地反复调整肢体，比较麻烦，这时可以利用反向运动学方法。反向运动学是给定末端肢体位姿，自动求解其他关节自由度的方法。反向运动学功能按钮位于 Inverse Kinematics 工

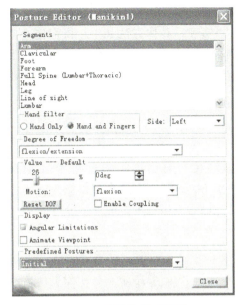

图 7.9 姿势编辑对话框

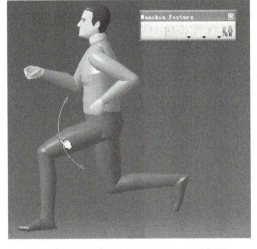

图 7.10 利用正向运动学方法调节姿势

具栏上,如图 7.11 所示。该工具栏包括两个按钮,二者的区别是,应用 ![] 功能时,罗盘会自动与末端肢体的局部坐标系对齐;而应用 ![] 功能时,罗盘的方向不变。单击功能按钮,进入反向运动学状态,然后单击末端肢体(手或脚),则罗盘自动移到选定的末端肢体上。鼠标拖动罗盘边界上的方向标(罗盘边界),则肢体会随着鼠标拖动而变化姿势,如图 7.12 所示。再次单击该功能按钮,就退出反向运动学状态。

图 7.11 反向运动学工具栏

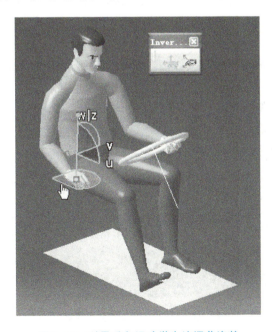

图 7.12 利用反向运动学方法调节姿势

上述两种方法改变人体姿势的时候，不能或能少量地移动整个身体的位置。要大幅度移动和改变人体的方位，可以借助 CATIA 的罗盘来实现，具体方法如下：鼠标拖动罗盘至人体模型定位基准点（通常用 H 点）处，单击人体模型（选中），然后鼠标拖动罗盘上的方向标，就能够调整人体模型的位置和方向。

7.3.2 姿势评估

1. 姿势评估原理

姿势评估之前，首先定义要评估的身体部位各关节自由度的首选角度（Preferred Angle）及其得分值。在评估该部位姿势的时候，CATIA 姿势分析模块会根据当前姿势下各自由度所处的角度及其分值进行插值和加权运算，最后得出各部位的评估分数。

2. 首选角度的定义

选择 CATIA 的"开始"菜单，进入 CATIA 人机工程模块的姿势分析模块。然后单击关节角度限度（Angular Limitations）工具栏（图 7.13）上的 按钮，并选择人体模型上的相关肢体，就进入该肢体的首选角度定义状态，如图 7.14 所示。在白色半透明的角度范围扇形处右击，弹出浮动菜单，如图 7.15 所示。选择 Add 选项，就在原角度范围中剖分出一个首选角度区域，同时弹出该首选角度区域设置对话框，如图 7.16 所示。在该对话框中填入当前首选角度区域的名字、显示颜色、得分，还可以修改该角度区域的范围。若在浮动菜单中选择 Edit 选项，则弹出鼠标所处首选角度区域的设置对话框。如此可以在每个自由度中定义若干首选角度范围。

图 7.13　关节角度限度工具栏

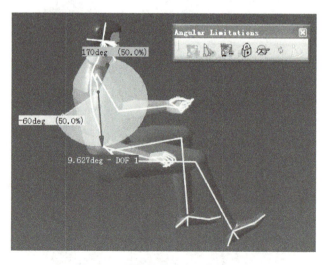

图 7.14　肢体的首选角度定义状态

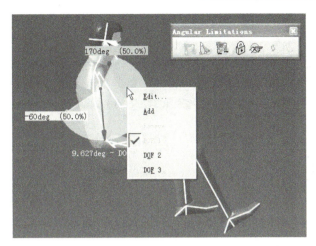

图 7.15 肢体的首选角度定义菜单

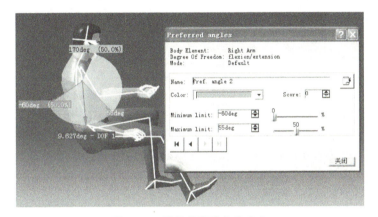

图 7.16 肢体的首选角度定义

3. 姿势评估

单击姿势得分(Postural Score)工具栏的 按钮(图 7.17),弹出姿势得分分析对话框,如图 7.18 所示。该对话框中能够以数值和直方图两种形式显示出身体部位姿势的得分。

图 7.17 姿势得分工具栏

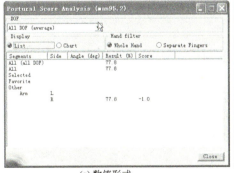

(a) 数值形式

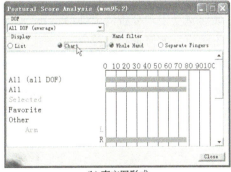

(b) 直方图形式

图 7.18 姿势得分分析对话框

7.3.3 其他分析

在将人体模型定位好的基础上,还可以进行视野分析、伸及能力分析、操作力分析等。这些分析内容与人体模型的姿势密切相关,姿势稍有差异,分析结果可能差别很大。这些分析的具体操作并不复杂,读者可参照 CATIA 帮助或者相关资料学习,本书不做介绍。

【MakeReal3D SoErgo 腰脊椎受力分析】

【MakeReal3D SoErgo 作业强度分析】

本 章 小 结

本章结合 CATIA 中的人机工程模块讲述了用于人机工程设计分析的一般数字人体模型系统常见的功能和应用方法。由于各种软件平台在人机界面和功能上的不同,不同的数字人体模型系统在应用时会有方法上的差别,但其基本原理是一样的,都是人体结构、尺度、性能和行为的描述和模拟,只要掌握了一种,其他的就能够触类旁通。更重要的一点是应该研究如何结合专业知识来解决实际问题。因此,实际的应用还要依赖于对专业知识和问题的深刻理解。

【关键术语】

CATIA　人体建模　姿势分析　反向运动学　姿势评估

1. CATIA 人机工程模块包括哪些部分?
2. 如何在 CATIA 人机工程模块中添加新的人体数据?
3. 如何建立用于分析的人体模型?
4. 人体模型如何进行定位?
5. 如何运用 CATIA 人机工程模块进行姿势评估?

【整车布置图】

参 考 文 献

曹琦，等，1988. 人机工程设计 [M]. 成都：西南交通大学出版社.
陈信，袁修干，2000. 人—机—环境系统工程总论 [M]. 北京：北京航空航天大学出版社.
丁海，1991. 汽车后视镜设计 [J]. 汽车技术(7)：5-11.
丁玉兰，2005. 人机工程学 [M]. 3版. 北京：北京理工大学出版社.
谷正气，2002. 轿车车身 [M]. 北京：人民交通出版社.
郭青山，汪元辉，1994. 人机工程设计 [M]. 天津：天津大学出版社.
郭竹亭，1992. 汽车车身设计（上）[M]. 长春：吉林科学技术出版社.
黄金陵，2007. 汽车车身设计 [M]. 北京：机械工业出版社.
黄天泽，黄金陵，1997. 汽车车身结构与设计 [M]. 北京：机械工业出版社.
赖维铁，1997. 人机工程学 [M]. 2版. 武汉：华中科技大学出版社.
李良标，吕秋平，1991. 运动生物力学 [M]. 北京：北京体育学院出版社.
卢德明，2001. 运动生物力学测量方法 [M]. 北京：北京体育大学出版社.
吕景华，2002. 轿车人体工程设计一般方法的研究 [J]. 汽车技术(10)：1-5.
马江彬，1993. 人机工程学及其应用 [M]. 北京：机械工业出版社.
浅居喜代治，1992. 现代人机工程学概论 [M]. 刘高送，译. 北京：科学出版社.
全国汽车标准化技术委员会，1994. GB 11555—1994 汽车风窗玻璃除雾系统的性能要求及试验方法 [S]. 北京：中国标准出版社.
全国汽车标准化技术委员会，1994. GB 11556—1994 汽车风窗玻璃除霜系统的性能要求及试验方法 [S]. 北京：中国标准出版社.
全国汽车标准化技术委员会，1994. GB 11562—1994 汽车驾驶员前方视野要求及测量方法 [S]. 北京：中国标准出版社.
全国汽车标准化技术委员会，1994. GB 15085—1994 汽车风窗玻璃刮水器、洗涤器的性能要求及实验方法 [S]. 北京：中国标准出版社.
全国汽车标准化技术委员会，1998. GB/T 17346—1998 轿车 脚踏板的侧向间距 [S]. 北京：中国标准出版社.
全国汽车标准化技术委员会，1999. GB/T 17867—1999 轿车手操纵件、指示器及信号装置的位置 [S]. 北京：中国标准出版社.
全国汽车标准化技术委员会，2001. GB/T 3730.1—2001 汽车和挂车类型的术语和定义 [S]. 北京：中国标准出版社.
全国汽车标准化技术委员会，2006. GB 15084—2006 机动车辆后视镜的性能和安装要求 [S]. 北京：中国标准出版社.
全国人类工效学标准化技术委员会，1988. GB 10000—1998 中国成年人人体尺寸 [S]. 北京：中国标准出版社.
《汽车工程手册编辑委员会》，2001. 汽车工程手册——设计篇 [M]. 北京：人民交通出版社.
盛骤，谢式千，潘承毅，2001. 概率论与数理统计 [M]. 3版. 北京：高等教育出版社.
王保国，王新泉，刘淑艳，等，2007. 安全人机工程学 [M]. 北京：机械工业出版社.
王庭树，1990. 机器人运动学及动力学 [M]. 西安：西安电子科技大学出版社.
温吾凡，1991. 汽车人体工程学 [M]. 长春：吉林科学技术出版社.
吴亚良，1999. 现代轿车车身设计 [M]. 上海：上海科学技术出版社.
阎光寿，1986. 汽车仪表板设计 [J]. 汽车技术(9)：23-29，27.

郑午，2006. 人因工程设计 [M]. 北京：化学工业出版社.

周一鸣，毛恩荣，1999. 车辆人机工程学 [M]. 北京：北京理工大学出版社.

朱序璋，1999. 人机工程学 [M]. 西安：西安电子科技大学出版社.

Badler N I, Phillips C B, Webber B L, 1999. Simulating Humans：Computer Graphics, Animation and Control [M]. Oxford：Oxford University Press.